高等院校财政金融专业应用型教材

投资学及其 Python 应用

朱顺泉　编著

清华大学出版社
北　京

内容简介

本书内容包括：金融市场环境；资产的时间价值及其 Python 应用；投资收益与风险及其 Python 应用；资产组合均值方差模型及其 Python 应用；存在无风险资产的均值方差模型及其 Python 应用；资本资产定价模型及其 Python 应用；指数模型及其 Python 应用；套利定价理论及其应用；有效市场假说；证券收益的实证依据；固定收益证券及其 Python 应用；权益证券及其 Python 应用；期权合约及其策略；Black-Scholes 期权定价及其 Python 应用；二项式期权定价及其 Python 应用；期货合约定价、套期保值及其 Python 应用；投资组合管理与策略。

本书内容新颖、全面、实用性强，融理论、方法、应用于一体，是一部供投资学、金融工程、金融学、金融专业硕士、经济学、财政学、财务管理、统计学、数量经济学、管理科学与工程、金融数学等专业的本科高年级学生与研究生使用的参考书。

本书封面贴有清华大学出版社防伪标签，无标签者不得销售。
版权所有，侵权必究。举报：010-62782989，beiqinquan@tup.tsinghua.edu.cn。

图书在版编目(CIP)数据

投资学及其 Python 应用/朱顺泉编著. —北京：清华大学出版社，2019（2024.8重印）
(高等院校财政金融专业应用型教材)
ISBN 978-7-302-51464-0

Ⅰ. ①投⋯ Ⅱ. ①朱⋯ Ⅲ. ①投资—应用软件—高等学校—教材 Ⅳ. ①F830.59-39

中国版本图书馆 CIP 数据核字(2018)第 256554 号

责任编辑：孟 攀
装帧设计：杨玉兰
责任校对：周剑云
责任印制：刘 菲

出版发行：清华大学出版社
网　　址：https://www.tup.com.cn，https://www.wqxuetang.com
地　　址：北京清华大学学研大厦 A 座　　邮　编：100084
社 总 机：010-83470000　　邮　购：010-62786544
投稿与读者服务：010-62776969，c-service@tup.tsinghua.edu.cn
质量反馈：010-62772015，zhiliang@tup.tsinghua.edu.cn
课件下载：https://www.tup.com.cn，010-62791865

印 装 者：三河市人民印务有限公司
经　　销：全国新华书店
开　　本：185mm×260mm　　印 张：16　　字　数：389 千字
版　　次：2019 年 1 月第 1 版　　印　次：2024 年 8 月第 6 次印刷
定　　价：49.00 元

产品编号：076592-01

前言

金融财务理论一般分为三大领域：①金融市场与金融机构，主要研究货币市场、资本市场、衍生市场、外汇市场、利率、汇率、中央银行、商业银行等内容；②公司金融财务，主要研究现金流与现值、净现值准则下的项目投资决策、资本市场的风险与回报、资本结构、股利政策、期权在企业中的应用、运营资本管理、公司并购与重组、公司财务预警等内容；③投资学，主要研究资本市场中的资产配置、投资组合、资本资产定价、套利定价、固定收益证券定价、股权定价、衍生品定价、资产组合管理等内容。这三部分相互联系，不能截然分开。本书主要介绍现代投资学中的资产配置、风险管理、资产定价等相关投资理论与方法及其 Python 应用。

由于历史的原因和国内文理科划分的原因，目前我国金融财务、会计等学科的研究和教学存在着许多要与国际脱轨的地方。国内关于金融投资、财务决策方面的教材大多属于文科范围，以定性描述为主，缺少理论分析、模型的建立和定量分析，难以适应与国际接轨以及当前我国金融财务、会计、统计、工商管理等专业的研究与教学。本书试图在现代投资理论的基础上，建立各种投资学模型，以供对投资学研究和教学感兴趣的读者参考。本书思路清晰、逻辑性强，以现代投资理论为基础，以定量分析方法、统计与优化模型为中心，在介绍各种投资理论的基础上，利用我国的实际数据，给出其理论与方法的 Python 应用，因而具有一定的理论深度与实用价值。本书注重理论与应用相结合，实例丰富且通俗易懂，重点讨论了现代投资学理论与投资方法中的 Python 应用过程。

本书遵循滋维·博迪的投资学教材内容体系，结构内容如下：第 1 章介绍金融市场环境；第 2 章介绍资产的时间价值及其 Python 应用；第 3 章介绍投资收益与风险及其 Python 应用；第 4 章介绍资产组合均值方差模型及其 Python 应用；第 5 章介绍存在无风险资产的均值方差模型及其 Python 应用；第 6 章介绍资本资产定价模型及其 Python 应用；第 7 章介绍指数模型及其 Python 应用；第 8 章介绍套利定价理论及其应用；第 9 章介绍有效市场假说；第 10 章介绍证券收益的实证依据；第 11 章介绍固定收益证券及其 Python 应用；第 12 章介绍权益证券及其 Python 应用；第 13 章介绍期权合约及其策略；第 14 章介绍 Black-Scholes 期权定价及其 Python 应用；第 15 章介绍二项式期权定价及其 Python 应用；第 16 章介绍期货合约定价、套期保值及其 Python 应用；第 17 章介绍投资组合管理与策略。

本书主要面向投资学、金融工程、金融学、金融专业硕士、经济学、财务管理、统计学、数量经济学、管理科学与工程、金融数学等专业的本科高年级学生与研究生。本书也是广东省学位与研究生教育创新计划项目(2015)的阶段性成果之一。

由于时间和作者水平的限制，书中难免出现一些纰漏，恳请读者谅解并提出宝贵意见。

编 者

目 录

第1章 金融市场环境 ·················· 1
1.1 国内外金融学发展历史 ················ 2
1.1.1 国外金融学的历史 ············· 2
1.1.2 新中国金融发展历史 ········· 3
1.2 金融市场 ·· 4
1.3 金融机构 ·· 4
1.3.1 投资银行 ····························· 5
1.3.2 经纪公司和交易商(做市商) ··· 5
1.3.3 有组织的交易所 ················· 5
1.4 金融产品 ·· 6
1.4.1 货币市场的金融产品 ········· 6
1.4.2 资本市场的金融产品 ········· 7
1.4.3 衍生市场的金融产品 ········· 7
思考题 ·· 7

第2章 资产的时间价值及其Python应用 ···· 9
2.1 单利计息和复利计息及其Python应用 ··· 10
2.1.1 累积函数 ····························· 10
2.1.2 利率 ····································· 10
2.1.3 单利计息 ····························· 11
2.1.4 复利计息 ····························· 11
2.1.5 贴现函数 ····························· 12
2.1.6 复利的终值和现值 ············· 13
2.1.7 计息次数 ····························· 13
2.1.8 连续复利 ····························· 14
2.2 多期现金流复利终值和现值及其Python应用 ··· 15
2.2.1 多期复利终值 ····················· 15
2.2.2 多期复利现值 ····················· 15
2.2.3 年金的终值和现值 ············· 16
思考题 ·· 16

第3章 投资收益与风险及其Python应用 ···· 17
3.1 持有期收益率 ·································· 18
3.2 资产的期望收益率 ·························· 18
3.3 资产的风险(方差或标准差) ·········· 19
3.4 期望和方差的统计估计量及其Python应用 ··· 20
3.5 资产之间的协方差与相关系数及其Python应用 ··· 22
3.6 资产组合的期望收益和风险及其Python应用 ··· 24
3.6.1 两种资产组合收益的度量 ··· 24
3.6.2 两种资产组合风险的度量 ··· 24
3.6.3 多资产组合的期望收益和风险 ···· 25
思考题 ·· 27

第4章 资产组合均值方差模型及其Python应用 ··· 29
4.1 资产组合的可行集 ·························· 30
4.2 有效边界与有效组合 ······················ 30
4.2.1 有效边界的定义 ················· 30
4.2.2 有效集的位置 ····················· 31
4.2.3 最优资产组合的确定 ········· 31
4.3 标准均值方差模型及其Python应用 ··· 32
4.3.1 标准均值方差模型的求解 ··· 32
4.3.2 标准均值方差模型的Python应用 ··· 33
4.3.3 全局最小方差 ····················· 34
4.3.4 有效资产组合 ····················· 35
4.4 两基金分离定理 ······························ 36
4.5 投资组合有效边界的Python绘制 ··· 37
4.6 马柯维茨投资组合优化的Python应用 ··· 39
4.6.1 马柯维茨投资组合优化基本理论 ··· 39
4.6.2 投资组合优化实例的Python应用 ··· 39

4.6.3　投资组合实际数据的Python
　　　　　应用 …………………………… 44
　思考题 …………………………………… 50

第5章　存在无风险资产的均值方差模型及其Python应用 …… 51

5.1　存在无风险资产的均值方差
　　　模型的Python应用 …………… 52
5.2　无风险资产对最小方差组合的影响 … 53
5.3　存在无风险资产的两基金分离定理
　　　及其Python应用 ……………… 55
5.4　预期收益率与贝塔关系式 ……… 56
5.5　一个无风险资产和两个风险资产的
　　　组合Python应用 ……………… 57
5.6　默顿定理的Python应用 ……… 60
5.7　布莱克-利特曼模型的Python应用 … 61
思考题 ……………………………………… 62

第6章　资本资产定价模型及其Python应用 ………………… 65

6.1　资本资产定价模型假设 ………… 66
6.2　资本市场线及其Python应用 … 66
6.3　证券市场线及其Python应用 … 68
6.4　价格型资本资产定价模型及其Python
　　　应用 …………………………… 70
6.5　资本资产定价模型检验的Python
　　　应用 …………………………… 72
思考题 ……………………………………… 73

第7章　指数模型及其Python应用 … 75

7.1　单指数模型 …………………… 76
7.2　指数模型与分散化 …………… 79
7.3　指数模型的证券特征线估计的Python
　　　应用 …………………………… 79
思考题 ……………………………………… 81

第8章　套利定价理论及其应用 …… 83

8.1　套利资产组合 ………………… 84
8.2　单因子套利定价线 …………… 85
8.3　套利定价的多因子模型 ……… 89
8.4　APT与CAPM的一致性 ……… 90

8.5　APT和CAPM的联系与区别 … 91
8.6　关于模型的检验问题 ………… 92
思考题 ……………………………………… 92

第9章　有效市场假说 ……………… 95

9.1　有效市场描述 ………………… 96
9.2　有效市场的三种形式 ………… 96
9.3　异常现象 ……………………… 98
9.4　有效市场实证研究的证据 …… 99
9.5　弱型有效市场的检验 ………… 100
9.6　有效市场对投资者的启示 …… 101
思考题 ……………………………………… 102

第10章　证券收益的实证依据 …… 103

10.1　资本资产定价模型CAPM的实证
　　　模型 ………………………… 104
10.2　上海A股市场Carhart四因素模型的
　　　反转与动量效应研究 ……… 105
　　10.2.1　引言 ……………………… 105
　　10.2.2　样本股票选取与数据
　　　　　　处理 ……………………… 106
10.3　描述性统计 ………………… 109
　　10.3.1　样本数量分布 ………… 109
　　10.3.2　变量的相关性分析 …… 110
　　10.3.3　单位根检验 …………… 110
10.4　Carhart四因素模型的反转与动量
　　　效应的实证研究 …………… 111
　　10.4.1　四因素模型回归模型的
　　　　　　建立 ……………………… 111
　　10.4.2　四因素模型的回归结果
　　　　　　分析 ……………………… 114
10.5　研究结论 …………………… 117
思考题 …………………………………… 117

第11章　固定收益证券及其Python应用 ……………………… 119

11.1　债券的定义与分类 ………… 120
　　11.1.1　债券的定义和特征 …… 120
　　11.1.2　债券的分类 …………… 121
11.2　债券定价及其Python应用 … 122

11.2.1 付息债券价格及其 Python 应用 ……………………… 122
11.2.2 零息债券的价格及其 Python 应用 ……………………… 124
11.3 债券的到期收益率 ……………… 125
11.4 债券的赎回收益率及其 Python 应用 ……………………………… 126
11.5 利率期限结构及其 Python 应用 …… 127
11.5.1 到期收益和即期利率 …… 127
11.5.2 远期利率 ………………… 128
11.5.3 利率期限结构及其理论 … 129
11.6 债券组合管理及其 Python 应用 … 134
11.6.1 久期及其 Python 语言计算 …………………… 134
11.6.2 凸度及其计算 ………… 138
11.6.3 免疫及其计算 ………… 140
思考题 ……………………………… 143

第 12 章 权益证券及其 Python 应用 …… 145
12.1 股息折现模型及其 Python 应用 … 146
12.1.1 零增长模型 …………… 146
12.1.2 稳定增长模型 ………… 147
12.1.3 H 模型 ………………… 148
12.1.4 多阶段增长模型 ……… 149
12.2 市盈率 ……………………… 150
12.2.1 市盈率与增长机会 …… 151
12.2.2 市盈率股票风险 ……… 153
12.3 现金流定价 ………………… 153
12.4 证券分析 …………………… 155
思考题 ……………………………… 156

第 13 章 期权合约及其策略 ……………… 159
13.1 期权合约概念与分类 ……… 160
13.1.1 期权合约的概念 ……… 160
13.1.2 期权的分类 …………… 160
13.2 期权价格 …………………… 161
13.3 影响期权价格的因素 ……… 161
13.4 到期期权定价 ……………… 163
13.5 到期期权的盈亏 …………… 163
13.6 期权交易策略 ……………… 165
13.6.1 保护性看跌期权 ……… 165

13.6.2 抛补的看涨期权 ……… 165
13.6.3 对敲策略 ……………… 165
13.6.4 期权价差策略 ………… 166
13.6.5 双限期权策略 ………… 166
思考题 ……………………………… 167

第 14 章 Black-Scholes 期权定价及其 Python 应用 ……………… 169
14.1 Black-Scholes 期权定价公式的推导 ………………………… 170
14.1.1 标准布朗运动(维纳过程) … 170
14.1.2 一般布朗运动(维纳过程) … 170
14.1.3 伊藤过程和伊藤引理 …… 171
14.1.4 不支付红利股票价格的行为过程 …………… 172
14.1.5 Black-Scholes 欧式看涨期权定价模型的导出 … 172
14.2 Black-Scholes 期权定价模型的 Python 应用 ………………… 175
14.3 红利对欧式期权价格影响的 Python 应用 ………………… 176
14.4 风险对冲的 Python 应用 …… 178
14.5 隐含波动率的 Python 应用 … 181
思考题 ……………………………… 183

第 15 章 二项式期权定价及其 Python 应用 ……………………………… 185
15.1 二项式法的单期欧式看涨期权定价 ……………………… 186
15.2 两期与多期的二项式看涨期权定价 ……………………… 189
15.3 二项式看跌期权定价与平价原理 ……………………… 191
15.3.1 二项式看跌期权定价 … 191
15.3.2 平价原理 ……………… 192
15.4 二项式法的解析式与计算步骤 …… 192
15.5 二项式法的无收益资产欧式期权定价 Python 应用 ………… 193
15.6 二项式法的无收益资产美式期权定价 Python 应用 ………… 196

15.7 二项式法的支付连续红利率美式期权定价 Python 应用 …… 197
15.8 应用二项式期权定价模型进行项目投资决策的 Python 应用 …… 199
思考题 …… 200

第 16 章 期货合约定价、套期保值及其 Python 应用 …… 201

16.1 期货合约概念及其要素 …… 202
16.2 期货合约交易制度 …… 202
16.3 期货合约的类型 …… 203
    16.3.1 商品期货合约 …… 203
    16.3.2 金融期货合约 …… 205
16.4 期货合约定价及其 Python 应用 …… 206
    16.4.1 期货合约价格实例 …… 206
    16.4.2 金融期货合约定价 …… 207
16.5 期货合约的套期保值 …… 210
16.6 期货合约的套期保值计算方法 …… 214
16.7 最优套期保值策略的 Python 应用 …… 215
思考题 …… 217

第 17 章 投资组合管理与策略 …… 219

17.1 投资组合绩效评价 …… 220
17.2 单因素整体绩效评价模型 …… 221
    17.2.1 Jensen 测度 …… 221
    17.2.2 Treynor 测度 …… 222
    17.2.3 Sharpe 测度 …… 223
    17.2.4 三种测度的比较 …… 223
    17.2.5 估价比率(或信息比率) …… 224
    17.2.6 M^2 测度 …… 224
17.3 选股能力和择时能力 …… 225
    17.3.1 选股能力 …… 226
    17.3.2 股票选择 …… 226
    17.3.3 择时能力 …… 227
17.4 投资组合策略 …… 231
    17.4.1 资产配置的主要策略 …… 231
    17.4.2 投资组合策略分析 …… 231
    17.4.3 三种投资组合策略的比较 …… 233
    17.4.4 积极型与消极型投资组合策略 …… 234
17.5 积极投资组合管理 …… 234
    17.5.1 积极投资的收益和风险 …… 234
    17.5.2 积极投资组合管理的必要性 …… 235
    17.5.3 Treynor-Black 模型 …… 235
    17.5.4 预测精确性及对输入参数的调整 …… 237
17.6 投资组合管理步骤和投资政策陈述 …… 238
    17.6.1 投资组合管理的步骤 …… 238
    17.6.2 投资政策陈述 …… 238
    17.6.3 战略资产配置 …… 239
    17.6.4 投资政策陈述总结 …… 240
17.7 T 先生的战略性资产配置 …… 240
    17.7.1 相邻的拐角投资组合 …… 240
    17.7.2 T 先生的战略性资产配置案例分析 …… 242
思考题 …… 245

参考文献 …… 246

第 1 章　金融市场环境

【本章精粹】

　　投资的环境是金融市场及其相关的金融机构，投资的对象是金融产品或工具，因此本章对金融市场、金融机构和金融产品或工具先作一个简单介绍。在介绍金融市场、金融机构和金融产品之前，先对国内外金融发展历史作一个简要的回顾。

1.1 国内外金融学发展历史

1.1.1 国外金融学的历史

金融学最早可追溯到1896年欧文·费学(Irving Fisher)最先确认并作出解释的基本估值关系，这种估值关系是金融理论的核心之一，它说明一项资产的价值等于其产生的未来现金流的现值之和。

随着金融市场的发展，人们开始寻找对风险资产进行预测未来价格的方法，1900年法国数学家Louis Bachelier提出了著名的投机理论，他发现股票价格的变化服从布朗运动(它的期望值为0)，为后来金融学的发展，特别是期权定价理论的建立奠定了基础。

1934年本杰明·格雷厄姆(Benjamin Graham)和戴维·多德(David Dodd)出版了证券估值著作，成为证券行业的圣经。1938年，麦考利(Frederick Macaulay)建立了债券市场上对发行者和投资者都非常有用的债券价格对利率的敏感性分析模型，他的关于久期和免疫的理论被目前从事资产债务管理的人们普遍采用。

1944年，冯·诺依曼(Von Neumann)和摩根斯坦(Morgenstern)提出了至今广泛使用的效用理论，开始了对投资者风险态度的描述。

1952年，马柯维茨(Markowitz，芝加哥大学毕业，1990年获诺贝尔经济学奖)在Journal of Finace杂志上发表了一篇题为投资组合的选择的论文，建立了均值-方差模型(收益-风险模型)，他首次提出了投资分散化原理，发展了资产投资组合理论，标志着投资组合理论的开端。他只考虑风险资产组合之间的比例配置，这与人们对风险的态度无关。从这种意义上来说，人们投资是一门科学。

马柯维茨还是美国社会科学研究会员，美国计量经济学会会员，美国管理科学研究所董事长，美国金融学会主席等。

1958年，托宾(耶鲁大学经济学教授，1981年获诺贝尔经济学奖)建立了收益-风险理论，即考虑风险资产组合和无风险资产之间的比例配置，这与人们对风险的态度有关。从这种意义上来说，人们投资是一门艺术。

把马柯维茨和托宾的观点结合起来：投资是科学和艺术结合的一门学问。

20世纪50年代，阿罗(Arrow)通过对保险和风险的研究，特别是通过对一般均衡框架或有证券的研究发现：只要针对未来的每一种潜在的可能性设计出相应的应对条款，就能构造出一种阿罗证券来确保总体经济的一般均衡。不过，阿罗也注意到，投资者理性决策依赖一定的信息条件，如果该条件得不到满足，金融产品的合同安排就可能不完全，如，在保险业会出现道德风险问题。这些观点对后来的金融理论的发展产生了巨大影响。

莫迪利亚尼(Modigliani)和米勒(Miller)在20世纪50年代研究了金融市场上的证券供给问题。他们采取了标准的微观经济学的均衡分析方法，在假定完全竞争的金融市场前提下，通过公司的融资成本——收益决策来推导出证券供给曲线。不过，现在人们已经很少关心这个内容，主要原因是他们的结论因为"MM定理"而闻名于世，其背后的证券供给曲线反而被忽视了。MM定理说明：在给定若干假定条件下，公司的资本结构选择并不能给公司创造价值。这一结论奠定了现代公司金融理论的框架，该定理为复杂的公司金融活动分析创造了一个基本构架，相当于经济学中完全竞争市场的作用。

1963 年，威廉·夏普(斯坦福大学教授，1990 年获诺贝尔经济学奖)建立了单指数模型，在管理科学杂志发表了投资组合分析的简化模型，将单个证券的超额收益表达为单一市场指数超额收益的回归方程，大大减少了计算量。随后夏普、Lintner 和 Mossin 三人几乎同时提出了资本资产定价模型(CAPM)。1970 年夏普任斯坦福大学商学院教职，并出版《证券组合理论和资本市场》一书，1978 年出版《投资学》，1989 出版《投资学基础》。

1977 年，夏普在国民经济研究所迈塞尔指导下，作为研究银行资本是否充分问题的研究小组成员，研究存款保险和拖欠风险之间的关系，成果于 1978 年发表在《金融和数量分析》杂志上，支持了基于风险的保险费概念。1980 年夏普被推选为美国金融学会主席。

1970 年，法玛(芝加哥大学教授，2013 年获得诺贝尔经济学奖)建立了有效市场假说理论，在顶尖金融刊物上发表了很多论文。

1973 年，Black 和 Scholes(斯坦福大学)建立了 B-S 期权定价模型。

1976 年，Ross(麻省理工研究院)在因素模型和无套利原则的基础上发展了套利定价理论，提出证券收益受到多种因素的影响，可以表达为多个因素收益的线性组合。但是，套利定价理论模型并没有告诉人们如何确定因素。

1979 年，Cox-Ross-Rubinstein 等人建立了二项式期权定价模型。

至此，国际主流金融学的内容基本成型。

20 世纪 80 年代后，金融学向行为金融、金融工程、法与金融等方向发展。

大家思考一下：为什么研究货币的凯恩斯、弗里德曼、蒙代尔没在金融学发展历史中出现？

1.1.2 新中国金融发展历史

在改革开放之前，中国实施计划经济，以财政代替金融，没有商业银行和资本市场。

在改革开放之后，中国开始发展和健全金融体系，但当时金融的主要目的是为大企业服务，尤其是 1983 年拨款改贷款以后，企业不能从国家财政直接拿到拨款，而改由银行通过低价资金进行补贴，为了满足广大企业的需要，政府压低利率，同时建立大型国有银行来补贴这些大型国有企业。中国当前的金融体系基本上以四大国有商业银行为主，四大国有商业银行拥有的人民币资金占整个金融体系资金总量的 70%，其服务对象主要是大企业。

股票市场从 1990 年开始发展，当然，能进入股票市场的也都是大企业。绝大多数中小微企业在高度集中的金融体系之下，得不到金融服务和资金的支持，发展受到限制。

国外的银行体系一般是从小到大发展起来的，在经济发展初期，劳动密集型产业占主导地位，金融体系中的中小银行为当地的中小企业提供服务；随着经济的发展，资本不断深化，企业规模不断扩大，大银行和股票市场应运而生。

但中国的经济体制改革是自上而下进行的，一开始建立起很多大型国有企业，同时建立了为大企业服务的大型国有银行和股票市场，但并没有能够满足中小企业需求的金融机构和金融工具。

我国目前正处于特殊经济转型时期，中小微企业的融资风险高，大银行一般不愿介入。

因此，要大力提倡并鼓励发展为中小微企业服务的金融市场，让新三板市场、创业板市场、中小企业板市场、民间私人银行、小额信贷公司等金融市场和机构盘活私人资本并合法而规范地服务于中小微企业。

1.2 金融市场

金融市场是金融工具或产品交易的场所，参加交易的投资者包括金融机构、企业和个人。

金融机构包括商业银行、证券公司、基金公司和保险公司，交易的产品或工具包括银行存款 CD、债券、股票、期货、期权等。整个金融市场体系如图 1-1 所示。

图 1-1　金融市场

这里的金融市场包括货币市场、资本市场和衍生市场。

货币市场也叫短期资金市场，是融资期限在一年以下的金融市场，其特点是期限短、流动性强和风险小。

资本市场也叫长期资金市场，是指期限在一年以上的各种资金借贷和证券交易的场所。其特点是：融资期限长、流动性相对较差、风险大但收益高。

衍生市场主要指期货市场、期权市场和互换市场，其中的期货市场主要指大宗商品的交易，大宗商品指同质化、可交易、被广泛作为工业基础原材料的商品，例如原油、有色金属、农产品、铁矿石、煤炭等。

1.3 金融机构

不同的金融机构提供不同的金融服务。金融中介机构如各种存款机构(商业银行)、保险公司、养老基金、投资公司和金融公司等，它们借短贷长、集少成多，将中小储蓄者手中的零星闲置资金集中使用，为金融市场提供间接融资服务。

另一类金融机构是为直接融资市场服务的，叫作证券业。它包括投资银行、经纪公司和交易商，以及有组织的交易所。它们提供的服务主要是便利初级市场的认购活动即新证券的发行，在二级市场上代理客户进行交易或者为自己进行买、卖。美国有40多家大的经纪公司，它们既是经纪人(代客经营)，又是交易商，也同时充当投资银行，从事承购包销新发行的证券。著名的经纪公司有摩根士丹利银行、美林公司、苏来曼兄弟公司等。

1.3.1 投资银行

当一个公司试图筹集资金时，它会雇用投资银行来帮它出售证券。投资银行从两个方面帮助公司发行证券。首先，它通过经济分析向公司提出建议，是发行股票还是债券、何种债券、期限多长、利息多高等。其次，当公司根据投资银行的建议作出决定后，由一家或几家、几十家投资银行进行承购包销——投资银行用议定价格将该次发行的全部股票(债券)买下，然后卖给公众。如果一次发行量较大，一般都是由几家或几十家投资银行组成辛迪加进行认购，这样每一家承担的风险就相对减少了。

1.3.2 经纪公司和交易商(做市商)

经纪公司和交易商是在二级市场活动的金融机构。经纪人是纯粹的中间人，作为代理人为投资者进行买卖交易。他们的作用是为买主找卖主，或为卖主找买主，为此取得一笔佣金。交易商与经纪人不同，他们既为自己买卖证券，又随时随地准备好以市场价格向客户销售金融资产或者向客户买入金融资产。他们持有一定数量的金融资产，靠买价和卖价之间的差价来赢利。这是一种风险很大的商业活动，因为交易商所持有的证券价格会上下波动。近年来，由于债券、外汇市场价格波动的剧烈程度加大，有多家交易商已经破产。正是由于交易商业务风险大，而经纪人业务风险小，所以大的经纪公司一般都兼而做之，同时还经营投资银行业务。如美林公司兼营货币市场业务，这样商业银行和非银行金融机构的界限就变得十分模糊了。

1.3.3 有组织的交易所

二级市场有两种组织形式：场外交易市场和有组织的交易所。有组织的交易所有固定的场所，只有它的成员在规定时间内可以进场交易。实际上，它是拍卖市场和交易商市场的结合。纽约股票交易所是世界上最大的交易所，目前有3400多种证券上市交易。美国股票交易所是第二大交易所。在波士顿、洛杉矶、费城、辛辛那提等处还有一些规模较小的地方性的交易所。

美国的整个证券业，包括投资银行、经纪公司和交易商，以及交易所都受证券交易委员会监督管理。

图1-2是资金的供给方(贷款者，金融资产的买主)和资金需求方(借款者，金融资产的卖主)通过金融中介机构间接融资或通过金融市场直接融资的示意图。

图 1-2 金融体系中的资金、证券的流动

其中：货币市场中的金融中介机构主要有各种存款机构(商业银行)、保险公司、养老基金、投资公司和金融公司等。

资本市场中的服务机构如下。

(1) 投资银行：美国著名的投资银行有美林公司、苏来曼兄弟公司、高盛、摩根士丹利等，我国基本上是由证券公司和会计事务所来做这一块。

(2) 经纪公司和交易商(做市商)：经纪公司就是为买主找卖主，或为卖主找买主，为此取得一笔佣金。交易商与经纪人不同，他们既为自己买卖证券，又随时随地准备好以市场价格向客户销售金融资产或者向客户买入金融资产。他们持有一定数量的金融资产，靠买价和卖价之间的差价来赢利。

(3) 有组织的交易所：它是拍卖市场和交易商市场的结合体。除此之外，还有场外交易市场，没有固定时间和地点。

1.4 金融产品

1.4.1 货币市场的金融产品

货币市场中的产品主要有如下几个：

(1) 短期国库券：一般是 3 个月，是无风险资产。

(2) 大额存单：是一种银行定额存单，到期向储户支付本金和利息。

(3) 商业票据：大公司自己发行的短期无担保债务票据。

(4) 银行承兑汇票：先由客户向银行发出在未来某一时间点支付一笔款项的指令，一般是 6 个月，类似于远期支票。

(5) 欧洲美元：是指国外银行与美国银行的国外分支机构中的美元存款，将银行设在美国以外的地区，可以免受美国联邦储备委员会的管制，这些账户不一定设在欧洲地区的银行内。

(6) 回购与反回购协议：回购是交易商在头天将证券出售给投资者，并协议约定第二天以稍高的价格赎回，价格的增幅就是隔夜利率。从事政府证券的交易商因此从投资者那里借款一天(短期借款工具)，而证券充当了抵押物的角色。反回购是交易商寻找持有政府证券的投资者，买下其证券并协定在未来的某一时点再将该证券以高于原来的价格回售给投资者。

(7) 联邦基金：商业银行把钱存于联邦储备银行准备金账户的资金。

(8) 经纪人拆借：以交易保证金形式购买股票的客户向经纪人借款来支付股票，而经纪人可能依次又向银行借款，并协定只要银行索要还款即时归还。其利率比短期国库券利率高1%。

(9) 伦敦银行同业拆借市场：伦敦一流银行与一流银行之间愿意出借资金的利率。

1.4.2 资本市场的金融产品

资本市场中的主要产品如下：

(1) 债券市场。

中长期国债：中期10年，长期10～30年。

通胀保值债券：与消费物价指数CPI相关联的国债。

国际债券：如欧洲债券，以发行国外的货币为面值的债券。

市政债券：地方政府债券。

公司债券：如企业债券。

抵押担保证券：如债务抵押债券CDS。

(2) 股权市场。

普通股：剩余索取权，有限责任。

优先股：具有股权和债务的双重特征。

存托凭证：如美国存托凭证是在美国市场交易却代表对国外公司的所有权份额的凭证。

1.4.3 衍生市场的金融产品

期权合约：又称为选择权，是指投资者(持有者)在某一特定的期限内，按某一事先约定的价格(执行价格)，买入或卖出某一特定标的资产的权利。这种权利对买方是一种权利，对卖方是一种义务，权利与义务不对等。

期货合约：是买方和卖方的一个协议，双方同意在未来的某一时期以事先商定的价格买入或卖出某种资产，包括商品资产或金融资产。双方同意的价格叫作期货价格。交货日期叫作交割日期。买卖双方必须承担合约规定的条件和买卖的义务，如不能履约，即以违约论处。

思 考 题

1. 简述金融的发展历史。
2. 简述主要的金融市场。
3. 简述主要的金融机构。
4. 简述主要的金融产品。

第 2 章　资产的时间价值及其 Python 应用

【本章精粹】

资产的时间价值，是指资产经历了一定时间的投资和再投资之后所增加的价值，资产随着时间的延续而增值，不同的时间资产的价值是不一样的。所以，不同时间的资产价值需要换算到相同的时间基础上才能进行比较。资产的时间价值在金融领域有着非常广泛的应用，可以说整个金融学的核心——资产定价，都是以资产的时间价值为基础的，因此，本章介绍资产的时间价值。

2.1 单利计息和复利计息及其 Python 应用

首先引入两个最基本的概念：总量函数和利息。

设 $A(t)$ 为本金 $A(0)$ 经过时间 $t(t>0)$ 后的价值，则当 t 变动时，称 $A(t)$ 为总量函数，总量函数 $A(t)$ 在时间 $[t_1,t_2]$ 内的改变量称为本金在时间 $[t_1,t_2]$ 内的利息，记为 I_{t_1,t_2}，即

$$I_{t_1,t_2} = A(t_2) - A(t_1)$$

特别地，当 $t_1 = n-1, t_2 = n(n \in N)$，记

$$I_n = A(n) - A(n-1)$$

并称 I_n 为第 n 个时间段的利息。

2.1.1 累积函数

在资产的价值增值过程中，本金只是一种名义值，而真正起作用的是单位本金在整个过程中价值的增值。为了揭示这个规律，我们引入累积函数的概念。

定义 1：设单位本金在 $t(t>0)$ 后的价值是 $a(t)$，则当 t 变动时，称 $a(t)$ 为累积函数。

累积函数 $a(t)$ 具有如下性质：

(1) $a(0) = 1$；
(2) $a(t)$ 为递增函数。

注：若 $a(t)$ 出现下降的趋势，将产生负的利息，这在实际上是没有意义的。另外，累积函数为常数则表示无利息。

2.1.2 利率

为了反映资产价值的相对变化，引入利率的概念。

定义 2：总量函数 $A(t)$ 的增量与本金的比值称为在计息期 $[t_1,t_2]$ 内的利率，记为 r_{t_1,t_2}，即

$$r_{t_1,t_2} = \frac{A(t_2) - A(t_1)}{A(t_1)}$$

特别地，当 $t_1 = n-1, t_2 = n(n \in N)$，记

$$r_{t_1,t_2} = \frac{A(n) - A(n-1)}{A(n-1)} = \frac{I_n}{A(n-1)}$$

结论 1：某个计息期 $[t_1,t_2]$ 内的利率为单位本金在该计息期内利息与本金的比值，即

$$r_{t_1,t_2} = \frac{a(t_2) - a(t_1)}{a(t_1)}$$

证明：假设本金为 $A(0)$，则

$$A(t_1) = A(0)a(t_1), \quad A(t_2) = A(0)a(t_2)$$

因此

$$r_{t_1,t_2} = \frac{A(t_2) - A(t_1)}{A(t_1)} = \frac{a(t_2) - a(t_1)}{a(t_1)}$$

2.1.3 单利计息

单利计息的基本思想是：只要本金在一定期限内有利息，不管时间多长，所产生的利息均不加入本金重新计息。

定义 3：如果单位本金经历了任意一个单位计息期的投资所产生的利息为常数，则称对应的计息方式为单利计息，而对应的利息和利率分别称为单利和单利率。

结论 2：在单利计息下，有

$$a(t) = 1 + rt$$

式中，r 是单位本金在经过了一个单位计息期后产生的利息，通常称之为单利率。

证明：在单利计息下，单位本金在第一个计息期末价值为 $1+r$，在第二计息期末价值为 $1+2r$，依此类推，累积函数为

$$a(t) = 1 + rt$$

编写 Python 语言函数如下：

```
def dl(r,t):
  at=1+r*t
  return at
```

2.1.4 复利计息

复利计息的基本思想是：在投资期间的每个时期，过去的本金和利息之和都将用于下一个时期的再投资。这就是"利滚利"的含义。例如，面值为 1000 元，年利率为 10%，期限是三年的债券，第一年年底的价值是 $1000 \times 1.10 = 1100$ 元，第二年年底的价值是 $1000 \times 1.10 \times 1.10 = 1210$ 元，第三年年底的价值是 $1000 \times 1.10 \times 1.10 \times 1.10 = 1331$ 元。

定义 4：如果单位本金经历任何一个单位计息期的投资所产生的利率为常数，则称对应的计息方式为复利计息，而对应的利息和利率分别称为复利和复利率。

结论 3：在复利计息下，有

$$a(t) = (1+r)^t$$

式中，r 是一个单位计息期内的利率，即复利率。

证明：由累积函数的定义有

$$a(t) = \prod_{n=1}^{t}(1+r_n)$$

由定义 4 可知，在复利计息下，各个计息时间内的利率相同，即

$$r_n = r, n = 1, 2, \cdots, t$$

所以累积函数为

$$a(t) = (1+r)^t$$

注：上式对 $t=0$ 同样成立。

编写 Python 语言函数如下：

```
def fl(r,t):
  at=(1+r)**t
  return at
```

例1：假设有单位本金，计息期是 5 年，年利率是 5%，每年计息两次，试比较单利和复利计息的实际收益。

本例中，$r=0.05$，$t=10$，将它们代入前面的式子，有结果：

在单利计息下，有 $a(t)=1+rt=1+0.05\times10$

在复利计息下，有 $a(t)=(1+r)^t=(1+0.05)^{10}$

Python 函数调用及结果如下：

```
dl(0.03,3)
Out[3]: 1.09
dl(0.05,10)
Out[4]: 1.5
fl(0.05,10)
Out[5]: 1.628894626777442
```

从上可见，在单利计息下的实际收益为 1.5-1=0.5；在复利计息下的实际收益为 1.628895-1=0.628895。显然，较之单利计息，复利计息更合算。复利计息在金融资产定价中有着广泛的应用，以后如无特殊说明，一般都指复利计息。

2.1.5 贴现函数

前面介绍的累积函数是用来计算单位本金在一段时期结束时刻的价值的，下面我们将讨论这个过程的反过程。

定义 5：若 t 时刻的单位资金在 0 时刻的价值记为 $a^{-1}(t)$，则当 t 变动时，称 $a^{-1}(t)$ 为贴现函数。

由该定义可知，在单利计息下，有

$$a^{-1}(t)=(1+rt)^{-1}, t\geq 0$$

其中 r 为单利率；

在复利计息下，有

$$a^{-1}(t)=(1+r)^{-t}, t\geq 0$$

其中 r 为复利率。

这说明，贴现与累积是互相对称的计算资产时间价值的方法。在贴现时使用的利率通常称为贴现率。

编写 Python 语言函数如下：

```
def txdl(r,t):
  at=(1+r*t)**(-1)
  return at

def txfl(r,t):
  at=(1+r)**(-t)
  return at
```

例 2：假设贴现率为 5%，求未来 10 年末单位资金的贴现函数值。

在本例中，贴现率 $r=0.05$，时间 $t=10$，将它们代入前面的式子，有结果：

在单利计息下，有 $a^{-1}(t)=(1+rt)^{-1}=(1+0.05\times10)^{-1}$

在复利计息下，有 $a^{-1}(t)=(1+r)^{-t}=(1+0.05)^{-10}$

函数调用及结果如下：

```
txdl(0.05,10)
Out[7]: 0.6666666666666666
txfl(0.05,10)
Out[8]: 0.6139132535407591
```

2.1.6 复利的终值和现值

在金融领域，人们最为关心的是在复利计息下一定数量的资金在投资开始和结束时的价值。这两个值分别是复利的终值和现值。具体定义如下。

定义 6：称本金 A 与复利累积函数的乘积 $A(1+r)^t$ 为第 t 个计息期末的复利终值，简称终值(FV)，其中 r 为利率。

编写 Python 语言函数如下：

```
flfv<-function(a,r,t){
fv=a*(1+r)^t
return(fv)
}
```

例 3：某人购入面值为 100 元的复利债券一张，年利率为 8%，期限为 10 年，试计算 10 年末的终值。

在本例中，r=0.08，t=10，a=100，根据终值的定义，有

$$FV = A(1+r)^t = 100 \times (1+0.08)^{10}$$

函数调用及结果如下：

```
flfv(100,0.08,10)
Out[10]: 215.89249972727882
```

定义 7：称第 t 期资金量 A 与复利贴现函数的乘积 $A(1+r)^{-t}$ 为复利现值，简称现值(PV)，其中 r 为贴现率。

编写 Python 语言函数如下：

```
def flpv(a,r,t):
    pv=a*(1+r)**(-t)
    return pv
```

例 4：某人计划 5 年后得到 3000 元钱，已知年利率为 8%，按复利计息，问该人现在应该存入多少钱？

在本例中，r=0.08，t=5，a=3000，根据现值的定义，有

$$PV = A(1+r)^{-t} = 3000 \times (1+0.08)^{-5}$$

函数调用及结果如下：

```
flpv(3000,0.08,5)
Out[14]: 2041.7495911012588
```

2.1.7 计息次数

复利计息不一定总是一年一次，有可能是季度、月或日一次。当利息在一年内要复利

计息几次时，相应的年利率又叫作名义利率。

定义 8：若在单位计息期内利息按照利率 $r^{(n)}/n(n \in N)$ 换算 n 次，则 $r^{(n)}$ 称为 n 换算名义利率。

结论 4：相同单位计息期内的利率 r(相对于名义利率，又称为实际利率)与 n 换算名义利率 $r^{(n)}$ 有如下关系

$$1+r = \left(1+\frac{r^{(n)}}{n}\right)^n$$

即 $r = \left(1+\dfrac{r^{(n)}}{n}\right)^n - 1$

编写 Python 语言函数如下：

```
def sjll(rn,n):
    r=100*((1+rn/n)**n-1)
    return r
```

例 5：现有两种投资方案，方案 1：年名义利率是 8%，每半年付息一次；方案 2：年名义利率是 8%，每季度付息一次。试问应选择哪一种投资方案？

通过比较两方案实际利率的大小就可以确定选择哪一种方案，根据 $r = \left(1+\dfrac{r^{(n)}}{n}\right)^n - 1$，所以两方案的实际利率分别为

方案 1：$r = \left(1+\dfrac{r^{(n)}}{n}\right)^n - 1 = \left(1+\dfrac{0.08}{2}\right)^2 - 1$

方案 2：$r = \left(1+\dfrac{r^{(n)}}{n}\right)^n - 1 = \left(1+\dfrac{0.08}{4}\right)^2 - 1$

函数调用及结果如下：

```
sjll(0.08,2)
Out[16]: 8.160000000000001
sjll(0.08,4)
Out[17]: 8.243215999999997
```

2.1.8 连续复利

假设本金 A 以名义利率 r 投资 m 年，若每年复利计息 1 次，则其终值为

$$A(1+r)^m$$

若每年计息 n 次，则其终值为

$$A(1+r/n)^{nm}$$

当 n 趋向于无穷大时，就称这种利率为连续复利率。类似地，可定义连续贴现率。

在连续复利的情况下，本金量 A 以名义利率 r 投资 m 年后，将达到终值 Ae^{rm}；在连续贴现的情况下，第 m 年的资金量 A 以名义贴现率 r 贴现的现值为 Ae^{-rm}。因此对于一笔以年名义利率 r 连续复利 m 年的资金来说，其终值是乘上 e^{rm}；对于一笔以名义贴现率 r 连续贴现 m 年的资金来说，其现值是乘上 e^{-rm}。

2.2 多期现金流复利终值和现值及其 Python 应用

前面所讨论的实际上是单期现金流的复利终值和现值(现金流是指在某一段时间内现金流入和流出的数量)，但在金融领域，一项投资活动经常会在不同时刻发生多次现金流动。这就是本节要介绍的多期现金流的复利终值和现值。

2.2.1 多期复利终值

先看一个例子：假设某人第一年年初存入银行 1000 元，第一年年末存入银行 2000 元，如果存款利率是 5%，按复利计息，那么两年后他将得到多少收入？第一年年底，资金量为 1000×(1+0.05)=1050 元，加上再次存入的 2000 元，共计 3050 元，这 3050 元再存一年，资金量为 3050×(1+0.05)=3202.5 元，于是两年后得到的收入为 3202.5-3000=202.5 元。这个问题就是一个多期复利终值问题。

定义 9：称 $\sum_{t=1}^{n} C_t (1+r)^t$ 为期数是 n，第 t 期现金流是 $C_t (C_t \in \mathbb{R})$，利率是 r 的多期复利终值，记为 FV_n。

在上述定义中，当 $C_t \geqslant 0$ 时为现金流入，当 $C_t \leqslant 0$ 时为现金流出。

编写 Python 语言函数如下：

```
def dqflzz(cf,r,t):
    cf1=cf*(1+r)**(t-2)
    fv=sum(cf1)
    return fv
```

例 6：假设某人计划在一年后存入银行 100 元，两年后存入银行 200 元，三年后存入银行 300 元，四年后存入银行 400 元。如果存款年利率是 10%，那么 5 年后的多期复利终值是多少？

本例中，$C_1=100$，$C_2=200$，$C_3=300$，$C_4=400$，$r=0.1$，$t=5$，根据多期复利终值的定义，有

$$FV_n = 100 \times (1+0.1)^3 + 200 \times (1+0.1)^2 + 300 \times (1+0.1)^1 + 400$$

Python 语言函数调用：

```
import pandas as pd
from numpy import *
r=0.1
t= pd.Series([5,4,3,2])
cf=pd.Series([100,200,300,400])
dqflzz(cf,r,t)
```

得到如下结果：

```
Out[36]: 1105.1000000000001
```

2.2.2 多期复利现值

多期现金复利现值是与多期复利终值相对应的概念，定义如下：

定义10：称 $\sum_{t=1}^{n} C_t(1+r)^{-t}$ 为期数是 n，第 t 期现金流是 $C_t(C_t \in \mathbb{R})$，利率是 r 的多期复利现值，记为 PV_n。

编写 Python 语言函数如下：

```
def dqflxz(cf,r,t):
    cf1=cf*(1+r)**(-t)
    dpv=sum(cf1)
    return dpv
```

例7：假设未来5年的现金流依次是100元，200元，300元，400元，500元，贴现率为10%，计算其现金流现值。

本例中，$C_1=100$，$C_2=200$，$C_3=300$，$C_4=400$，$C_5=500$，$r=0.1$，$t=5$，根据多期复利现值的定义，有

$$PV_n = 100\times(1+0.1)^{-1} + 200\times(1+0.1)^{-2} + 300\times(1+0.1)^{-3} + 400\times(1+0.1)^{-4} + 500\times(1+0.1)^{-5}$$

Python 语言函数调用：

```
import pandas as pd
from numpy import *
r=0.1
t= pd.Series([1,2,3,4,5])
cf=pd.Series([100,200,300,400,500])
dqflxz(cf,r,t)
```

得到如下结果：

```
Out[38]: 1065.258831053517
```

2.2.3 年金的终值和现值

年金是一种特殊形式的多期现金流，是指在任何单位计息期产生的等额的现金流。年金分为先付年金和后付年金。先付年金是指在任何单位计息期开始时发生等额的现金流，后付年金是指在任何单位计息期终了时发生等额的现金流。

年金的现值和终值计算非常简单，只要把前面不同的现金流换成相同的现金流即可，其他一样。

思 考 题

1. 现有两种投资方案，方案1：年名义利率是10%，每半年付息一次；方案2：年名义利率是10%，每季度付息一次。试问应选择哪一种投资方案？

2. 假设某人计划在一年后存入银行100元，两年后存入银行200元，三年后存入银行300元，四年后存入银行400元，五年后存入银行500元。如果存款年利率是8%，那么六年后的多期复利终值是多少？

第 3 章　投资收益与风险及其 Python 应用

【本章精粹】

　　我们研究的是未来一段时间投资某一资产的收益率，显然它将是不确定的，它因受到许多因素的影响而随着有关条件和客观状态的变化而变化。因此，可以把收益率视为随机变量。作为随机变量，在不同的客观状态下，它将有不同的取值。如果我们能对客观状态发生的可能性即概率给予评估（例如通过对状态的分析，或通过主观概率试验法，或通过对历史数据的处理，建立模型，预测出各种状态可能发生的概率），那么，就可以通过随机变量的数学期望和方差描述出所持资产可能的预期收益率和收益率对预期收益率的可能偏离，即风险，因此本章我们介绍资产及资产组合的预期收益率和风险的衡量。

3.1 持有期收益率

设 $P_{it}, P_{i(t-1)}$ 为某资产 i 在第 t 期和第 $t-1$ 期的价格，D_{it} 为某资产在第 t 期的红利，则其离散单利收益率公式为：

$$r_{it} = \frac{P_{it} - P_{i(t-1)} + D_{it}}{P_{i(t-1)}}$$

例1：投资者以每股 10 元的价格买入股票 i，一年后该股票每股价格上升到 12 元，期间上市公司每股发放股息 0.2 元。在不考虑税收的情况下，投资者这一年的投资收益为：

$$r_i = \frac{12 - 10 + 0.2}{10} = 22\%$$

在资产的分析和计算中，我们常常要使用连续复利收益率。连续复利收益率是指资产期末价格与上期末价格之比的对数，即

$$r_{it} = \ln \frac{P_{it} + D_{it}}{P_{i(t-1)}}$$

式中：r_{it}——资产 i 在第 t 期连续复利收益率；

P_{it}——资产 i 在第 t 期的价格；

$P_{i(t-1)}$——资产 i 第 $t-1$ 期的价格；

D_{it}——资产 i 在第 t 期的红利。

接上例数据。则：$r_{it} = \ln\left(\frac{12.2}{10}\right) = 20\%$

从上可见，连续复利收益率 20% 与离散单利收益率 22% 是不同的，这是因为：

$$r_{it} = \ln \frac{P_{it} + D_{it}}{P_{i(t-1)}} = \ln\left(1 + \frac{P_{it} - P_{i(t-1)} + D_{it}}{P_{i(t-1)}}\right) = \frac{P_{it} - P_{i(t-1)} + D_{it}}{P_{i(t-1)}} + o\left(\frac{P_{it} - P_{i(t-1)} + D_{it}}{P_{i(t-1)}}\right)$$

$$\approx \frac{P_{it} - P_{i(t-1)} + D_{it}}{P_{i(t-1)}}, \quad 其中 o\left(\frac{P_{it} - P_{i(t-1)} + D_{it}}{P_{i(t-1)}}\right) 表示高阶无穷小量。$$

有效年收益率是指按每年 365 天标准将 t 天的持有期收益率以复利方式年化而得到的收益率

$$有效年收益率 = (1 + 持有期收益率)^{365/t} - 1$$

上例中的债券 3 个月(90 天)的持有期收益率为 3%，则有效年收益率为：

$$有效年收益率 = (1 + 3\%)^{365/90} - 1 = 12.74\%$$

例如，要比较持有期不同的债券的收益率，我们需要计算债券的有效年收益率，这样才能进行比较。

3.2 资产的期望收益率

一般来说，资产的收益是不能预先知道的，投资者只能估计各种可能发生的结果以及每种结果发生的概率，因此持有期收益率 r_t 是随机变量。设它的取值为 $r_1, r_2, \cdots, r_N$，相应的

概率分布为 $p_1, p_2, \cdots, p_N$，即 $p_t = P(r=r_t)$，$t=1,2,\cdots,N$，则

$$E(r) = \sum_{t=1}^{N} p_t r_t$$

它反映了投资者对未来收益水平的总体预期，称之为收益率的期望值，简称预期收益或期望收益。显然，未来实际收益率与预期收益率是有偏差的。

例2：假设某公司未来一年的投资收益依赖于下一年的宏观经济状态，而宏观经济可能出现三种状态：繁荣、一般和萧条。在每种状态下，公司收益率分别为 10%、5% 和 -7%。根据经济学家的预测，未来宏观经济出现繁荣的概率为 0.3，出现一般的概率为 0.4，出现萧条的概率为 0.3。结合上述信息，计算该公司的期望收益率。

根据上述公式可知：

$$E(r) = \sum_{t=1}^{3} p_t r_t = 0.3 \times 10\% + 0.4 \times 5\% + 0.3 \times (-7\%) = 2.9\%$$

3.3 资产的风险(方差或标准差)

如果投资者以预期收益率为依据进行决策，这种未来实际收益率与预期收益率的偏离，就是收益率的方差或者标准差。

定义1：设持有期收益率随机变量 r_t 的期望 $E(r) < \infty$，且 $E[(r_t - E(r))^2] < \infty$，则方差定义为

$$\sigma^2(r) = E[r_t - E(r)]^2 = \sum_{t=1}^{N} [r_t - E(r)]^2 p_t$$

$\sigma^2(r)$ 称之为收益率的方差(风险)，有时也记为 σ_r^2。

$$\sigma(r) = \sqrt{\sum_{t=1}^{N} (r_t - E(r))^2 p_t}$$

$\sigma(r)$ 称之为收益率的均方差或标准差，也记为 σ_r。

例3：假设投资者等比例持有两只股票 ABC 和 XYZ。两只股票的收益率受到利率升降和原材料价格高低的影响。未来的经济状态有四种：①利率上升，原材料价格上涨；②利率上升，原材料价格下跌；③利率下降，原材料价格上涨；④利率下降，原材料价格下跌。如果每种经济状态发生的概率分别为 0.1、0.2、0.3、0.4，并给定每只股票在每种状态下的投资收益率，如表 3-1 所示，计算两种资产收益率的方差和标准差，比较其风险水平。

表 3-1 四种经济状态的持有期收益率

	利率上升	利率下降
原材料价格上涨	5%，10%	7%，7%
原材料价格下跌	7%，12%	10%，9%

根据前面的计算结果我们知道两种资产的期望收益率分别等于 8% 和 9.1%。这样一来，股票 ABC 收益率的方差为：

$$\sigma_{\text{ABC}}^2 = \sum_{t=1}^{4} p_t \times (r_t - 8\%)^2$$
$$= 0.1 \times (5\% - 8\%)^2 + 0.2 \times (7\% - 8\%)^2 + 0.3 \times (7\% - 8\%)^2 + 0.4 \times (10\% - 8\%)^2$$
$$= 0.03\%$$

进而有：$\sigma_{\text{ABC}} = 1.732\%$

股票 XYZ 收益率的方差为：
$$\sigma_{\text{XYZ}}^2 = \sum_{t=1}^{4} p_t \times (r_t - 9.1\%)^2$$
$$= 0.1 \times (10\% - 9.1\%)^2 + 0.2 \times (12\% - 9.1\%)^2 + 0.3 \times (7\% - 9.1\%)^2 + 0.4 \times (9\% - 9.1\%)^2$$
$$= 0.0309\%$$

由此可得：$\sigma_{\text{XYZ}} = 1.758\%$

3.4 期望和方差的统计估计量及其 Python 应用

期望和方差是随机变量的两个重要的数字特征。特别对某些具有确定概率分布形式的只含有均值和方差两个未知参数的随机变量，只要能估计出参数的取值，则随机变量的统计规律便完全确定了。

在现实世界中从事证券资产投资时，很难得到收益率的概率分布，这时我们可以通过抽样，得到收益率容量为 N 的样本 $(r_1, r_2, \cdots, r_N)$，通过这个样本对随机变量的两个参数——均值与方差进行估计。

统计分析的过程如图 3-1 所示。

图 3-1 统计分析过程

均值和方差的两个具有良好的统计性质的估计量就是它们的样本均值 $\bar{r}$ 和样本方差 $\bar{\sigma}_r^2$ 或标准差，它们由下述公式给出：

$$\bar{r} = \frac{1}{N} \sum_{t=1}^{N} r_t, \quad \bar{\sigma}_r^2 = \frac{1}{N-1} \sum_{t=1}^{N} (r_t - \bar{r})^2 \text{ 或 } \bar{\sigma}_r = \left[\frac{1}{N-1} \sum_{t=1}^{N} (r_t - \bar{r})^2 \right]^{1/2}$$

为什么是 N-1，请读者思考！

对此，我们解释如下。

为了把某一个统计量作为未知的分布参数的估计值，我们希望这个估计值的数学期望等于该未知参数，具有这种性质的估计值叫作分布参数的无偏估计值。

现在说明分布参数数学期望 μ 及方差 σ^2 的无偏估计值是否就是统计量 $\bar{r} = \frac{1}{N} \sum_{t=1}^{N} r_t$ 及统

计方差 $s^2 = \frac{1}{N}\sum_{t=1}^{N}(r_t - \overline{r})^2$。为此，我们应该计算这些统计量的数学期望。

我们有：$E(\overline{r}) = E\left(\frac{1}{N}\sum_{t=1}^{N}r_t\right) = \frac{1}{N}\sum_{t=1}^{N}E(r_t) = \frac{N\mu}{N} = \mu$

即统计量 $\overline{r}$ 是参数 μ 的无偏估计值。利用统计量 $\overline{r}$ 代替未知参数 μ 时，所产生的误差不是由随机因素而产生的。所以选取随机变量的观测值的算术平均值作为参数 μ 的估计值是适当的。

现在计算统计量 s^2 的数学期望。我们将 s^2 写成下面的形式：

$$s^2 = \frac{1}{N}\sum_{t=1}^{N}[(r_t - \mu) - (\overline{r} - \mu)]^2$$

$$s^2 = \frac{1}{N}\sum_{t=1}^{N}(r_t - \mu)^2 - \frac{2}{N}(\overline{r} - \mu)\sum_{t=1}^{N}(r_t - \mu) + (\overline{r} - \mu)^2$$

$$= \frac{1}{N}\sum_{t=1}^{N}(r_t - \mu)^2 - (\overline{r} - \mu)^2$$

因为 $E(r_t - \mu)^2 = Dr_t = \sigma^2$

$$E(\overline{r} - \mu)^2 = D\overline{r} = D\left(\frac{1}{N}\sum_{t=1}^{N}r_t\right) = \frac{1}{N^2}\sum_{t=1}^{N}Dr_t = \frac{N\sigma^2}{N^2} = \frac{\sigma^2}{N}$$

所以得到：$Es^2 = \frac{1}{N}\sum E(r_t - \mu)^2 - E(\overline{r} - \mu)^2 = \frac{N\sigma^2}{N} - \frac{\sigma^2}{N} = \frac{N-1}{N}\sigma^2$

由此可见，统计量 s^2 不是参数 σ^2 的无偏估计值。如果用 s^2 作为 σ^2 的估计值，所产生的误差是由随机因素而产生的。为了得到参数 σ^2 的无偏估计值，我们只需把统计量 s^2 乘以 $\frac{N}{N-1}$，即统计量 $s_1^2 = \frac{N}{N-1}s^2 = \frac{1}{N-1}\sum_{t=1}^{N}(r_t - \overline{r})^2$ 是参数 σ^2 的无偏估计值。

当次数 N 无限增加时，两个统计量 s^2 与 s_1^2 之差将任意地小，并且都收敛于 σ^2。

Python 语言的 Pandas 函数 mean、var、std 可用来求均值、方差、标准差。

例 4：假设股票的价格时间序列数据如下：

$$6.24, 6.25, 6.47, 6.76, 7.01, 6.76, 6.47, 6.45, 6.56, 7.22$$

求该股票的预期收益率的期望和方差。

先把股票价格变成收益率：

$$r_1 = \frac{P_1 - P_0}{P_0} = \frac{6.25 - 6.24}{6.24}, \quad r_2 = \frac{P_2 - P_1}{P_1} = \frac{6.47 - 6.25}{6.25}, \quad \ldots, \quad r_9 = \frac{P_9 - P_8}{P_8} = \frac{7.22 - 6.56}{6.56}$$

该股票的预期收益率和方差分别为：

$$\overline{r} = \frac{1}{n}\sum_{i=1}^{n}r_i = \frac{1}{9}(r_1 + \cdots + r_9), \quad \sigma^2 = \frac{1}{n-1}\sum_{i=1}^{n}(r_i - \overline{r})^2 = \frac{1}{8}[(r_1 - \overline{r})^2 + \cdots + (r_9 - \overline{r})^2]$$

Python 语句及结果如下：

```
from pandas import Series,DataFrame
import pandas as pd
from numpy import *
df=Series([0.001603,0.0352,0.044822,0.036982,-0.03566,-0.0429,-0.00309,
0.017054,0.10061])
mean(df)
```

```
Out[44]: 0.017180111111111111
var(df)
Out[45]: 0.0017218542636654321
std(df)
Out[46]: 0.04149523181829836
```

3.5 资产之间的协方差与相关系数及其 Python 应用

预期收益率和方差为我们提供了关于单种资产收益率的概率分布性质方面的情况，然而它没有告诉我们有关资产收益率概率分布关联性质方面的情况。例如，当知道了一种资产的收益率，其他资产收益率会出现什么样的倾向？统计中的两种资产收益率之间的协方差，可以用来描述两种资产收益率之间的相互关系。

设 r_A，r_B 分别为两种资产 A,B 的收益率，则称

$$\sigma_{r_A,r_B} = \text{cov}(r_A, r_B) = E[(r_A - E(r_A))(r_B - E(r_B))] = E(r_A r_B) - E(r_A)E(r_B)$$

σ_{r_A,r_B} 为 r_A 和 r_B 的协方差。

协方差在理论上取值可以从负无穷到正无穷，我们可以把它除以相应的两种资产收益率的标准差，将它变为有界量，从而引进 r_A 和 r_B 的相关系数，记为 ρ_{r_A,r_B} 即

$$\rho_{r_A,r_B} = \frac{\text{cov}(r_A, r_B)}{\sigma(r_A)\sigma(r_B)}$$

相关系数的值落在-1 到 1 的范围内。显然

$$\text{cov}(r_A, r_B) = \rho_{r_A,r_B} \sigma(r_A)\sigma(r_B)$$

并且 $|\rho_{r_A,r_B}| = 1$ 的充分必要条件是 r_A 与 r_B 存在线性关系 $r_A = a \times r_B + c$。

当 $\rho_{r_A,r_B} = 1$ 时，$a>0$，称为 r_A 与 r_B 完全正相关，表示当受到相同因素变化的影响时，资产 A 与资产 B 的收益率发生相同方向、相应幅度的变化。

当 $\rho_{r_A,r_B} = -1$ 时，$a<0$，称为 r_A 与 r_B 完全负相关，表示当受到相同因素变化的影响时，资产 A 与资产 B 的收益率发生方向相反、相应幅度的变化。

当 $\rho_{r_A,r_B} = 0$ 时，$a=0$，称为 r_A 与 r_B 完全无关，或零相关，表示当受到相同因素变化的影响时，资产 A 与资产 B 的收益率的变化方向和变化幅度没有任何确定的关系。

同样，$\text{cov}(r_A, r_B)$、ρ_{r_A,r_B} 是理论值，在未知 r_A 和 r_B 的联合概率分布时，它们也是未知的。这时我们仍然可以通过抽取样本，用样本的协方差和样本之间的相关系数来估计 r_A 和 r_B 的关系。

在统计上，设 $(r_{A1}, r_{A2}, \cdots, r_{AN})$、$(r_{B1}, r_{B2}, \cdots, r_{BN})$ 分别为 r_A 和 r_B 的样本，则 r_A 和 r_B 协方差 σ_{r_A,r_B} 和相关系数 ρ_{r_A,r_B} 具有良好统计性质的估计量分别为：

$$\hat{\sigma}_{r_A,r_B} = \frac{1}{N-1} \sum_{t=1}^{N} (r_{At} - \bar{r}_A)(r_{Bt} - \bar{r}_B)$$

$$\hat{\rho}_{r_A,r_B} = \frac{\sum_{t=1}^{N} (r_{At} - \bar{r}_A)(r_{Bt} - \bar{r}_B)}{\sqrt{\sum_{t=1}^{N} (r_{At} - \bar{r}_A)^2} \sqrt{\sum_{t=1}^{N} (r_{Bt} - \bar{r}_B)^2}}$$

第 3 章 投资收益与风险及其 Python 应用

这里的相关系数告诉我们：一种资产收益率的变化与另一种资产收益率的变化相关的比率。例如当 ρ_{r_A,r_B}=0.91 时，则我们可以说资产 A 的收益率变化的 91% 与资产 B 的收益率变化有关。

Python 语言的 var、corr、cov 等函数可用来求方差、相关系数矩阵和协方差矩阵等。

例 5：三个投资项目的单项回报率历史数据如表 3-2 所示。

表 3-2 三个投资项目的单项回报率历史数据

时 期	股票 1	股票 2	债 券
1	0	0.07	0.06
2	0.04	0.13	0.07
3	0.13	0.14	0.05
4	0.19	0.43	0.04
5	−0.15	0.67	0.07
6	−0.27	0.64	0.08
7	0.37	0	0.06
8	0.24	−0.22	0.04
9	−0.07	0.18	0.05
10	0.07	0.31	0.07
11	0.19	0.59	0.1
12	0.33	0.99	0.11
13	−0.05	−0.25	0.15
14	0.22	0.04	0.11
15	0.23	−0.11	0.09
16	0.06	−0.15	0.1
17	0.32	−0.12	0.08
18	0.19	0.16	0.06
19	0.05	0.22	0.05
20	0.17	−0.02	0.07

求三种资产的相关系数矩阵和协方差矩阵。

在目录 G:\2glkx\data 下建立表 3-2 的 tzsy.xls 数据文件后，使用的命令如下：

```
from pandas import Series,DataFrame
import pandas as pd
from pandas import Series,DataFrame
import pandas as pd
from numpy import *
df=pd.read_excel('F:\\2glkx\\data\\tzsy.xls')
df.head()
```

得到如下结果：

```
    s1    s2    b
0  0.00  0.07  0.06
```

```
1   0.04   0.13   0.07
2   0.13   0.14   0.05
3   0.19   0.43   0.04
4  -0.15   0.67   0.07
```
使用命令:df.var()
得到如下结果:
```
s1   0.027433
s2   0.110153
b    0.000773
```
使用命令:dtype: float64
var(df)
得到如下结果:
```
s1   0.026061
s2   0.104645
b    0.000735
```
使用命令:dtype: float64
df.cov()
得到如下结果:
```
         s1         s2         b
s1   0.027433  -0.010768  -0.000133
s2  -0.010768   0.110153  -0.000124
b   -0.000133  -0.000124   0.000773
```
使用命令:df.corr()
得到如下结果:
```
         s1         s2         b
s1   1.000000  -0.195894  -0.028908
s2  -0.195894   1.000000  -0.013400
b   -0.028908  -0.013400   1.000000
```

3.6 资产组合的期望收益和风险及其 Python 应用

3.6.1 两种资产组合收益的度量

假设有资产 1 和资产 2,对它们的投资比例分别为 $x_1, x_2 (x_1 + x_2 = 1)$,期末两资产的收益率分别是 r_1, r_2,则该资产组合的收益率为:

$$r_P = x_1 r_1 + x_2 r_2$$

其中 x_1, x_2 可以大于 0,也可以小于 0。例如当 x_1 小于 0 时,则表示资产组合的投资者卖空了资产 1,并将所得收益连同原有资金买入资产 2。

r_1, r_2 是随机变量,它们的预期收益率是 $E(r_1), E(r_2)$,则资产组合的预期收益率为:

$$E(r_P) = x_1 E(r_1) + x_2 E(r_2)$$

3.6.2 两种资产组合风险的度量

两种资产组合收益率的方差除了与资产 1 和资产 2 的期望收益率和收益率方差有关外,还与两资产之间收益率的协方差 $\text{cov}(r_1, r_2)$ 或相关系数 ρ_{12} 有关,即

$$\sigma_P^2 = x_1^2 \sigma_1^2 + x_2^2 \sigma_2^2 + 2 x_1 x_2 \text{cov}(r_1, r_2) \tag{3-1}$$

$$\sigma_P^2 = x_1^2 \sigma_1^2 + x_2^2 \sigma_2^2 + 2 x_1 x_2 \rho_{12} \sigma_1 \sigma_2 \tag{3-2}$$

根据上述两式,选择不同的权重参数就可得到不同的资产组合,从而得到不同的期望

收益率和方差。

根据式(3-2)，在其他量不变的情况下，相关系数不同，资产组合的风险也不同，具体分三种情况。

(1) 情况 1：资产 1 和资产 2 完全正相关，即 $\rho_{12}=1$，这时有如下结果：
$$E(r_P) = x_1 E(r_1) + x_2 E(r_2)$$
$$\sigma_P^2 = x_1^2 \sigma_1^2 + x_2^2 \sigma_2^2 + 2x_1 x_2 \sigma_1 \sigma_2 = (x_1 \sigma_1 + x_2 \sigma_2)^2$$

(2) 情况 2：资产 1 和资产 2 完全负相关，即 $\rho_{12}=-1$，这时有如下结果：
$$E(r_P) = x_1 E(r_1) + x_2 E(r_2)$$
$$\sigma_P^2 = x_1^2 \sigma_1^2 + x_2^2 \sigma_2^2 - 2x_1 x_2 \sigma_1 \sigma_2 = (x_1 \sigma_1 - x_2 \sigma_2)^2$$

(3) 情况 3：资产 1 和资产 2 不完全相关，即 $-1 < \rho_{12} < 1$，这时式(3-2)不能简化。

3.6.3 多资产组合的期望收益和风险

假设有 n 种资产，它们的预期收益率和方差已知，则 n 种资产组合 P 的预期收益率为
$$E(r_P) = \sum_{i=1}^{n} x_i E(r_i)$$

资产组合 P 的方差为
$$\sigma_P^2 = \sum_{i=1}^{n} x_i^2 \sigma_i^2 + \sum_{i=1}^{n} \sum_{k=1, k \neq i}^{n} x_i x_k \sigma_{ik} \overset{\Delta}{=} X^{\mathrm{T}} V X = \mathrm{cov}(X, X)$$

$$\sigma_P^2 = [x_1, \cdots, x_n] \begin{bmatrix} \sigma_{11} & \cdots\cdots & \sigma_{1n} \\ \cdots\cdots\cdots\cdots\cdots \\ \sigma_{n1} & \cdots\cdots & \sigma_{nn} \end{bmatrix} \begin{bmatrix} x_1 \\ \cdots \\ x_n \end{bmatrix} \tag{3-3}$$

其中
$$X = \begin{pmatrix} x_1 \\ \cdots \\ x_n \end{pmatrix}, \quad V = (\sigma_{ik})_{n \times n}, \quad \sigma_{ii} = \sigma_i^2, \sigma_{ik} = \sigma_{ki}$$

注意到 r_i 与 r_k 的相关系数定义为 $\rho_{ik} = \dfrac{\sigma_{ik}}{\sigma_i \sigma_k}$

所以又有 $\sigma_P^2 = \sum_{i=1}^{n} x_i^2 \sigma_i^2 + \sum_{i=1}^{n} \sum_{k=1, k \neq i}^{n} x_i x_k \rho_{ik} \sigma_i \sigma_k = \sum_{i=1}^{n} x_i^2 \sigma_i^2 + \sum_{i=1}^{n} \sum_{k=1, k \neq i}^{n} x_i x_k \sigma_{ik}$

其中 X 和 V 分别称为权重向量和协方差矩阵。

编写资产组合方差(风险)的 Python 语言函数如下：
```
def portvar(x,v):
    return x.T*v*x
```

例 6：2 个资产组合的权重向量为 $X^{\mathrm{T}} = [0.05, 0.10]^{\mathrm{T}}$，协方差矩阵为 $V = \begin{bmatrix} 1 & 0 \\ 0 & 1 \end{bmatrix}$，试计算投资组合的方差。

解：在本例中，权重向量和协方差矩阵已知，因此利用式(3-3)，资产组合的方差为：

$$\sigma_P^2 = X^\mathrm{T}VX = [x_1,\cdots,x_n]\begin{bmatrix}\sigma_{11}\cdots\cdots\sigma_{1n}\\ \cdots\cdots\cdots\cdots\\ \sigma_{n1}\cdots\cdots\sigma_{nn}\end{bmatrix}\begin{bmatrix}x_1\\ \cdots\\ x_n\end{bmatrix} = [0.05\ \ 0.10]\begin{bmatrix}1 & 0\\ 0 & 1\end{bmatrix}\begin{bmatrix}0.05\\ 0.10\end{bmatrix}$$

Python 语言如下：

```
x=mat('0.05;0.10')  ##权重向量
v=mat('1 0;0 1')
portvar(x,v)
```

得到如下结果：

```
Out[8]: matrix([[ 0.0125]])
```

例 7：有 4 种资产，$E(r_1)=0.1, E(r_2)=0.2, E(r_3)=0.15, E(r_4)=0.01$。

用 Python 语言表述：

```
Er=mat('0.1;0.2; 0.15; 0.01')
```

这 4 种资产的回报率会存在一个对称的协方差矩阵。

比如：

```
S=mat('0.10 0.01 0.30 0.05;0.01 0.3 0.06 -0.04;0.30 0.06 0.40 0.02;0.05 -0.04 0.02 0.50')
```

用 $x_1,\cdots,x_n$ 代表每种资产在组合中的比重，所有的比重之和等于 1。4 种资产，比重 $x_1=0.2, x_2=0.1, x_3=0.6, x_4=0.1$，显然，它们之和等于 1。

用 Python 语言表述：

```
x=mat('0.2 0.1 0.6 0.1');x.sum()
```

使用 x 代表一个投资组合，$E(r_x)$ 代表这个组合的均值回报率，则

$$E(r_x) = X^\mathrm{T}E(r) = (x_1,\cdots,x_n)\begin{pmatrix}E(r_1)\\ \cdots\\ E(r_n)\end{pmatrix} = \sum_{i=1}^{n} x_i E(r_i)$$

还是以资产为例，Python 语言实现：

```
x=mat('0.2 0.1 0.6 0.1');Er=mat('0.1;0.2; 0.15; 0.01')
x*Er
Out[13]: matrix([[ 0.131]])
```

所有资产都是随机的，它们构成的投资组合也是随机的。

投资组合为：$\sigma_x^2 = X^\mathrm{T}VX = (x_1,\cdots,x_n)\begin{pmatrix}\sigma_{11}\cdots\sigma_{1n}\\ \cdots\cdots\cdots\\ \sigma_{n1}\cdots\sigma_{nn}\end{pmatrix}\begin{pmatrix}x_1\\ \cdots\\ x_n\end{pmatrix} = \sum_{i=1}^{n}\sum_{j=1}^{n} x_i x_j \sigma_{ij}$

以 4 种资产为例，在 Python 语言中，计算投资组合的方差如下：

```
x=mat('0.2;0.1;0.6;0.1')
S=mat('0.10 0.01 0.30 0.05;0.01 0.3 0.06 -0.04;0.30 0.06 0.40 0.02;0.05 -0.04 0.02 0.50')
x.T*S*x
Out[15]: matrix([[ 0.2392]])
```

思 考 题

1. 假设某投资者持有 X,Y 股票，对应着未来可能发生的不同宏观经济环境，两只股票的收益率如表 3-3 所示。

表 3-3　不同经济状态的持有期收益率

	繁　荣	一　般	萧　条
概率	0.3	0.5	0.2
股票 X	17%	12%	6%
股票 Y	13%	10%	9%

计算投资组合的期望收益率以及期望收益率的方差。

2. 考虑一风险资产组合，年末来自该资产组合的现金流可能为 70 000 美元或 200 000 美元，概率相等，均为 0.5；可供选择的无风险国库券年利率为 6%。

(1) 如果投资者要求 8% 的风险溢价，则投资者愿意支付多少钱去购买该资产组合？

(2) 假定投资者可以以(1)中的价格购买该资产组合，该投资的期望收益率为多少？

(3) 假定现在投资者要求 12% 的风险溢价，则投资者愿意支付的价格是多少？

(4) 比较(1)、(3)的答案，关于投资者所要求的风险溢价与售价之间的关系，投资者有什么结论？

3. 假定一个风险资产投资组合中包含大量的股票，它们有相同的分布，$E(r)=15\%$, $\sigma=60\%$, 相关系数 $\rho=0.5$。

(1) 含有 25 种股票的等权重投资组合期望收益和标准差是多少？

(2) 构造一个标准差小于或等于 43% 的有效投资组合所需要最少的股票数量为多少？

(3) 这一投资组合的系统风险为多少？

(4) 如果国库券的收益率为 10%，资本配置的斜率为多少？

第 4 章　资产组合均值方差模型及其 Python 应用

【本章精粹】

均值方差模型包括标准均值方差模型及其拓展模型,本章先介绍均值方差模型要用到的一些概念,包括资产组合的可行集、资产组合的有效集、最优资产组合等,然后介绍标准的均值方差模型及其应用。

4.1 资产组合的可行集

选择每种资产的投资比例，就确定了一种资产组合，在预期收益率 $E(r_P)$ 和标准差 σ_P 构成的坐标平面 $\sigma_P - E(r_P)$ 上就确定了一个点。因此，每种资产组合对应着 $\sigma_P - E(r_P)$ 坐标平面上的一个点；反之，$\sigma_P - E(r_P)$ 坐标平面上的一个点对应着某个特定的资产组合。如果投资者选择了所有可能的投资比例，则这些众多的资产组合点将在 $\sigma_P - E(r_P)$ 坐标平面上构成一个区域。这个区域称为资产组合的可行集或可行域。简而言之，可行集是实际投资中所有可能的集合。也就是说，所有可能的组合将位于可行集的边界和内部。

例 1：资产 1 的期望收益率为 0.06，标准差为 0.12；资产 2 的期望收益率为 0.11，标准差为 0.22，两资产之间的相关系数为 0.19，求不同权重的组合资产的期望收益率和标准差，并作出可行集图形。

Python 代码如下：

```
import pandas as pd
from numpy import *
import matplotlib.pyplot as plt  #绘图工具
r1=0.06;sigma1=0.12;r2=0.11;sigma2=0.22
rho=0.19
covar=rho*sigma1*sigma2
x=pd.Series([0,.1,.2,.3,.4,.5,.6,.7,.8,.9,1])
variance=x**2*sigma1**2+(1-x)**2*sigma2**2+2*x*(1-x)*covar
sigma=sqrt(variance)
ret=x*r1+(1-x)*r2
print x;sigma;ret
     x   sigma   ret
0.0  0.220  0.110
0.1  0.201  0.105
0.2  0.182  0.100
0.3  0.165  0.095
0.4  0.149  0.090
0.5  0.135  0.085
0.6  0.124  0.080
0.7  0.116  0.075
0.8  0.113  0.070
0.9  0.114  0.065
1.0  0.120  0.060
plt.plot(sigma,ret,"k-o")
```

最后得到的可行集如图 4-1 所示。

图 4-1 可行集

4.2 有效边界与有效组合

4.2.1 有效边界的定义

对于一个理性的投资者，他们都是厌恶风险而偏好收益的。在一定的收益下，他们将选择风险最小的资产组合；在一定的风险下，他们将选择收益最大的资产组合。同时满足这两个条件的资产组合的集合就是有效集,又称为有效边界。位于有效边界上的资产组合为有效组合。

4.2.2 有效集的位置

有效集是可行集的一个子集。可行集、有效集、有效组合如图 4-2 所示。

图 4-2 可行集

4.2.3 最优资产组合的确定

在确定了有效集的形状之后,投资者就可以根据自己的无差异曲线选择效用最大化的资产组合。这个最优资产位于无差异曲线与有效集的相切点。

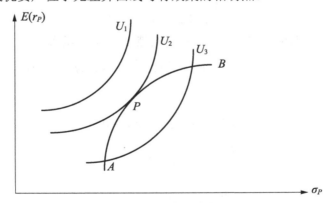

图 4-3 有效边界与无差异曲线

如图 4-3 所示,U_1,U_2,U_3 分别表示三条无差异曲线,它们的特点是下凸,其中 U_1 的效用水平最高,U_2 次之,U_3 最低。虽然投资者更加偏好于 U_1,但是在可行集上找不到这样的资产组合,因而是不可能实现的。U_3 上的资产组合虽然可以找到,但是由于 U_3 所代表的效用低于 U_2,所以 U_3 上的资产组合都不是最优的资产组合。U_2 正好与有效边界相切,代表了可以实现的最高投资效用,因此 P 点所代表的组合就是最优资产组合。

4.3 标准均值方差模型及其 Python 应用

标准均值方差模型是标准的资产组合理论模型,也就是马柯维茨最初创建的模型,它讨论的是理性投资者如何在投资、收益风险两者之间进行权衡,以获得最优回报的问题。这个问题是一个二次规划问题,分为等式约束和不等式约束两种。我们只讨论等式约束下的资产组合优化问题。

4.3.1 标准均值方差模型的求解

在介绍资产组合理论之前,先引入如下概念。

定义1:如果一种资产组合对确定的预期收益率有最小的方差,则称该资产组合为最小方差资产组合。

假设有 n 种风险资产,其预期收益率组成的向量记为 $\vec{e}=(E(r_1),E(r_2),\cdots,E(r_n))^{\mathrm{T}}$,每种风险资产的权重向量是 $X=(x_1,\cdots,x_n)^{\mathrm{T}}$,协方差矩阵记为 $V=[\sigma_{ij}]_{n\times n}$,向量 $\vec{1}=[1,1,\cdots,1]^{\mathrm{T}}$,并且假设协方差矩阵记为 $V=[\sigma_{ij}]_{n\times n}$ 是非退化矩阵,$\vec{e} \neq k\vec{1}$(k 为任一常数)。相应地,该资产组合的收益率记为 $E(r_P)=X^{\mathrm{T}}\vec{e}$,风险记为 $\sigma_P^2=X^{\mathrm{T}}VX$。

投资者的行为是:给定一定的资产组合预期收益率 μ 水平,选择资产组合使其风险最小。这其实就是要求解如下形式的问题(标准均值方差模型):

$$\min \frac{1}{2}\sigma_P^2 = \frac{1}{2}X^{\mathrm{T}}VX \tag{4-1}$$

$$\text{s.t.} \begin{cases} \vec{1}^{\mathrm{T}}X=1 \\ E(r_P)=\vec{e}^{\mathrm{T}}X=\mu \end{cases}$$

这是一个等式约束的极值问题,我们可以构造 Lagrange 函数:

$$L(X,\lambda_1,\lambda_2)=\frac{1}{2}X^{\mathrm{T}}VX+\lambda_1(1-\vec{1}^{\mathrm{T}}X)+\lambda_2(\mu-X^{\mathrm{T}}\vec{e}) \tag{4-2}$$

则最优的一阶条件为

$$\begin{aligned} \frac{\partial L}{\partial X} &= VX-\lambda_1\vec{1}-\lambda_2\vec{e}=\vec{0} \\ \frac{\partial L}{\partial \lambda_1} &= 1-\vec{1}X=0 \\ \frac{\partial L}{\partial \lambda_2} &= \mu-\vec{e}^{\mathrm{T}}X \end{aligned} \tag{4-3}$$

由式(4-3)得最优解

$$X=V^{-1}(\lambda_1\vec{1}+\lambda_2\vec{e}) \tag{4-4}$$

式(4-4)分别左乘 $\vec{1}^{\mathrm{T}}$ 和 $\vec{e}^{\mathrm{T}}$,得

$$\left. \begin{aligned} 1 &= \lambda_1\vec{1}^{\mathrm{T}}V^{-1}\vec{1}+\lambda_2\vec{1}^{\mathrm{T}}V^{-1}\vec{e}=\lambda_1 a+\lambda_2 b \\ \mu &= \lambda_1\vec{e}^{\mathrm{T}}V^{-1}\vec{1}+\lambda_2\vec{e}^{\mathrm{T}}V^{-1}\vec{e}=\lambda_1 b+\lambda_2 c \end{aligned} \right\} \tag{4-5}$$

第 4 章 资产组合均值方差模型及其 Python 应用

记

$$\begin{cases} a = \vec{1}^{\mathrm{T}} V^{-1} \vec{1} \\ b = \vec{1}^{\mathrm{T}} V^{-1} \vec{e} \\ c = \vec{e}^{\mathrm{T}} V^{-1} \vec{e} \\ \Delta = ac - b^2 \end{cases}$$

从而方程组式(4-5)有解(如果 $\vec{e} \neq k\vec{1}$，则 $\Delta = 0$ 此时除 $\mu = k$ 外，方程无解)。解方程组(4-5)，得

$$\left. \begin{matrix} \lambda_1 = (c - \mu b)/\Delta \\ \lambda_2 = (\mu a - b)/\Delta \end{matrix} \right\} \tag{4-6}$$

将式(4-6)代入式(4-4)，得

$$X = V^{-1}\left(\frac{(c-\mu b)\vec{1}}{\Delta} + \frac{(\mu a - b)\vec{e}}{\Delta}\right) = \frac{V^{-1}(c-\mu b)\vec{1}}{\Delta} + \frac{V^{-1}(\mu a - b)\vec{e}}{\Delta}$$
$$= \frac{V^{-1}(c\vec{1} - b\vec{e})}{\Delta} + \mu \frac{V^{-1}(a\vec{e} - b\vec{1})}{\Delta} \tag{4-7}$$

再将式(4-4)代入式(4-2)，得到最小方差资产组合的方差

$$\sigma_P^2 = X^{\mathrm{T}} V X = X^{\mathrm{T}} V V^{-1}(\lambda_1 \vec{1} + \lambda_2 \vec{e}) = X^{\mathrm{T}}(\lambda_1 \vec{1} + \lambda_2 \vec{e}) = \lambda_1 X^{\mathrm{T}} \vec{1} + \lambda_2 X^{\mathrm{T}} \vec{e}$$
$$= \lambda_1 + \lambda_2 \mu = (a\mu^2 - 2b\mu + c)/\Delta \tag{4-8}$$

式(4-8)给出了资产组合权重与预期收益率的关系。根据式(4-8)可知，最小方差资产组合在坐标平面 $\sigma(r_P) - E(r_P)$ 平面上有双曲线形式，如图 4-4(a)所示。而在 $\sigma^2(r_P) - E(r_P)$ 平面上可有抛物线形式，如图 4-4(b)所示。

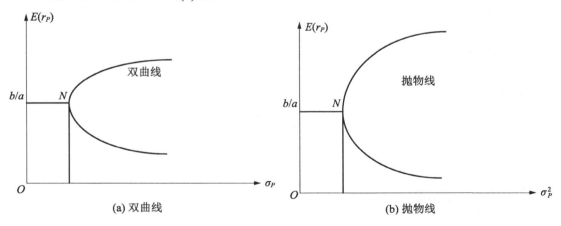

图 4-4 资产组合权重与预期收益率

至此，我们得到描述最小方差资产组合的两个重要的量：

$$X = \frac{V^{-1}(c\vec{1} - b\vec{e})}{\Delta} + \mu \frac{V^{-1}(a\vec{e} - b\vec{1})}{\Delta}$$
$$\sigma_P^2 = (a\mu^2 - 2b\mu + c)/\Delta$$

4.3.2 标准均值方差模型的 Python 应用

例 2：考虑一种资产组合，其预期收益率矩阵为 $\vec{e} = [0.05, 0.1]^{\mathrm{T}}$，协方差矩阵是 $V =$

$\begin{bmatrix} 1 & 0 \\ 0 & 1 \end{bmatrix}$,预期收益率 $\mu = 0.075$,求最小方差资产组合的权重和方差。

解:$a = \vec{1}^T V^{-1} \vec{1} = [1 \quad 1]\begin{bmatrix} 1 & 0 \\ 0 & 1 \end{bmatrix}\begin{bmatrix} 1 \\ 1 \end{bmatrix}$;$b = \vec{1}^T V^{-1} \vec{e} = [1 \quad 1]\begin{bmatrix} 1 & 0 \\ 0 & 1 \end{bmatrix}\begin{bmatrix} 0.2 \\ 0.5 \end{bmatrix}$;

$$c = \vec{e}^T V^{-1} \vec{e} = [0.2 \quad 0.5]\begin{bmatrix} 1 & 0 \\ 0 & 1 \end{bmatrix}\begin{bmatrix} 0.2 \\ 0.5 \end{bmatrix}$$

$$X = \frac{V^{-1}(c\vec{1} - b\vec{e})}{\Delta} + \mu \frac{V^{-1}(a\vec{e} - b\vec{1})}{\Delta}\text{;}\quad \sigma_P^2 = (a\mu^2 - 2b\mu + c)/\Delta$$

该实例的 Python 计算代码与计算结果如下:

```
from numpy import *
v=mat('1 0;0 1')
print v
[[1 0]
 [0 1]]
e=mat('0.05;0.1')
print e
[[ 0.05]
 [ 0.1 ]]
ones=mat('1;1')
print ones
[[1]
 [1]]
a= ones.T*v.I*ones
print a
[[ 2.]]
b= ones.T*v.I*e
print b
[[ 0.15]]
c= e.T*v.I*e
print c
[[ 0.0125]]
d=a*c-b*b
print d
[[ 0.0025]]
u=0.075
c=0.0125
b=0.15
g= v.I*(c*ones-b*e)/d
a=2.0
h= v.I*(a*e-b*ones)/d
x=g+h*u
print x
[[ 0.5]
 [ 0.5]]
var=(a*u*u-2*b*u+c)/d
print var
[[ 0.5]]
```

4.3.3 全局最小方差

全局最小方差对应着图 4-4(a)或图 4-4(b)中的 N 点,为了求全局最小方差资产组合的解,我们令

$$\frac{\mathrm{d}\sigma_P^2}{\mathrm{d}\mu} = \frac{2a\mu - 2b}{\Delta} = 0$$

解得 $\mu = b/a$，则得全局最小方差为：$\sigma_P^2 = 1/a$

将 $\mu = b/a$ 代入式(4-6)，得

$$\lambda_1 = 1/a, \lambda_2 = 0$$

所以全局最小方差资产组合的解是

$$X_\mathrm{g} = \frac{V^{-1}\vec{1}}{a} = \frac{V^{-1}\vec{1}}{\vec{1}^\mathrm{T}V^{-1}\vec{1}}$$

Python 程序设计留给读者思考，与 4.3.2 中的程序设计类似。

设 $b \neq 0$，定义

$$X_\mathrm{d} = \frac{V^{-1}\vec{e}}{b} = \frac{V^{-1}\vec{e}}{\vec{1}^\mathrm{T}V^{-1}\vec{e}}$$

Python 程序设计留给读者思考，与 4.3.2 中的程序设计类似。

X_d 为可分散的资产组合(指通过投资多种风险资产可降低非系统风险的资产组合权重)，此时式(4-4)可化为

$$X = (\lambda_1 a)X_\mathrm{g} + (\lambda_2 b)X_\mathrm{d}$$

$$\lambda_1 a + \lambda_2 b = a\frac{c - \mu b}{\Delta} + b\frac{\mu a - b}{\Delta} = \frac{ac - b^2}{\Delta} = 1$$

例 3：考虑一种资产组合，其预期收益率矩阵为 $\vec{e} = [0.2, 0.5]^\mathrm{T}$，协方差矩阵是 $V = \begin{bmatrix} 1 & 0 \\ 0 & 1 \end{bmatrix}$，求全局最小方差资产组合和可分散资产组合的权重：

解：$X_\mathrm{g} = \dfrac{V^{-1}\vec{1}}{a} = \dfrac{V^{-1}\vec{1}}{\vec{1}^\mathrm{T}V^{-1}\vec{1}} = \dfrac{\begin{bmatrix} 1 & 0 \\ 0 & 1 \end{bmatrix}\begin{bmatrix} 1 \\ 1 \end{bmatrix}}{[1 \ 1]\begin{bmatrix} 1 & 0 \\ 0 & 1 \end{bmatrix}\begin{bmatrix} 1 \\ 1 \end{bmatrix}} = [0.5 \ \ 0.5]^\mathrm{T}$

$X_\mathrm{d} = \dfrac{V^{-1}\vec{e}}{b} = \dfrac{V^{-1}\vec{e}}{\vec{1}^\mathrm{T}V^{-1}\vec{e}} = \dfrac{\begin{bmatrix} 1 & 0 \\ 0 & 1 \end{bmatrix}\begin{bmatrix} 0.2 \\ 0.5 \end{bmatrix}}{[1 \ 1]\begin{bmatrix} 1 & 0 \\ 0 & 1 \end{bmatrix}\begin{bmatrix} 0.2 \\ 0.5 \end{bmatrix}} = [0.0286 \ \ 0.714]^\mathrm{T}$

4.3.4 有效资产组合

在图 4-4(a)和图 4-4(b)中，全局最小方差组合点 N 右边的双曲线或者抛物线分为上、下两条。这样，对于每个方差大于全局最小方差的资产组合，可以找到两条最小方差组合与之对应。其中一条均值大于 b/a，另一条均值小于 b/a。显然，均值小于 b/a 的是无效的，因为投资者是理性投资者。

定义 2：如果一种资产组合对确定的方差有最大期望收益率，同时对确定收益有最小的方差，则称该资产组合为均值方差有效资产组合。

在图 4-1 中，E，F 满足上述定义，这两点之间的所有边界点是有效集。有效集中的资产组合就是有效资产组合。

有效资产组合对应点所构成的集合是凸集。所谓凸集，是集合中元素对凸组合运算是封闭的，也就是说有效资产组合的凸组合仍然是有效组合，而凸组合是指：设资产组合 $x_i(i=1,\cdots,n)$ 是 n 种资产组合，实数 $a_i \geq 0, (i=1,\cdots,n)$，且 $\sum_{i=1}^{n} a_i = 1$，则称 $\sum_{i=1}^{n} a_i x_i$ 为资产组合 $x_i(i=1,\cdots,n)$ 的凸组合。

4.4 两基金分离定理

总结以上结论，我们有下面著名的两基金分离定理。

定理：任一最小方差资产组合 X 都可唯一地表示成全局最小方差资产组合 X_g 和可分散资产组合 X_d 的资产组合：

$$X = AX_g + (1-A)X_d \tag{4-9}$$

其中 $A = (ac - \mu ab)/\Delta$，且 X 的收益率方差满足关系式

$$\sigma_P^2 = (a\mu^2 - 2b\mu + c)/\Delta$$

由式(4-9)可知，所有最小方差资产组合都可由两种不同资产组合 X_g 和 X_d 所生成。X_g 和 X_d 通常称为共同基金。所以，该定理称为两基金分离定理。在这种情况下，所有通过均值和方差选择资产组合的投资者，都能通过持有 X_g 和 X_d 组成的资产组合得到满足，而不顾及投资者各自的偏好。所以，通过两个共同基金即可购买所有原始资产，而投资者也能够购买这两个共同基金。

任意两个不同的最小方差资产组合都可替代 X_g 和 X_d，而且具有相同的基金分离作用。例如，X_g 和 X_d 是两个最小方差组合，则由式(4-9)，有

$$X_u = (1-u)X_g + uX_d, \quad X_v = (1-v)X_g + vX_d$$

从而

$$X = \frac{\lambda_1 a + v - 1}{v - u} X_u + \frac{1 - u - \lambda_1 a}{v - u} X_u$$

容易验证，$X_u + X_v = \vec{1}$，所以可用 X_u, X_v 代替 X_g, X_d。

性质：设 $X_u = (1-u)X_g + uX_d, X_v = (1-v)X_g + vX_d$ 表示任意两个最小方差资产组合，则其协方差为 $1/a + uv\Delta/(ab^2)$；特别地，全局最小方差资产组合与任何资产或资产组合的协方差都为 $1/a$。

证明：对最小方差组合，协方差的可行域是 $(-\infty, +\infty)$。记 $E(r_u) = X_u^T \vec{e}$，$E(r_v) = X_v^T \vec{e}$，则

$$\mathrm{cov}(r_u, r_v) = (1-u)(1-v)\sigma_g^2 + uv\sigma_d^2 [u(1-v) + v(1-u)]\sigma_{gd}$$

$$= \frac{(1-u)(1-v)}{a} + \frac{uvc}{b^2} + \frac{u+v-2uv}{a} = \frac{1}{a} + \frac{uv\Delta}{ab^2}$$

全局最小方差资产组合与任意资产或资产组合的协方差为

$$\mathrm{cov}(r_g, r_P) = X_g^T V X_P = \frac{\vec{1}^T V^{-1} V X_P}{a} = \frac{1}{a}$$

$\mathrm{cov}(r_u, r_v)$ 与 $\mathrm{cov}(r_g, r_P)$ 的计算程序留给读者思考。

第 4 章　资产组合均值方差模型及其 Python 应用

4.5　投资组合有效边界的 Python 绘制

例 4：已知如表 4-1 所示的数据。

表 4-1　已知数据

输入各个证券的预期收益率				
	证券 1	证券 2	证券 3	证券 4
预期收益率	8%	12%	6%	18%
标准差	32%	26%	45%	36%
输入各个证券间的协方差矩阵				
	证券 1	证券 2	证券 3	证券 4
证券 1	0.1024	0.0328	0.0655	−0.0022
证券 2	0.0328	0.0676	−0.0058	0.0184
证券 3	0.0655	−0.0058	0.2025	0.0823
证券 4	−0.0022	0.0184	0.0823	0.1296
输入单位向量转置	1	1	1	1

建立有效边界的 Excel 数据文件并命名为 yxbj.xls，数据如下：

u
0.01
0.03
0.05
0.07
0.09
...
0.35
0.37
0.39

利用上述给出的数据，绘制四种资产组成的投资组合的有效边界。

为了绘制四种资产投资组合的有效边界，我们编写 Python 代码如下：

```
import numpy as np
import pandas as pd
import matplotlib.pyplot as plt #绘图工具
#读取数据并创建数据表,名称为u
u=pd.DataFrame(pd.read_excel('F:\\2glkx\\data\\yxbj.xls'))
```

```
V=mat('0.1024 0.0328 0.0655 -0.0022;0.0328 0.0676 -0.0058 0.0184;0.0655
-0.0058 0.2025 0.0823;-0.0022 0.0184 0.0823 0.1296')
e=mat('0.08;0.12;0.06;0.18')
ones=mat('1;1;1;1')
a= ones.T*V.I*ones
b= ones.T*V.I*e
c= e.T*V.I*e
d= a*c-b*b
a=np.array(a)
b=np.array(b)
c=np.array(c)
d=np.array(d)
u=np.array(u)
var=(a*u*u-2.0*b*u+c)/d
sigp=sqrt(var)
print sigp,u
[[ 0.40336771]
 [ 0.35191492]
 [ 0.3043241 ]
 [ 0.2627026 ]
 [ 0.23030981]
 [ 0.21143086]
 [ 0.20974713]
 [ 0.22564387]
 [ 0.25586501]
 [ 0.29605591]
 [ 0.34272694]
 [ 0.39357954]
 [ 0.44718944]
 [ 0.50267524]
 [ 0.55947908]
 [ 0.61723718]
 [ 0.67570488]
 [ 0.73471279]
 [ 0.7941405 ]
 [ 0.85390036]]
[[ 0.01]
 [ 0.03]
 [ 0.05]
 [ 0.07]
 [ 0.09]
 [ 0.11]
 [ 0.13]
 [ 0.15]
 [ 0.17]
 [ 0.19]
 [ 0.21]
 [ 0.23]
 [ 0.25]
 [ 0.27]
 [ 0.29]
 [ 0.31]
 [ 0.33]
 [ 0.35]
 [ 0.37]
 [ 0.39]]
plt.plot(sigp, u,':ro')
```

用 sigp 和 u 的数据可得到如图 4-5 所示的四种资产投资组合的有效边界。

图 4-5　有效边界图

从上面显示的数据和图 4-5 中，我们可以看出，最小风险(标准差)所对应的点是 (0.20974713,0.13)。

4.6　马柯维茨投资组合优化的 Python 应用

4.6.1　马柯维茨投资组合优化基本理论

多股票策略回测时常常遇到这样的问题：仓位如何分配？其实，这个问题早在 1952 年马柯维茨就给出了答案，即：投资组合理论。根据这个理论，我们可以对多资产的组合配置进行三方面的优化。

(1) 找到风险最小的投资组合；
(2) 找到夏普最优的投资组合(收益-风险均衡点)；
(3) 找到有效边界(或有效前沿)，在既定的收益率下使投资组合的方差最小化。

该理论基于用均值方差模型来表述投资组合的优劣的前提。我们将选取几只股票，用蒙特卡罗模拟来探究投资组合的有效边界。通过夏普比最大化和方差最小化两种优化方法来找到最优的投资组合配置权重参数。最后，刻画出可能的分布、两种最优以及组合的有效边界。

4.6.2　投资组合优化实例的 Python 应用

例 5：三个投资对象的单项回报率历史数据如表 4-2 所示。

表 4-2　三个投资对象的单项回报率历史数据

时　期	股票 1	股票 2	债　券
1	0	0.07	0.06
2	0.04	0.13	0.07

续表

时　期	股票1	股票2	债　券
3	0.13	0.14	0.05
4	0.19	0.43	0.04
5	−0.15	0.67	0.07
6	−0.27	0.64	0.08
7	0.37	0	0.06
8	0.24	−0.22	0.04
9	−0.07	0.18	0.05
10	0.07	0.31	0.07
11	0.19	0.59	0.1
12	0.33	0.99	0.11
13	−0.05	−0.25	0.15
14	0.22	0.04	0.11
15	0.23	−0.11	0.09
16	0.06	−0.15	0.1
17	0.32	−0.12	0.08
18	0.19	0.16	0.06
19	0.05	0.22	0.05
20	0.17	−0.02	0.07

求三种资产的投资组合夏普比最大化和方差最小化的权数。

先将此表数据录入目录 G:\2glkx\data 下建立的 tzsy.xls 数据文件。

```
#准备工作
import pandas as pd
import numpy as np                    #数值计算
import statsmodels.api as sm          #统计计算
import scipy.stats as scs             #科学计算
import matplotlib.pyplot as plt       #绘制图形
```

1. 选取股票

```
#取数
data = pd.DataFrame()
data=pd.read_excel('G:\\2glkx\\data\\tzsy.xls')
data=pd.DataFrame(data)
#清理数据
data=data.dropna()
data.head()
data.plot(figsize = (8,3))
```

得到如图 4-6 所示的图形。

第 4 章 资产组合均值方差模型及其 Python 应用

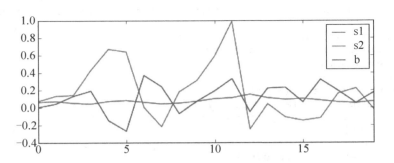

图 4-6　三个投资对象的收益率变化图

2．计算不同证券的均值、协方差

```
returns = data
returns.mean()
Out[8]:
s1    0.1130
s2    0.1850
b     0.0755
dtype: float64
returns.cov()
Out[9]:
          s1         s2         b
s1   0.027433  -0.010768  -0.000133
s2  -0.010768   0.110153  -0.000124
b   -0.000133  -0.000124   0.000773
```

3．给不同资产随机分配初始权重

```
noa=3
weights = np.random.random(noa)
weights /= np.sum(weights)
weights
Out[10]: array([ 0.23377046,  0.51393812,  0.25229142])
```

4．计算资产组合的预期收益、方差和标准差

```
np.sum(returns.mean()*weights)
Out[12]: 0.14054261642690027
np.dot(weights.T, np.dot(returns.cov(),weights))
Out[13]: 0.028007968937959201
np.sqrt(np.dot(weights.T, np.dot(returns.cov(),weights)))
Out[15]: 0.16735581536940747
```

5．用蒙特卡罗模拟产生大量随机组合

给定的一个股票池(证券组合)，如何找到风险和收益平衡的位置？下面通过一次蒙特卡罗模拟，产生大量随机的权重向量，并记录随机组合的预期收益和方差。

```
port_returns = []
port_variance = []
for p in range(4000):
  weights = np.random.random(noa)
  weights /=np.sum(weights)
  port_returns.append(np.sum(returns.mean()*weights))
```

```
            port_variance.append(np.sqrt(np.dot(weights.T, np.dot(returns.cov(),
weights))))
        port_returns = np.array(port_returns)
        port_variance = np.array(port_variance)
    #无风险利率设定为4%
    risk_free = 0.04
    plt.figure(figsize = (8,3))
    plt.scatter(port_variance, port_returns,
c=(port_returns-risk_free)/port_variance, marker = 'o')
    plt.grid(True)
    plt.xlabel('excepted volatility')
    plt.ylabel('expected return')
    plt.colorbar(label = 'Sharpe ratio')
```

得到如图4-7所示的图形。

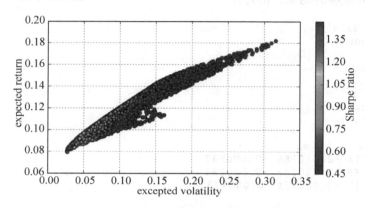

图4-7 蒙特卡罗模拟产生大量随机投资组合

6. 投资组合优化2——方差最小

下面我们通过方差最小来选出最优投资组合。

```
def min_variance(weights):
    return statistics(weights)[1]
optv = sco.minimize(min_variance, noa*[1./noa,],method = 'SLSQP', bounds =
bnds, constraints = cons)
optv
Out[25]:
     fun: 0.027037791350341657
     jac: array([ 0.0262073 ,  0.02867849,  0.02704901, 0.        ])
 message: 'Optimization terminated successfully.'
    nfev: 42
     nit: 8
    njev: 8
  status: 0
 success: True
       x: array([ 0.03570797,  0.01117468,  0.95311736])
```

方差最小的最优组合权重向量及组合的统计数据分别为：

```
optv['x'].round(3)
Out[26]: array([ 0.036,  0.011,  0.953])
#得到的预期收益率、波动率和夏普指数
statistics(optv['x']).round(3)
Out[27]: array([ 0.078,  0.027,  2.887])
```

第4章 资产组合均值方差模型及其Python应用

7. 投资组合优化1——夏普最大

建立 statistics 函数来记录重要的投资组合统计数据(收益、方差和夏普比)，通过对约束最优问题的求解，得到最优解。其中约束是权重的总和为1。

```
def statistics(weights):
    weights = np.array(weights)
    port_returns = np.sum(returns.mean()*weights)
    port_variance = np.sqrt(np.dot(weights.T, np.dot(returns.cov(),weights)))
    return np.array([port_returns, port_variance, port_returns/port_variance])
#最优化投资组合的推导是一个约束最优化问题
import scipy.optimize as sco
#最小化夏普指数的负值
def min_sharpe(weights):
    return -statistics(weights)[2]
#约束是所有参数(权重)的总和为1。这可以用minimize函数的约定表达如下
cons = ({'type':'eq', 'fun':lambda x: np.sum(x)-1})
#我们还将参数值(权重)限制在0和1之间。这些值以多个元组组成的一个元组形式提供给最小化函数
bnds = tuple((0,1) for x in range(noa))
#优化函数调用中忽略的唯一输入是起始参数列表(对权重的初始猜测)。我们简单地使用均匀分布。
opts = sco.minimize(min_sharpe, noa*[1./noa,], method = 'SLSQP', bounds = bnds, constraints = cons)
opts
```

得到如下结果：

```
     fun: -2.9195938061882454
     jac: array([ 0.01298031, -0.00767258, -0.00054446,  0.        ])
 message: 'Optimization terminated successfully.'
    nfev: 44
     nit: 8
    njev: 8
  status: 0
 success: True
       x: array([ 0.05163244,  0.02181969,  0.92654787])
```

得到的最优组合权重向量为：

```
opts['x'].round(3)
Out[21]: array([ 0.052,  0.022,  0.927])
```
sharpe最大的组合3个统计数据分别为：
```
#预期收益率、预期波动率、最优夏普指数
statistics(opts['x']).round(3)
Out[24]: array([ 0.08 ,  0.027,  2.92 ])
```

8. 投资组合的有效边界

有效边界由既定的目标收益率下方差最小的投资组合构成。
在最优化时采用两个约束：①给定目标收益率；②投资组合权重总和为1。

```
def min_variance(weights):
    return statistics(weights)[1]
#在不同目标收益率水平(target_returns)循环时,最小化的一个约束条件会变化。
target_returns = np.linspace(0.0,0.5,50)
target_variance = []
```

```
for tar in target_returns:
    cons = ({'type':'eq','fun':lambda x:statistics(x)[0]-tar},{'type':'eq','fun':lambda x:np.sum(x)-1})
    res = sco.minimize(min_variance, noa*[1./noa,],method = 'SLSQP', bounds = bnds, constraints = cons)
    target_variance.append(res['fun'])
target_variance = np.array(target_variance)
```

下面是最优化结果的展示。

```
plt.figure(figsize = (8,3))
#圆圈：蒙特卡罗随机产生的组合分布
plt.scatter(port_variance, port_returns, c = port_returns/port_variance,marker = 'o')
#叉号：有效边界
plt.scatter(target_variance,target_returns, c = target_returns/target_variance, marker = 'x')
#红星：标记最高 sharpe 组合
plt.plot(statistics(opts['x'])[1], statistics(opts['x'])[0],'r*', markersize = 15.0)
#黄星：标记最小方差组合
plt.plot(statistics(optv['x'])[1], statistics(optv['x'])[0],'y*', markersize = 15.0)
plt.grid(True)
plt.xlabel('expected volatility')
plt.ylabel('expected return')
plt.colorbar(label = 'Sharpe ratio')
```

得到如图 4-8 所示的图形。

图 4-8　投资组合的有效边界

4.6.3　投资组合实际数据的 Python 应用

```
##导入需要的程序包
import tushare as ts                    #需先安装 tushare 程序包
#此程序包的安装命令:pip install tushare
import pandas as pd
import numpy as np                      #数值计算
import statsmodels.api as sm            #统计运算
import scipy.stats as scs               #科学计算
import matplotlib.pyplot as plt         #绘图
```

第4章 资产组合均值方差模型及其Python应用

1. 选择股票代号、获取股票数据、清理及其可视化

```
symbols = ['hs300', '600000', '000980', '000981']
#把相对应股票的收盘价按照时间的顺序存入DataFrame对象中
data = pd.DataFrame()
hs300_data = ts.get_hist_data('hs300','2016-01-01','2016-12-31')
hs300_data = hs300_data['close']      #取沪深300收盘价数据
hs300_data = hs300_data[::-1]         #按日期从小到大排序
data['hs300'] = hs300_data
data1 = ts.get_hist_data('600000','2016-01-01','2016-12-31')
data1 = data1['close']     #浦发银行收盘价数据
data1 = data1[::-1]
data['600000'] = data1
data2 = ts.get_hist_data('000980','2016-01-01','2016-12-31')
data2 = data2['close']     #金马股份收盘价数据
data2 = data2[::-1]
data['000980'] = data2
data3 = ts.get_hist_data('000981','2016-01-01','2016-12-31')
data3 = data3['close']     #银亿股份收盘价数据
data3 = data3[::-1]
data['000981'] = data3
#数据清理
data=data.dropna()
data.head()
#规范化后时序数据
(data/data.ix[0]*100).plot(figsize = (8,4))
```

得到如图4-9所示的图形。

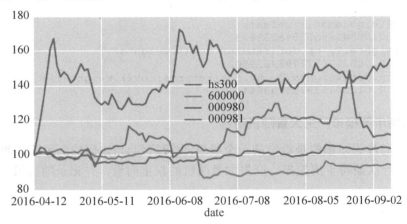

图4-9 规范的时序价格变化

2. 计算不同证券的均值、协方差和相关系数

计算投资资产的协方差是构建资产组合过程的核心部分。运用pandas内置方法生产协方差矩阵。

```
returns = np.log(data / data.shift(1))
returns.mean()*252
Out[63]:
hs300      0.073141
600000    -0.150356
```

```
000980    1.044763
000981    0.252343
dtype: float64
returns.cov()    #计算协方差
Out[64]:
            hs300      600000     000980     000981
hs300     0.000083   0.000051   0.000088   0.000095
600000    0.000051   0.000236   0.000081   0.000048
000980    0.000088   0.000081   0.001279   0.000111
000981    0.000095   0.000048   0.000111   0.000935
returns.corr()    #计算相关系数
            hs300      600000     000980     000981
hs300     1.000000   0.363061   0.269357   0.341314
600000    0.363061   1.000000   0.146524   0.102416
000980    0.269357   0.146524   1.000000   0.101860
000981    0.341314   0.102416   0.101860   1.000000
```

从上可见，各证券之间的相关系数不太大，可以做投资组合。

3. 给不同资产随机分配初始权重

假设不允许建立空头头寸，所有的权重系数均在 0～1 之间。

```
noa=4
weights = np.random.random(noa)
weights /= np.sum(weights)
weights
Out[65]: array([ 0.52080962,  0.33183961,  0.12028388,  0.02706689])
```

4. 计算预期组合收益、组合方差和组合标准差

```
np.sum(returns.mean()*weights)
Out[66]: 0.0004789557948133873
np.dot(weights.T, np.dot(returns.cov(),weights))
Out[67]: 0.00010701777937859502
np.sqrt(np.dot(weights.T, np.dot(returns.cov(),weights)))
Out[68]: 0.010344939795793644
```

5. 用蒙特卡罗模拟产生大量随机组合

现在，我们最想知道的是给定的一个股票池(投资组合)如何找到风险和收益平衡的位置。下面通过一次蒙特卡罗模拟，产生大量随机的权重向量，并记录随机组合的预期收益和方差。

```
port_returns = []
port_variance = []
for p in range(4000):
  weights = np.random.random(noa)
  weights /=np.sum(weights)
  port_returns.append(np.sum(returns.mean()*252*weights))
  port_variance.append(np.sqrt(np.dot(weights.T, np.dot(returns.cov()*252, weights))))
port_returns = np.array(port_returns)
port_variance = np.array(port_variance)
#无风险利率设定为1.5%
risk_free = 0.015
plt.figure(figsize = (8,4))
```

```
plt.scatter(port_variance, port_returns,
c=(port_returns-risk_free)/port_variance, marker = 'o')
    plt.grid(True)
    plt.xlabel('excepted volatility')
    plt.ylabel('expected return')
    plt.colorbar(label = 'Sharpe ratio')
```

得到如图 4-10 所示的图形。

图 4-10　蒙特卡罗模拟产生大量随机组合

6. 投资组合优化 1——夏普最大

建立 statistics 函数来记录重要的投资组合统计数据(收益、方差和夏普比)，通过对约束最优问题的求解，得到最优解。其中约束是权重的总和为 1。

```
def statistics(weights):
    weights = np.array(weights)
    port_returns = np.sum(returns.mean()*weights)*252
    port_variance = np.sqrt(np.dot(weights.T,
np.dot(returns.cov()*252,weights)))
    return np.array([port_returns, port_variance,
port_returns/port_variance])
#最优化投资组合的推导是一个约束最优化问题
import scipy.optimize as sco
#最小化夏普指数的负值
def min_sharpe(weights):
    return -statistics(weights)[2]
#约束是所有参数(权重)的总和为 1。这可以用 minimize 函数的约定表达如下
cons = ({'type':'eq', 'fun':lambda x: np.sum(x)-1})
#将参数值(权重)限制在 0 和 1 之间。这些值以多个元组组成的一个元组形式提供给最小化函数
bnds = tuple((0,1) for x in range(noa))
#优化函数调用中忽略的唯一输入是起始参数列表(对权重的初始猜测)。我们简单地使用平均分布。
opts = sco.minimize(min_sharpe, noa*[1./noa,], method = 'SLSQP', bounds = bnds, constraints = cons)
opts
```

运行上述代码，得到如下结果：

```
Out[90]:
    fun: -1.870564674629059
    jac: array([  2.87091583e-02,   4.62549537e-01,  -4.63277102e-05,
        2.12848186e-04,   0.00000000e+00])
```

```
    message: 'Optimization terminated successfully.'
       nfev: 37
        nit: 6
       njev: 6
     status: 0
    success: True
          x: array([ 8.45677695e-18,   0.00000000e+00,   8.21263786e-01,
             1.78736214e-01])
```

输入如下代码：

```
opts['x'].round(3)
```

得到的最优组合权重向量为：

```
Out[91]: array([ 0.   ,  0.   ,  0.821,  0.179])
#预期收益率、预期波动率、最优夏普指数
statistics(opts['x']).round(3)
```

得到 sharpe 最大的组合 3 个统计数据分别为：

```
Out[92]: array([ 0.903,  0.483,  1.871])
```

7. 投资组合优化 2——方差最小

下面我们通过方差最小来选出最优投资组合。

```
def min_variance(weights):
    return statistics(weights)[1]
optv = sco.minimize(min_variance, noa*[1./noa,],method = 'SLSQP', bounds = bnds, constraints = cons)
optv
```

得到如下结果：

```
Out[94]:
     fun: 0.14048796305920866
     jac: array([ 0.14040739,  0.14094629,  0.15554342,  0.15803597,
         0.        ])
 message: 'Optimization terminated successfully.'
    nfev: 36
     nit: 6
    njev: 6
  status: 0
 success: True
       x: array([ 8.50485211e-01,   1.49514789e-01,   6.07153217e-18,
          6.07153217e-18])
```

方差最小的最优组合权重向量及组合的统计数据分别为：

```
optv['x'].round(3)
```

得到如下结果：

```
Out[95]: array([ 0.85,  0.15,  0.  ,  0.  ])
#得到的预期收益率、波动率和夏普指数
statistics(optv['x']).round(3)
```

得到如下结果：

```
Out[96]: array([ 0.04 ,  0.14 ,  0.283])
```

8. 投资组合的有效边界(前沿)

有效边界由既定的目标收益率下方差最小的投资组合构成。
在最优化时采用两个约束：①给定目标收益率；②投资组合权重总和为1。

```
def min_variance(weights):
    return statistics(weights)[1]
#在不同目标收益率水平(target_returns)循环时,最小化的一个约束条件会变化。
target_returns = np.linspace(0.0,0.5,50)
target_variance = []
for tar in target_returns:
    cons = ({'type':'eq','fun':lambda x:statistics(x)[0]-tar},{'type':'eq','fun':lambda x:np.sum(x)-1})
    res = sco.minimize(min_variance, noa*[1./noa,],method = 'SLSQP', bounds = bnds, constraints = cons)
    target_variance.append(res['fun'])
target_variance = np.array(target_variance)
```

下面是最优化结果的展示。

```
plt.figure(figsize = (8,4))
#圆圈:蒙特卡罗随机产生的组合分布
plt.scatter(port_variance, port_returns, c = port_returns/port_variance,marker = 'o')
#叉号:有效边界
plt.scatter(target_variance,target_returns, c = target_returns/target_variance, marker = 'x')
#红星:标记最高sharpe组合
plt.plot(statistics(opts['x'])[1], statistics(opts['x'])[0], 'r*', markersize = 15.0)
#黄星:标记最小方差组合
plt.plot(statistics(optv['x'])[1], statistics(optv['x'])[0], 'y*', markersize = 15.0)
plt.grid(True)
plt.xlabel('expected volatility')
plt.ylabel('expected return')
plt.colorbar(label = 'Sharpe ratio')
```

得到如图4-11所示的图形。

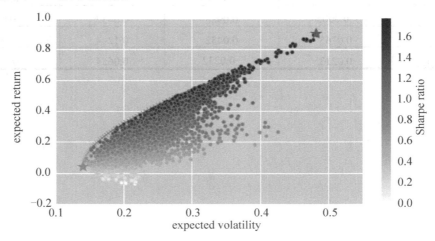

图4-11 投资组合的可行集和有效边界

思 考 题

1. 设 6 种资产的协方差矩阵和投资比重如表 4-3 所示，计算投资组合预期收益率和投资组合风险。

表 4-3 6 种资产的协方差矩阵和投资比重

	资产 1	资产 2	资产 3	资产 4	资产 5	资产 6
资产 1	9.08%	2.08%	3.72%	4.70%	0.43%	−1.26%
资产 2	2.08%	4.88%	2.88%	2.85%	0.35%	2.41%
资产 3	3.72%	2.88%	6.12%	4.79%	0.57%	1.65%
资产 4	4.70%	2.85%	4.79%	10.57%	0.48%	0.13%
资产 5	0.43%	0.35%	0.57%	0.48%	0.76%	−0.33%
资产 6	−1.26%	2.41%	1.65%	0.13%	−0.33%	4.13%
各资产的投资比重	10%	20%	30%	20%	10%	10%

2. 某 4 种资产的投资组合，各种资产的预期收益率、标准差和资产之间的协方差矩阵如表 4-4 和 4-5 所示，要求期望收益率为 15%，计算最优投资组合。

表 4-4 各资产的预期收益率

	资产 1	资产 2	资产 3	资产 4
预期收益率	12%	15%	10%	20%

表 4-5 各资产间的协方差矩阵

	资产 1	资产 2	资产 3	资产 4
资产 1	0.1254	−0.0005	0.0765	0.0213
资产 2	−0.0005	0.0986	0.0432	−0.0232
资产 3	0.0765	0.0432	0.1244	0.0654
资产 4	0.0213	−0.0232	0.0654	0.2145

第 5 章 存在无风险资产的均值方差模型及其 Python 应用

【本章精粹】

本章在均值方差模型基础上引入无风险资产,介绍存在无风险资产的均值方差模型及其 Python 应用。

5.1 存在无风险资产的均值方差模型的 Python 应用

设投资者在市场上可以获得 $n+1$ 种资产，其中有 n 种风险资产，1 种无风险资产。无风险资产的投资权重可以为正，也可以为负。权重为正，表示储蓄；权重为负，表示购买风险资产。

在这种情况下，资产组合问题发生了如下变化：①没有预算约束 $\vec{1}^T X = 1$；②预算收益率必须超过无风险资产收益率 r_f，即风险溢价为 $(\vec{e} - r_f\vec{1})^T = \mu - r_f$，这时，最小方差资产组合问题可以表示为以下优化问题：

$$\min \frac{1}{2}\sigma_P^2 = \frac{1}{2}X^T V X \tag{5-1}$$
$$\text{s.t.} (\vec{e} - r_f\vec{1})^T X = \mu - r_f$$

称之为存在无风险资产的均值方差模型。我们可以构造 Lagrange 函数求解式(5-1)。令

$$L(X,\lambda) = \frac{1}{2}X^T V X + \lambda[\mu - r_f - (\vec{e} - r_f\vec{1})^T X] \tag{5-2}$$

则最优的一阶条件为

$$\frac{\partial L}{\partial X} = VX - \lambda(\vec{e} - r_f\vec{1}) = \vec{0} \tag{5-3}$$

由式(5-3)得最优解

$$X = \lambda V^{-1}(\vec{e} - r_f\vec{1}) \tag{5-4}$$

又因为无风险资产的权重为

$$X_0 = 1 - \vec{1}^T X \tag{5-5}$$

所以无风险资产收益为

$$r_f X_0 = r_f 1 - r_f \vec{1}^T X$$

注意到 $\mu = \vec{e}^T X, a = \vec{1}^T V^{-1} \vec{1}, b = \vec{1}^T V^{-1} \vec{e}, c = \vec{e}^T V^{-1} \vec{e}, \Delta = ac - b^2$

将式(5-4)代入式(5-2)，有

$$\mu - r_f = \lambda(\vec{e} - r_f\vec{1})^T V^{-1}(\vec{e} - r_f\vec{1}) = \lambda(c - 2r_f b + r_f^2 a)$$

整理后有

$$\lambda = \frac{\mu - r_f}{c - 2r_f b + r_f^2 a} \tag{5-6}$$

将式(5-6)代入式(5-4)，有

$$X = \frac{\mu - r_f}{c - 2r_f b + r_f^2 a} V^{-1}(\vec{e} - r_f\vec{1}) \tag{5-7}$$

由式(5-1)，式(5-6)，式(5-7)，得最小方差资产组合的方差为

$$\sigma_P^2 = X^T V X = X^T \lambda(\vec{e} - r_f\vec{1}) = \lambda(X^T\vec{e} - r_f X^T\vec{1})$$
$$= \lambda(\mu - r_f) = \frac{(\mu - r_f)^2}{c - 2r_f b + r_f^2 a} \tag{5-8}$$

至此，我们得到描述存在无风险资产条件下的最小方差资产组合的两个重要的量：

第 5 章 存在无风险资产的均值方差模型及其 Python 应用

$$X = \frac{\mu - r_f}{c - 2r_f b + r_f^2 a} V^{-1}(\vec{e} - r_f \vec{1})$$

$$\sigma_P^2 = \frac{(\mu - r_f)^2}{c - 2r_f b + r_f^2 a}$$

编写求最小方差资产组合权重的 Python 语言函数如下：

```
def rfwport(V,e,u,ones,rf):
  a= ones.T*V.I*ones
  b= ones.T*V.I*e
  c= e.T*V.I*e
  h= (u-rf)/(c-2*rf*b+rf**2*a)
  g= V.I*(e-rf*ones)
  ss = g.getA()
  tt=h.getA()
  x=tt*ss
  return x
```

编写求资产组合最小方差的 Python 语言函数如下：

```
def rfportvar(V,e,u,ones,rf):
  a= ones.T*V.I*ones
  b= ones.T*V.I*e
  c= e.T*V.I*e
  var=(u-rf)**2/(c-2*rf*b+rf**2*a)
  return var
```

例 1：考虑一种资产组合，其预期收益率矩阵为 $\vec{e} = [0.2, 0.5]^T$，协方差矩阵是 $V = \begin{bmatrix} 1 & 0 \\ 0 & 1 \end{bmatrix}$，无风险利率 $r_f = 0.1$，预期收益率是 0.2，求该资产组合最小方差资产组合的权重和方差。

Python 语言如下：

```
e=mat('0.2;0.5')
V=mat('1 0;0 1')
ones=mat('1;1')
u=0.2
rf=0.1
rfwport(V,e,u,ones,rf)
```

得到如下结果：

```
Out[39]:
array([[ 0.05882353],
       [ 0.23529412]])
rfportvar(V,e,u,ones,rf)
```

得到如下结果：

```
Out[40]: matrix([[ 0.05882353]])
```

5.2 无风险资产对最小方差组合的影响

根据式(5-8)，有：

$$\sigma_P^2 = \frac{(\mu - r_f)^2}{c - 2r_f b + r_f^2 a}, \quad \sigma_P = \pm\sqrt{\frac{(\mu - r_f)^2}{c - 2r_f b + r_f^2 a}}$$

在均值-方差坐标平面上,上式是一条抛物线;在均值-标准差平面上,上式是过公共交点$(0,r)$的两条射线,斜率分别是$\pm\sqrt{c-2r_\mathrm{f}b+r_\mathrm{f}^2a}$。

在均值-标准差坐标平面上,无风险资产对上述两条直线的影响分为三种情况:$r_\mathrm{f}<\mu$;$r_\mathrm{f}=\mu$;$r_\mathrm{f}>\mu$。

(1) 当$r_\mathrm{f}<\mu$时,最小方差资产组合的含义和几何结构。

若$r_\mathrm{f}<\mu$,式(5-8)可表示为

$$E(r_P)=r_\mathrm{f}+\sigma_P\sqrt{c-2r_\mathrm{f}b+r_\mathrm{f}^2a} \tag{5-9}$$

$$E(r_P)=r_\mathrm{f}-\sigma_P\sqrt{c-2r_\mathrm{f}b+r_\mathrm{f}^2a} \tag{5-10}$$

它们是图5-1所示的两条直线,一条向右上方倾斜,另一条向右下方倾斜。向右上方倾斜的一条与双曲线相切,向右下方倾斜的一条远离双曲线。

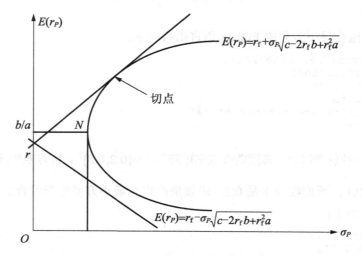

图5-1　$r_\mathrm{f}<\mu$时,最小方差资产组合的含义和几何结构

(2) 当$r_\mathrm{f}=\mu$时,最小方差资产组合的含义和几何结构。

若$r_\mathrm{f}=\mu$,式(5-9)可简化为

$$E(r_P)=\frac{b}{a}+\sigma_P\sqrt{\frac{\Delta}{a}} \tag{5-11}$$

$$E(r_P)=\frac{b}{a}-\sigma_P\sqrt{\frac{\Delta}{a}} \tag{5-12}$$

这两条直线是双曲线的渐近线,如图5-2所示。一条向右上方倾斜,另一条向右下方倾斜。向右上方倾斜的一条与双曲线相切,另一条远离双曲线。

(3) 当$r_\mathrm{f}>\mu$时,最小方差资产组合的含义和几何结构。

随着两条直线与纵轴的交点$(0,r)$向上移动,上边的直线离开有效组合,下边的直线向最小方差组合靠近,最后与最小方差组合边界有一个切点,如图5-3所示。在现实经济中,这种无风险收益率大于全局最小方差组合预期收益率的情况是不符合实际的。

第 5 章 存在无风险资产的均值方差模型及其 Python 应用

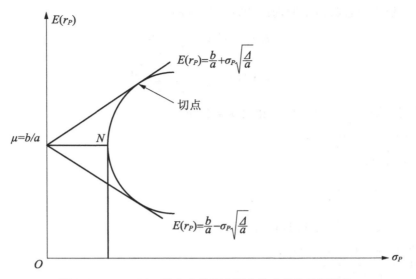

图 5-2　$r_f = \mu$ 时，最小方差资产组合的含义和几何结构

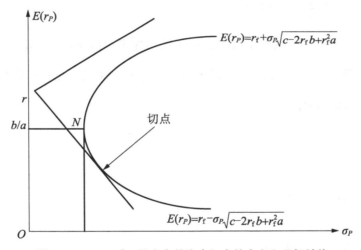

图 5-3　$r_f > \mu$ 时，最小方差资产组合的含义和几何结构

5.3　存在无风险资产的两基金分离定理及其 Python 应用

与第 4 章的两基金分离定理类似，所有最小方差资产组合仅是两个不同资产组合的资产组合。在存在无风险资产的情况下，有一自然的基金选择，即无风险资产和不含任何无风险资产的切点资产组合。

定理 1：在存在无风险资产的情况下，任一最小方差资产组合 X 都可唯一地表示成无风险资产组合和不含任何无风险资产的切点资产组合 $\bar{X} = (x_{0t}, X_t)$，其中，

$$x_{t0} = 0, X_t = \frac{V^{-1}(\vec{e} - r_f \vec{1})}{b - ar_f} \tag{5-13}$$

这一定理称为存在无风险资产情况下的两基金分离定理。

切点处的资产组合收益率的均值和方差分别为：

$$E(r_t) = \vec{e}^T X_t = \frac{c - br_f}{b - ar_f} \tag{5-14}$$

$$\sigma_t^2 = X_t^T V X_t = \frac{c - 2br_f + r_f^2 a}{(b - ar_f)^2} \tag{5-15}$$

编写求切点处的均值的 Python 语言函数如下：

```
def qdmean(V,e,u,ones,rf):
  a= ones.T*V.I*ones
  b= ones.T*V.I*e
  c= e.T*V.I*e
  ert= (c- b*rf)/(b-a*rf)
  return ert
```

编写求切点处的方差的 Python 语言函数如下：

```
def qdportvar(V,e,u,ones,rf):
  a= ones.T*V.I*ones
  b= ones.T*V.I*e
  c= e.T*V.I*e
  var=(c-2*b*rf+rf**2*a)/(b-a*rf)**2
  return var
```

例 2：考虑一种资产组合，其预期收益率矩阵为 $\vec{e} = [0.2, 0.5]^T$，协方差矩阵是 $V = \begin{bmatrix} 1 & 0 \\ 0 & 1 \end{bmatrix}$，预期收益率 $\mu = 0.2$，无风险利率为 $r_f = 0.1$，求切点处资产组合的均值和方差。

Python 语言函数如下：

```
e=mat('0.2;0.5')
V=mat('1 0;0 1')
ones=mat('1;1')
u=0.075
rf=0.1
qdmean(V,e,u,ones,rf)
```

得到如下结果：

```
Out[44]: matrix([[ 0.44]])
qdportvar(V,e,u,ones,rf)
```

得到如下结果：

```
Out[45]: matrix([[ 0.68]])
```

5.4 预期收益率与贝塔关系式

首先讨论存在无风险资产情况下的期望收益率。假设有一个无风险资产和 n 个风险资产，在切点处风险资产的收益率分别为 $r_1, \cdots, r_n$，权重分别为 $x_{t1}, \cdots, x_{tn}$，则在切点处资产组合的收益率为 $r_t = \sum_{i=1}^{n} x_{ti} r_i$，故由式(5-13)有

第 5 章 存在无风险资产的均值方差模型及其 Python 应用

$$\mathrm{cov}(\vec{r}, r_t) = VX_t = V\frac{V^{-1}(\vec{e} - r_\mathrm{f}\vec{1})}{b - ar_\mathrm{f}} = \frac{\vec{e} - r_\mathrm{f}\vec{1}}{b - ar_\mathrm{f}} \tag{5-16}$$

在上式两边左乘 X_t^T 得

$$\sigma_t^2 = X_t^\mathrm{T} V X_t = X_t^\mathrm{T} \frac{\vec{e} - r_\mathrm{f}\vec{1}}{b - ar_\mathrm{f}} = \frac{E(r_t) - r_\mathrm{f}}{b - ar_\mathrm{f}}$$

所以 $\vec{e} - r_\mathrm{f}\vec{1} = \mathrm{cov}(\vec{r}, r_t)(b - ar_\mathrm{f}) = \mathrm{cov}(\vec{r}, r_t)\dfrac{E(r_t) - r_\mathrm{f}}{\sigma_t^2} = \beta_t[E(r_t) - r_\mathrm{f}]$

其中 $\beta_t = \dfrac{\mathrm{cov}(\vec{r}, r_t)}{\sigma_t^2}$（通常称之为贝塔值，其分量 $\beta_{ti} = \dfrac{\mathrm{cov}(r_i, r_t)}{\sigma_t^2}$），于是有以下定理。

定理 2：当市场上存在无风险资产时，任意资产的收益率 $r_i(i=1,\cdots,n)$ 的风险溢价等比于切点资产组合的风险溢价，且等比于比例系数 $\beta_{ti} = \dfrac{\mathrm{cov}(r_i, r_t)}{\sigma_t^2}$，即

$$E(r_i) - r_{\mathrm{f}i} = \beta_{ti}[E(r_t) - r_\mathrm{f}]$$

类似地，我们不加证明给出如下定理。

定理 3：假设市场上的资产组合仅由风险资产组成，则可以任意选择最小方差资产组合 X_u 及与 X_u 零贝塔相关的资产组合(指贝塔值等于 0 的资产组合)，使得任意风险资产的收益率 $r_i(i=1,\cdots,n)$ 的预期收益率可以表示为

$$E(r_i) = E(r_z) + \beta_{ui}[E(r_u) - E(r_z)]$$

式中：r_z——与 X_u 零贝塔相关的资产组合的收益率；

r_u——任意最小方差资产组合的收益率；

$\beta_{ui} = \mathrm{cov}(r_u, r_z) / \sigma_u^2$，这里的 σ_u^2 对应于 r_u 的方差。

5.5 一个无风险资产和两个风险资产的组合 Python 应用

假设两个风险资产的投资权重分别为 x_1 和 x_2，这样无风险资产的投资组合权重就是 $1 - x_1 - x_2$。由于我们可以将两个风险资产视为一个风险资产组合，因此三种资产构成的投资组合可行集就等价于一个风险资产组合与一个无风险资产构成的可行集。随着 x_1 和 x_2 变化，风险资产组合的期望收益和方差并不是确定的值，而是不断变化的。在图 5-4 中的标准差-期望收益平面中，风险资产组合是图 5-4 中曲线上的某一点。给定 x_1 和 x_2 的某一比例 k，在标准差-期望收益平面中就对应着一个风险资产组合。该组合与无风险资产的连线形成了一条资本配置线。这条资本配置线就是市场中存在三种资产时的投资组合可行集。随着我们改变投资比例 k，风险资产组合的位置就会发生变化，资本配置线也相应产生变化。

从图 5-4 可以看出，两个风险资产组成的有效边界上的任何一点与无风险资产的连线都能构成一条资本配置线。然而，比较图 5-4 中的两条资本配置线 CAL_0 和 CAL_1 可以发现，对于任一标准差，资本配置线 CAL_0 上资产组合的期望收益率都比 CAL_1 上的高。换句话说，相对于 CAL_0 上的资产组合，CAL_1 上的资产组合是无效的。事实上，我们可以很容易地发现，在所有的资本配置线中，斜率最高的资本配置线在相同标准差水平下拥有最大的期望收益率。从几何角度讲，这条资本配置线就是通过无风险资产并与风险资产组合的有效边

界相切的一条线，我们称这条资本配置线为最优资本配置线。相应地，切点组合 P_0 被称为最优风险资产组合。因此，当市场中有一个无风险资产和两个风险资产的时候，有效地投资组合可行集就是通过无风险资产和风险资产组合，且斜率达到最大的资本配置线。

图 5-4 一个无风险资产和两个风险资产的组合的可行集

我们要得出最优风险资产组合，首先要建立债券和股票有效集，然后利用无风险资产建立资本配置线与有效集相切，切点即为最优风险组合所在的点。

(1) 确定两种风险资产组合 P 中的每个风险资产比例。数学表达即为：

$$S_P = \frac{E(r_P) - r_f}{\sigma_P} = \max$$

满足 $E(r_P) = x_1 E(r_1) + x_2 E(r_2)$

$$\sigma_P^2 = x_1^2 \sigma_1^2 + x_2^2 \sigma_2^2 + 2x_1 x_2 \sigma_{12}$$

$$\frac{\partial S_P}{\partial x_1} = \frac{-x_1[E(r_1) - r_f] - x_2[E(r_2) - r_f]}{x_1^2 \sigma_1^2 + x_2^2 \sigma_2^2 + 2x_1 x_2 \sigma_{12}} (x_1 \sigma_1^2 + x_2 \sigma_{21}) + [E(r_1) - r_f] = 0$$

$$\frac{\partial S_P}{\partial x_2} = \frac{-x_1[E(r_1) - r_f] - x_2[E(r_2) - r_f]}{x_1^2 \sigma_1^2 + x_2^2 \sigma_2^2 + 2x_1 x_2 \sigma_{12}} (x_2 \sigma_2^2 + x_1 \sigma_{12}) + [E(r_2) - r_f] = 0$$

由上两式可得

$$\frac{x_1 \sigma_1^2 + x_2 \sigma_{21}}{x_2 \sigma_2^2 + x_1 \sigma_{12}} = \frac{E(r_1) - r_f}{E(r_2) - r_f}$$

注意到 $\sigma_{12} = \sigma_{21}$，则

$$\frac{x_1 \sigma_1^2 + (1 - x_1)\sigma_{12}}{(1 - x_1)\sigma_2^2 + x_1 \sigma_{12}} = \frac{E(r_1) - r_f}{E(r_2) - r_f}$$

解关于 x_1 的一元一次方程得

$$x_1 = \frac{[E(r_1) - r_f]\sigma_2^2 - [E(r_2) - r_f]\sigma_{12}}{[E(r_1) - r_f]\sigma_2^2 + [E(r_2) - r_f]\sigma_1^2 - [E(r_1) - r_f + E(r_2) - r_f]\sigma_{12}}$$

$$x_2 = 1 - x_1$$

编写 Python 语言函数如下：

```
def weight(er1,er2,rf,sig1,sig2,sig12):
    x1=((er1-rf)*sig2**2-(er2-rf)*sig12)/((er1-rf)*sig2**2+(er2-rf)*sig1**2-(er1-rf+er2-rf)*sig12)
```

第 5 章　存在无风险资产的均值方差模型及其 Python 应用

```
weight1=x1
weight2=1-x1
erp=x1*er1+(1-x1)*er2
sigp=sqrt(x1**2*sig1**2+(1-x1)**2*sig2**2+2*x1*(1-x1)*sig12)
sp=(erp-rf)/sigp
print "weight1:",weight1
print "weight2:",weight2
print "E(rp):",erp
print "sigp:",sigp
print "sp:",sp
```

例 3：给出债券、股票的预期收益率及风险如表 5-1 所示。

表 5-1　有关数据

资　产	期望收益率(%)	风险 σ (%)
债券(1)	8	12
股票(2)	13	20
国库券	5	

其中债券和股票之间相关系数 $\rho_{12}=0.3$。

则 Python 函数调用如下：

```
er1=0.08;er2=0.13;rf=0.05;sig1=0.12;sig2=0.20;sig12= sig1*sig2*0.3
weight(er1,er2,rf,sig1,sig2,sig12)
```

得到如下求解结果：

```
weight1: 0.4
weight2: 0.6
E(rp): 0.11
sigp: 0.141985914794
sp: 0.422577127364
```

(2) 在组合 C 中引入无风险资产 F，则 C 由 F 和 P 组成。

引入效用函数 $U = E(r_C) - 0.5A\sigma_C^2$

根据 $E(r_C) = yE(r_P) + (1-y)r_f$，又有 $\sigma_C = y\sigma_P$

$$\frac{\partial U}{\partial y} = 0 \Rightarrow y = \frac{E(r_P) - r_f}{A\sigma_P^2}$$

设 $A=4$，$y = \dfrac{E(r_P) - r_f}{A\sigma_P^2} = \dfrac{11\% - 5\%}{4 \times 0.142^2 / 10000} = 0.744048$

(3) 确定三种资产的投资比例。

最后得到三种资产的投资比例如表 5-2 所示。

表 5-2　三种资产的投资比例

资　产	各种资产比例公式	各种资产比例
债券(1)	yx_1	0.297619
股票(2)	yx_2	0.446429
国库券	$1-y$	0.255952
合计		1

5.6 默顿定理的 Python 应用

多年来，多资产组合一直困扰着金融学家和数学家。与两种资产相同，我们仍然希望计算出在边沿上的投资组合，画出这条漂亮的曲线。麻省理工研究院默顿(Merton)告诉我们，只要在坐标系中垂直的坐标轴上任取一点 c，画一条与边缘曲线相切的直线，切点就是一个边沿组合。默顿还告诉我们，如果已知两个边沿组合，其他所有的边沿组合都可以被写成已知组合的加权平均。

默顿定理 1：已知所有资产的回报率向量为 $\vec{e}$，资产间的方差协方差矩阵为 V，选取一个数值 c，与其对应的边沿投资组合可以计算为：$X = \dfrac{V^{-1}(\vec{e}-c)}{\sum V^{-1}(\vec{e}-c)}$，$X$ 是一个边沿投资组合。

我们选择 7 个点，用 4 种资产，看能不能在 Python 语言中画出有效边界。定义已知条件后，把相同的计算重复 5 遍。7 个 c 为 0.0001，0.021，0.45，0.6，0.8，0.9，1。

默顿定理 1 的 Python 语言实现如下：

```
import pandas as pd
from numpy import *
import matplotlib.pyplot as plt  #绘图工具
Er=mat('0.1;0.2;0.15;0.01')
S=mat('0.10 0.01 0.30 0.05;0.01 0.3 0.06 -0.04;0.30 0.06 0.40 0.02;0.05 -0.04 0.02 0.50')
c=0.00000001;a=S.I*(Er-c);b=sum(a);x1=a/b
Er_x1=x1.T*Er;sigma1=sqrt(x1.T*S*x1)
c=0.021;a=S.I*(Er-c);b=sum(a);x2=a/b
Er_x2=x2.T*Er;sigma2=sqrt(x2.T*S*x2)
c=0.45;a=S.I*(Er-c);b=sum(a);x3=a/b
Er_x3=x3.T*Er;sigma3=sqrt(x3.T*S*x3)
c=0.8;a=S.I*(Er-c);b=sum(a);x4=a/b
Er_x4=x4.T*Er;sigma4=sqrt(x4.T*S*x4)
c=4;a=S.I*(Er-c);b=sum(a);x5=a/b
Er_x5=x5.T*Er;sigma5=sqrt(x5.T*S*x5)
sigma=[float(sigma3),float(sigma4),float(sigma5),float(sigma1),float(sigma2)]
ret=[float(Er_x3), float(Er_x4), float(Er_x5), float(Er_x1), float(Er_x2)]
plt.plot(sigma,ret,"--o")
plt.xlabel('sigma')
plt.ylabel('ret')
```

得到如图 5-5 所示的图形。

默顿定理 2：已知两个边沿组合，其他组合都可以写成两个已知边沿组合的加权平均。让 X,Y 为两个边沿组合，让 $\lambda, 1-\lambda$ 作为两个组合的比重，则任何边沿组合都写成：

$$\lambda X + (1-\lambda)Y = \begin{pmatrix} \lambda x_1 + (1-\lambda)y_1 \\ \cdots\cdots\cdots\cdots \\ \lambda x_n + (1-\lambda)y_n \end{pmatrix}$$

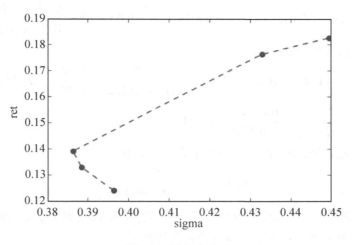

图 5-5　默顿定理图

5.7　布莱克-利特曼模型的 Python 应用

布莱克-利特曼(Black-Litterman)模型的核心是根据金融市场上的有关数据求资产组合中每种资产收益率均值。在上面的默顿定理 1 中，公式里 X 的分母可以用 λ 来标记，这只是一个定义，并不是用来计算：$\lambda = \sum V^{-1}(\vec{e}-c)$。这样默顿定理 1 中公式就可以简单地写成：

$$X = \frac{V^{-1}(\vec{e}-c)}{\lambda}$$

即：

$$\lambda X = V^{-1}(\vec{e}-c)$$

上式两边都乘以 V，得：

$$\lambda V X = \vec{e} - c$$

上式两边都加上 c，得：

$$\lambda V X + c = \vec{e}$$

用 r_f 来代替 c，得：

$$\lambda V X + r_f = \vec{e}$$

但这里的 λ 还需要用下面的公式计算：

$$\lambda = \frac{E(r_P) - r_f}{\sigma_P^2}$$

下面来看一个实例。

例 4：我们现在来计算两只股票的收益率均值。先搜集市场上的一些信息如下：市场上有一种资产组合 P，由两只股票组成，达到了 0.09016 的年平均收益率，在 P 资产组合中，第一只股票占 0.246，第二只股票占 0.754，这两只股票的方差-协方差矩阵为 $V = \begin{bmatrix} 0.11 & 0.0044 \\ 0.0044 & 0.2000 \end{bmatrix}$，银行定期一年存款利率为 0.05。因此已知数据如下：

$$X^{\mathrm{T}}=(0.246, 0.754); \quad E(r_P)=0.09016, \quad r_f=0.05, \quad V=\begin{bmatrix} 0.11 & 0.0044 \\ 0.0044 & 0.2000 \end{bmatrix}$$

先计算这种资产组合的方差：

$$\sigma_P^2 = X^{\mathrm{T}}VX = (0.246, 0.754)\begin{bmatrix} 0.11 & 0.0044 \\ 0.0044 & 0.2000 \end{bmatrix}\begin{pmatrix} 0.246 \\ 0.754 \end{pmatrix} = 0.1210$$

再计算 $\lambda = \dfrac{E(r_P)-r_f}{\sigma_P^2} = \dfrac{0.09016-0.05}{0.1210} = 0.3292$

在计算两只股票的收益率均值，输出的是一个向量：

$$\vec{r} = \lambda VX + r_f = \begin{pmatrix} 0.06 \\ 0.09999989 \end{pmatrix}$$

所以第一只股票年收益率均值 0.06，第二只股票的年收益率均值 0.09999989。

此例 Black-Litterman 模型的 Python 语言代码如下：

```
##Black-Litterman 模型
import pandas as pd
from numpy import *
import numpy as np
S=mat('0.1100 0.0044;0.0044 0.2000')
rf=0.05;x=mat('0.246;0.754');Erp=0.09016
varp=x.T*S*x
lamd=(Erp-rf)/varp
r=lamd[0,0]*S*x+rf
r
```

得到如下结果：

```
matrix([[ 0.06000035],
        [ 0.09999989]])
```

在此基础上，我们还可以融合投资经理的个人观点，如经理认为股票 1 的业绩将超过股票 2 的 0.5 个百分点，然后这个数据和上面给定的数据来进行修正 0.06 和 0.09999989，并进一步进行资产组合优化，具体内容可参考滋维·博迪等著的《投资学》一书中的布莱克-利特曼(Black-Litterman)模型。

思 考 题

1. 可选择的证券包括两种风险股票基金 A、B 和短期国库券，所有数据如表 5-3 所示。

表 5-3 股票基金 A、B 和短期国库券数据

	期望收益(%)	标准差(%)
股票基金 A	10	20
股票基金 B	30	60
短期国库券	5	0

基金 A 和基金 B 的相关系数为-0.2。

第 5 章 存在无风险资产的均值方差模型及其 Python 应用

(1) 画出基金 A 和基金 B 的可行集(5 个点)。

(2) 找出最优风险投资组合 P 及其期望收益与标准差。

(3) 找出由短期国库券与投资组合 P 支持的资本配置线的斜率。

(4) 当一个投资者的风险厌恶程度 $A=5$ 时,应在股票基金 A、B 和短期国库券中各投资多少?

2. 市场上有一种叫作 P 的资产组合,由两只股票组成,达到了 0.10 的年平均收益率,这个组合中,第一只股票占 0.25,第二只股票占 0.75,两只股票的协方差矩阵 $\begin{pmatrix} 0.1100 & 0.0050 \\ 0.0050 & 0.2200 \end{pmatrix}$,无风险资产利率为 0.06。求两只股票的年平均收益率。

第 6 章　资本资产定价模型及其 Python 应用

【本章精粹】

资本资产定价模型(Capital Asset Pricing Model，简记 CAPM)是继马柯维茨资产组合理论之后第二个获得诺贝尔经济学奖的金融理论，它由美国金融学家夏普(Sharpe)在 1964 年发表的论文《资本资产定价：一个风险条件下的市场均衡理论》中最早提出的。资本资产定价模型的核心思想是在一个竞争均衡的市场中对有价证券定价。在资本市场的竞争均衡中，供给等于需求，所以投资者都处于最优消费和最优组合状况，有价证券的价格由此确定。毫无疑问，如果经济实现了竞争均衡，该经济处于一种稳定状况，所有投资者都感到满足，再也没有力量使经济发生变动。因此，本章以均值方差模型投资组合理论为基础，介绍资本资产定价模型及其应用。

6.1 资本资产定价模型假设

资本资产定价模型是在理想的资本市场中建立的，建立模型的假设如下。
(1) 投资者是风险厌恶者，其投资行为是使其终期财富的预期效用最大化；
(2) 投资者不能通过买卖行为影响股票价格；
(3) 投资者都认同市场上所有资产的收益率服从均值为 $\bar{e}$、方差矩阵为 V 的多元正态分布；
(4) 资本市场上存在着无风险资产，且投资者可以无风险利率借贷；
(5) 资产数量是固定的，所有资产都可以市场化且无限可分割；
(6) 市场上的信息是充分的且畅通无阻，所有投资者都可无代价地获得所需要的信息；
(7) 资本市场无任何缺陷，如税收、交易成本、卖空限制等。

假设(3)保证了投资者的效用函数为均值-方差效用函数，假设(1)保证了效用函数关于均值和方差是单调的。在以上的假设中，假设(3)最重要，它说明：虽然市场上的投资者对资产的偏好可以不同，但是对某种资产的未来现金流的期望值却是相同的，这为资本资产定价模型的导出提供了很大的方便。

6.2 资本市场线及其 Python 应用

当不存在无风险资产时，最小方差资产组合是双曲线的右半支，如图 6-1 所示。但是当存在无风险资产时，最小方差资产组合是直线 $\sigma_P = \pm \dfrac{\mu - r_f}{\sqrt{c - 2r_f b + r_f^2 a}}$ 与双曲线的切点 t。共有三种情况，这里只讨论 $r < b/a$ 的情况，如图 6-1 所示。

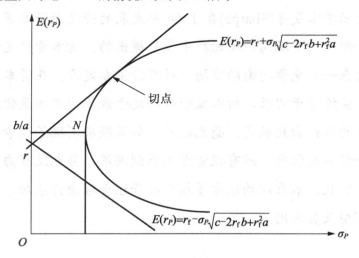

图 6-1 资本市场线

在图 6-1 中，对于直线 $E(r_P) = r_f + \sigma_P \sqrt{c - 2r_f b + r_f^2 a}$ 上的点，不论位于何处，都可以通过点 $(0, r_f)$ 和切点的再组合表示出来。换言之，直线上的每个组合都是无风险资产和风险资

第6章 资本资产定价模型及其Python应用

产的再组合。

因为有效资产组合是连接点$(0, r_f)$和切点t的直线,所以投资者都可从这条射线上确定一个点作为自己的最优资产组合。可见,切点t具有比较重要的意义。然而,切点t是根据直线与双曲线相切得到的,它与市场组合之间具有什么关系呢?

定义1:设市场上有n种风险资产,一种无风险资产,每种资产的价格为$P_i(i=0,1,\cdots,n)$,第i种资产的可交易数量为$\bar{N}_i$,记$\mathrm{mkt}_i = \dfrac{\bar{N}_i P_i}{\sum_{i=0}^{n} \bar{N}_i P_i}$,则称$\mathrm{mkt} = (\mathrm{mkt}_0, \mathrm{mkt}_1, \cdots, \mathrm{mkt}_n)$为市场资产组合的初始禀赋。

设市场中有K个投资者,且在某一时刻第k位投资者持有第i种资产的数量为N_i^k,记$x_i^m = \dfrac{\sum_{k=1}^{K} N_i^k P_i}{\sum_{i=0}^{n}\left(\sum_{k=1}^{K} N_i^k\right) P_i}$,则称$X^m = (x_0^m, x_1^m, \cdots, x_n^m)$为这一时刻的投资者的市场资产组合。

性质1:市场达到均衡的必要条件是$\mathrm{mkt} = (\mathrm{mkt}_0, \mathrm{mkt}_1, \cdots, \mathrm{mkt}_n)$等比于切点处的资产组合$X_t$。

性质2:当市场达到均衡时,若记市场在风险资产上的初始资产组合为X_M,则$X_M = X_t$。特别地,当市场上无风险资产是零净供应的金融资产时,则X_t就是市场资产组合。其他情况下,市场资产组合在图6-1中连接点$(0, r_f)$和切点的切线上的左下边某处。

定义2:称过点$(0, r_f)$和切点t的直线$E(r_P) = r_f + \sigma_P \sqrt{c - 2r_f b + r_f^2 a}$为资本市场线。

因为,切点t的风险溢价为

$$E(r_t) - r_f = \vec{e} X_t - r_f \tag{6-1}$$

根据式(5-14)

$$E(r_t) = \vec{e}^{\mathrm{T}} X_t = \dfrac{c - b r_f}{b - a r_f} \tag{6-2}$$

因此,有结果

$$E(r_t) - r_f = \vec{e} X_t - r_f = \dfrac{c - b r_f}{b - a r_f} - r_f = \dfrac{c - 2 b r_f + a r_f^2}{b - a r_f} \tag{6-3}$$

将上式代入$E(r_P) = r_f + \sigma_P \sqrt{c - 2r_f b + r_f^2 a}$,并利用式(5-15)有

$$E(r_P) = r_f + \sigma_P \sqrt{c - 2r_f b + r_f^2 a} = r_f + \sigma_P (b - a r_f) \sqrt{\dfrac{c - 2r_f b + r_f^2 a}{(b - a r_f)^2}}$$

$$= r_f + (b - a r_f) \sigma_P \sigma_t = r_f + (b - a r_f) \dfrac{\sigma_t^2}{\sigma_t} \sigma_P = r_f + (b - a r_f) \dfrac{c - 2 r_f b + r_f^2 a}{(b - a r_f)^2 \sigma_t} \sigma_P$$

$$= r_f + \dfrac{c - 2 r_f b + r_f^2 a}{(b - a r_f) \sigma_t} \sigma_P = r_f + \dfrac{E(r_t) - r_f}{\sigma_t} \sigma_P$$

所以,有结果

$$E(r_P) = r_f + \dfrac{E(r_t) - r_f}{\sigma_t} \sigma_P \tag{6-4}$$

式(6-4)为过点$(0, r_f)$和切点 t 的直线。所有投资者的最优资产组合均来自该直线。

例1：假设无风险利率为 0.06，市场组合的期望收益率和标准差分别为 0.2 和 0.4，则资本市场线的斜率为(0.2-0.06)/0.4=0.35。如果我们尝试 0.2、0.3 来作为标准差，则期望收益率为：

$$E(r_{P1}) = r_f + \frac{E(r_M) - r_f}{\sigma_M} \sigma_{P1} = 0.06 + 0.35 \times 0.2 = 0.13$$

$$E(r_{P2}) = r_f + \frac{E(r_M) - r_f}{\sigma_M} \sigma_{P2} = 0.06 + 0.35 \times 0.3 = 0.165$$

把 σ_{P1}, σ_{P2} 和 $E(r_{P1}), E(r_{P2})$ 相应地画在图上就得到一条资本市场线，而且斜率是 0.35。如果认为 0.3 的风险太高，不宜使用，可以使用 0.2 的风险来搭配已有的有效组合，还有无风险资产。σ_{P1}/σ_M 是需要分配给有效组合的部分，$1 - \sigma_{P1}/\sigma_M$ 是需要分配给无风险投资的部分。使用 0.2 的风险，50%的资金需要给这个有效组合，另外 50%的资金需要做无风险投资。因此，编写资本市场线的 Python 语言代码如下：

```
import matplotlib.pyplot as plt  #绘图工具
rf=0.06;ErM=0.2;sigmaM=0.4
slope=(ErM-rf)/sigmaM
Er1=rf+slope*0.2
Er2=rf+slope*0.3
ret=[Er1,Er2]
sigma=[0.2,0.3]
plt.plot(sigma, ret,'--o')
plt.xlabel('sigma')
plt.ylabel('ret')
```

运行后，得到如图 6-2 所示的图形。

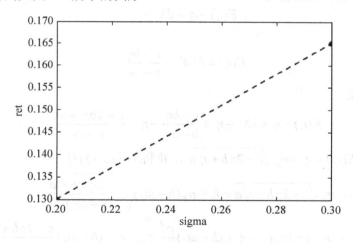

图 6-2　资本市场线

6.3　证券市场线及其 Python 应用

资本市场线反映的是有效资产组合的预期收益率与风险之间的关系，由于任何单个风险资产不是有效资产组合，因此资本市场线并没有告诉我们单个风险资产的预期收益率与

第 6 章 资本资产定价模型及其 Python 应用

风险之间的关系。所以我们有必要作进一步分析。

定理 1：假设市场上无风险资产可以获得，则当市场达到均衡时，任意风险资产的风险溢价与风险资产的市场资产组合风险溢价成比例，即有关系式

$$\vec{e} - r_f \vec{1} = \vec{\beta}_M [E(r_M) - r_f] \tag{6-5}$$

式中：$\vec{\beta}_M = \text{cov}(\vec{r}, r_M) / \text{var}(r_M)$；

r_M——市场组合的收益率。

证明：由性质 2，当市场达到均衡时有 $X_M = X_t$，将其代入式(5-16)即得

$$\vec{e} - r_f \vec{1} = \frac{VX_t}{X_t^T VX_t}(\vec{e}^T X_t - r_f) = \frac{VX_M}{X_M^T VX_M}(\vec{e}^T X_M - r_f) = \vec{\beta}_M [E(r_M) - r_f]$$

写成分量的形式即为

$$E(r_i) = \frac{\text{cov}(r_i, r_M)}{\sigma_M^2}[E(r_M) - r_f] + r_f = \beta_{iM}[E(r_M) - r_f] + r_f \tag{6-6}$$

式(6-6)所表示的直线称为证券市场线，它反映了单个风险资产与市场组合之间的关系。如果我们以 $E(r_i)$ 为纵坐标，β_{iM} 为横坐标，则证券市场线就是一条截距为 r_f，斜率为 $E(r_M) - r_f$ 的直线，如图 6-3 所示。

图 6-3 证券市场线

编写资本资产定价模型的 Python 语言函数如下：

```
def ecapm(r,rm,rf):
  averrm=mean(rm)
  xf=cov(r,rm)
  a=xf[0,1]
  beta=a/rm.var()
  eri=rf+beta*(averrm-rf)
  return eri
```

例 2：假设市场资产组合时间序列值分别为 1500，1600，1800，2100；证券价格的时间序列值分别是 6.24，6.38，6.26，6.30。设无风险利率是 0.06，试求该证券的预期收益率。

价格转化为收益率的公式 $r_t = (P_t - P_{t-1})/P_{t-1}$，市场收益率和证券收益率为：

```
import pandas as pd
from pandas import Series
from numpy import *
r=pd.Series([0.022436,-0.01881,0.00639])
rm=pd.Series([0.066667,0.125,0.166667])
```

```
rf=0.06
ecapm(r,rm,rf)
```

得到如下结果：

```
Out[16]: 0.048374861278461218
```

例3：银行存款利率为 0.04，市场组合的期望收益率为 0.12，市场组合的方差为 0.0008，有一只股票 X，它与市场组合之间的协方差为 0.001，问 X 的期望收益率是多少？

先算 β_{iM} =0.001/0.0008=1.25

代入 $E(r_i) = \beta_{iM}[E(r_M) - r_f] + r_f = 1.25 \times (0.12 - 0.04) + 0.04 = 0.14$

因此股票 X 的期望收益率是 0.14。

如果今年 X 的股价是 50 元，问明年定价 57 元合适吗？

$$50 \times (1 + 0.14) = 57$$

所以 57 元在明年是一个合适的公平价格。

证券市场线的 Python 语言代码如下：

```
rf=0.04;ErM=0.12;cov=0.001;var=0.0008
beta=cov/var
r=rf+beta*(ErM-rf)
rr=50*(1+r)
print rr
57.0
```

下面不加证明地给出 Black 资本资产定价模型(也称零贝塔模型)。

定理 2(Black CAPM)：假设市场上没有无风险资产，则当市场达到均衡时，任意风险资产的收益率为

$$\vec{e} = E(r_Z)\vec{1} + \vec{\beta}_M[E(r_M) - E(r_Z)] \tag{6-7}$$

其中 r_Z 是与市场资产组合零贝塔相关的资产组合的收益率。

6.4 价格型资本资产定价模型及其 Python 应用

标准资本资产定价模型经过适当变形，可以得到价格形式。

假设市场上第 i 种资产期末的价格是 P_i，当前的价格是 P_{i0}，其收益率为

$$r_i = \frac{P_i - P_{i0}}{P_{i0}} = \frac{P_i}{P_{i0}} - 1 \tag{6-8}$$

同样市场资产组合收益率为

$$r_M = \frac{P_M - P_{M0}}{P_{M0}} = \frac{P_M}{P_{M0}} - 1 \tag{6-9}$$

其中 P_{M0} 是市场资产组合的当前值，P_M 是市场组合的期末值。

将式(6-8)，式(6-9)代入式(6-6)

$$\frac{\bar{P}_i}{P_{i0}} - 1 - r_f = \frac{\text{cov}(r_i, r_M)}{\text{var}(r_M)}\left(\frac{\bar{P}_M}{P_{M0}} - 1 - r_f\right) \tag{6-10}$$

式中：$\bar{P}_i$——第 i 种资产收益率的均值；

$\bar{P}_M$——市场组合收益率的均值。

将 $\text{cov}(r_i, r_M)$ 写成价格形式

$$\text{cov}(r_i, r_M) = E\left[\frac{P_i}{P_{i0}} - 1 - \left(\frac{\bar{P}_i}{P_{i0}} - 1\right)\right]\left[\frac{P_M}{P_{M0}} - 1 - \left(\frac{\bar{P}_M}{P_{M0}} - 1\right)\right] = \frac{1}{P_{i0}P_{M0}}\text{cov}(P_i, P_M)$$

$$\text{var}(r_M) = \frac{1}{P_{M0}^2}\text{var}(P_M)$$

将这些结果代入式(6-10)，有

$$\frac{\bar{P}_i}{P_{i0}} - 1 - r_f = \frac{\frac{1}{P_{i0}P_{M0}}\text{cov}(P_i, P_M)}{\frac{1}{P_{M0}^2}\text{var}(P_M)}\left(\frac{\bar{P}_M}{P_{M0}} - 1 - r_f\right)$$

$$= \frac{P_{M0}\text{cov}(P_i, P_M)}{P_{i0}\text{var}(P_M)}\left(\frac{\bar{P}_M}{P_{M0}} - 1 - r_f\right)$$

上式两边同乘以 P_{i0}，得

$$\bar{P}_i = (1 + r_f)P_{i0} + \frac{\text{cov}(P_i, P_M)}{\text{var}(P_M)}[\bar{P}_M - (1 + r_f)P_{M0}]$$

解出 P_{i0}，得

$$P_{i0} = \frac{1}{1 + r_f}\left\{\bar{P}_i - \frac{\text{cov}(P_i, P_M)}{\text{var}(P_M)}[\bar{P}_M - (1 + r_f)P_{M0}]\right\}$$

这就是价格型的资本资产定价模型。它可以直接给出某一时刻风险资产的价格。

编写 Python 语言函数如下：

```
def pcapm(p,pm,rf,pm0):
    apm=mean(pm)
    api=mean(p)
    pre=0.00
    pbeta=cov(p,pm)[0,1]/var(pm)
    pre=(api-(apm-(1+rf)*pm0)*pbeta)/(1+rf)
    return pre
```

例 4：假设市场资产组合时间序列值分别为 1500，1600，1800，2100；证券价格的时间序列值分别是 6.24，6.38，6.26，6.30。设无风险利率是 0.06，试求该证券的购买价格。

调用价格型资本资产定价模型的 Python 语言函数如下：

```
import pandas as pd
from pandas import Series
from numpy import *
p=pd.Series([6.24,6.38,6.26,6.30])
pm=pd.Series([1500,1600,1800,2100])
rf=0.06
pm0=1500
pcapm(p,pm,rf,pm0)
```

得到如下结果：

```
Out[20]: 5.9377208745133281
```

该函数直接给出了该资产的理论价格是 5.93772，参考这个价格并根据资产的市场价格，可判断是否应该投资。

6.5 资本资产定价模型检验的 Python 应用

使用资本资产定价模型的关键在于估计斜率(β 值)。因为在现实中,收益率的方差和协方差的准确数值是根本不可能知道的,通过方差和协方差来计算斜率是行不通的。还好,这些斜率可以作为线性回归的参数来估计。并且可以通过参数估计来检验资本资产定价模型的合理性。

例 5:我们用标准普尔 500 作为市场投资组合,考虑与微软公司股票收益率的线性关系。股票的价格通过 Python 语言的 pandas.io.data 程序包,在线读取 2008-1-1 到 2015-1-1 之间 7 年的天数据。将价格转换成收益率十分简单,只要使用 Python 代码:

```
market_returns = market_price.pct_change()
```

线性回归模型是通过 Python 语言 statsmodels.api 中的函数 sm.OLS(y, X)计算的。可以看到,数值 7.504e-05 是模型截距的估计值,数值 0.9186 是我们所需模型斜率的估计值。从理论上讲,资本资产定价模型的截距参数是基本上等于 0 的。而且这里的截距 7.504e-05 也非常小,与理论相符。通常在统计学中需要使用 p-value=0.000 来检验参数的显著性,但是在这里我们使用了近 2000 个样本,解释 p-value 已毫无意义。

使用斜率的估计值,可以帮助我们计算微软股票的收益率均值。通过截距可以获得更多信息:如果截距不为 0,从资本资产定价模型的角度说明,股票的定价不恰当;如果截距大于 0,说明期望收益率太高,股价定价太低,这是一种资产值得买入的标志。但我们也需要小心,当估计的截距不接近 0,也可能是因为我们选择的市场组合不是处在边界上(即不是有效的)。当资本资产定价模型得到了非常出色的结果,截距、斜率的估计值全都与理论相符,这也只能说明我们选择的市场组合处在边界上,我们根本不可能知道它是否是一个有效组合。

资本资产定价模型的斜率估计的 Python 代码如下:

```
import pandas.io.data as web
from pandas import DataFrame
import statsmodels.api as sm
data_feed = {}
data_feed[1] = web.get_data_yahoo('MSFT', '1/1/2008', '1/1/2015')
price = DataFrame({tic: data['Adj Close'] for tic, data in data_feed.iteritems()})
#微软收盘价转为收益率
msreturns = price.pct_change()
market_data_feed = {}
market_data_feed[1] = web.get_data_yahoo('SPY', '1/1/2008', '1/1/2015')
market_price = DataFrame({tic: data['Adj Close'] for tic, data in market_data_feed.iteritems()})
#市场指数收盘价转为收益率
market_returns = market_price.pct_change()
#数据清理
msr=msreturns.dropna()
market=market_returns.dropna()
X = sm.add_constant(market)
y=msr
model = sm.OLS(y, X)
```

```
fit = model.fit()
print fit.summary()
```

得到如下结果：

```
                            OLS Regression Results
==============================================================================
Dep. Variable:                      1   R-squared:                       0.502
Model:                            OLS   Adj. R-squared:                  0.501
Method:                 Least Squares   F-statistic:                     1771.
Date:                Thu, 16 Feb 2017   Prob (F-statistic):          2.22e-268
Time:                        09:29:15   Log-Likelihood:                 5120.7
No. Observations:                1762   AIC:                         -1.024e+04
Df Residuals:                    1760   BIC:                         -1.023e+04
Df Model:                           1
Covariance Type:            nonrobust
==============================================================================
                 coef    std err          t      P>|t|      [95.0% Conf. Int.]
------------------------------------------------------------------------------
const       7.504e-05      0.000      0.238      0.812        -0.001      0.001
1              0.9186      0.022     42.081      0.000         0.876      0.961
==============================================================================
Omnibus:                      386.042   Durbin-Watson:                   1.966
Prob(Omnibus):                  0.000   Jarque-Bera (JB):             8770.522
Skew:                          -0.438   Prob(JB):                         0.00
Kurtosis:                      13.895   Cond. No.                         69.2
```

思 考 题

1. 如果 $r_f = 6\%$，$E(r_M) = 14\%$，$E(r_P) = 18\%$ 的资产组合的 β 值等于多少？

2. 一证券的市场价格为 50 美元，期望收益率为 14%，无风险利率为 6%，市场风险溢价为 8.5%。如果这一证券与市场资产组合的协方差加倍（其他变量保持不变），该证券的市场价格是多少？假定该股票预期会永远支付固定红利。

3. 假定你是一家大型制造公司的咨询顾问，考虑以下税后现金流的项目(单位：100 万美元)

年 份	税后现金流
0	-40
1～10	15

项目的 β 值为 1.8。假定 $r_f = 8\%$，$E(r_M) = 16\%$，项目的净现值是多少？在其净现值变成负数之前，项目可能的最高 β 估计值是多少？

第 7 章 指数模型及其 Python 应用

【本章精粹】

本章针对均值方差模型所存在的缺点,介绍单指数模型,并讨论指数模型环境下是如何分散风险的,最后讨论指数模型的证券特征线的估计及其 Python 应用。

7.1 单指数模型

在马柯维茨的均值-方差模型的讨论中，各资产间的协方差我们可以作任何假定，它们可以是由资产间存在的任意数量和种类的关系产生，而且在计算风险时所用的公式 $\sigma^2(r_P) = X^T V X$ 中，我们必须对所选择的资产间的协方差进行估计。如果资产数目太大，我们就必须进行大量的协方差估计，使得在计算任一给定投资组合的方差时，需要花费大量时间。

在 $E(r_P) = \sum_{i=1}^{n} x_i E(r_i)$，$\sigma_P^2 = \sum_{i=1}^{n} x_i^2 \sigma_i^2 + \sum_{i=1}^{n}\sum_{k=1,k\neq i}^{n} x_i x_k \rho_{ik} \sigma_i \sigma_k$ 公式中，如果投资者考虑的是由 n 种资产构成的组合，那么在求解有效资产组合时，需要掌握三个方面的基本数据：

(1) 每一资产的平均收益率 $E(r_i)$，共需 n 个；
(2) 每一资产收益方差 σ_i^2，共需 n 个；
(3) 每一对资产之间的相关系数 ρ_{ik}，共需 n*(n-1)/2 个。

总计需要 2n+n*(n-1)/2 个基础性数据。对于每天追踪 30～50 种股票的投资机构来说，每天需要处理 495～1325 个数据；对于每天追踪 150～250 种股票的投资机构来说，每天需要处理 11475～31625 个数据；显然，这对各种投资者来说都是一件非常耗时的事情。那么，如何使投资组合理论和方法有效实用、简便易行、真正为金融财务工作者服务，就成了金融财务经济学家极为关心的问题。单指数模型能帮助我们克服这一困难，使得确定投资组合的方差计算过程变得简单。

在股票市场中，我们发现，当市场投资组合(如股票市场指数)的收益率显著上升或下降时，几乎所有股票的收益率都随之上升或下降。虽然可能有一些股票的收益率比另一些股票的收益率上升或下降得要快，但总的来说都是呈相同趋势变化。这意味着，市场投资组合收益率的变化能充分反映各种资产的共同变化趋势。因此对各个资产收益率之间的协方差的计算，可以用每一资产收益率与市场投资组合收益率之间的协方差代替。单指数模型就是在假定资产的收益率只受市场投资组合即单指数收益率的影响下确定投资组合的权重。

设资产的收益率具有简单的线性结构，即其收益率 r 和市场投资组合收益率 r_M 具有关系式

$$r_i = \alpha_i + \beta_i r_M + e_i$$

其中 α，β 为待估参数，e 为残差。

假定市场中有 n 种资产，则按上述结构，第 i 种资产的收益率满足

$$r_{it} = \alpha_i + \beta_i r_{Mt} + e_{it}, \quad i=1,2,\cdots,n; \quad t=1,2,\cdots,N$$

在单指数模型的讨论中，假定影响各个资产收益率的因素有两类：

第一类为宏观因素。例如通货膨胀率、主要利率的变化、就业率等，在任何情况下，这些因素的影响都是相当大的，几乎所有企业、所有公司都不同程度地受到它们的影响，会引起资产价格总体水平的变化，再通过市场的推动，会影响到市场投资组合收益率水平，进而影响到各资产的收益率。因此宏观因素影响整个市场的收益率。

第二类为微观因素。例如一种新产品的推出或老产品的淘汰、局部地区或一个公司主要领导的变化，它们都只对个别企业或公司产生影响而不会影响到市场投资组合的收益率，

从而使个别资产的收益率偏离市场特征线，出现残差。所以微观因素仅影响个别资产的收益率。

其他类型的因素在单指数模型中不予考虑。例如行业因素，某些事件对某一行业内的所有企业产生影响，但却不足以影响到整个经济形势或市场投资的收益率。虽然这类因素也能引起残差，但我们假定残差只由微观因素所致。从而我们有如下假设，对资产 $i,j=1,2,\cdots,n$，有

$$\text{cov}(e_i, e_j) = 0, (i \neq j)$$

同时我们还假定

$$E(e_i) = 0 \tag{7-1}$$

$$\text{cov}(e_i, e_M) = 0 \tag{7-2}$$

式(7-1)说明在任一时期残差可能为正，也可能为负，但期望值为零。

式(7-2)说明资产残差与市场投资组合收益率不相关，即它与市场投资组合是多头或空头(销售方)无关，不因为市场投资组合为多头(购入方)而成正值，也不因为市场投资组合为空头而为负值。

由单指数模型结构假设 $r_{it} = \alpha_i + \beta_i r_{Mt} + e_{it}$ 和以上各项假设有

$$E(r_i) = \alpha_i + \beta_i E(r_M) \tag{7-3}$$

由 $r_i = \alpha_i + \beta_i r_M + e_i$ 和式(7-3)可得

$$r_i = E(r_i) + \beta_i [r_M - E(r_M)] + e_i = E(r_i) + \beta_i m + e_i$$

即：$r_i = E(r_i) + \beta_i m + e_i$

这是指数模型的另一种假设，即任意资产的收益率由期望收益率和非期望收益率组成。在下一章的套利定价理论假设中，我们要将这里的 m 替换成 F。

$$\begin{aligned}\sigma^2(r_i) &= E[r_i - E(r_i)]^2 = E[\beta_i(r_M - E(r_M)) + e_i]^2 \\ &= \beta_i^2 \sigma^2(r_M) + \sigma^2(e_i)\end{aligned} \tag{7-4}$$

$$\begin{aligned}\text{cov}(r_i, r_j) &= E[r_i - E(r_i)][r_j - E(r_j)] \\ &= E\{(\beta_i[r_M - E(r_M)] + e_i)(\beta_j[r_M - E(r_M)] + e_j)\} \\ &= \beta_i \beta_j \sigma^2(r_M)\end{aligned} \tag{7-5}$$

$$\begin{aligned}\text{cov}(r_i, r_M) &= E[r_i - E(r_i)][r_M - E(r_M)] \\ &= E\{\beta_i[r_M - E(r_M)] + e_i\}[r_M - E(r_M)] \\ &= \beta_i \sigma^2(r_M)\end{aligned} \tag{7-6}$$

从而

$$\beta_i = \frac{\text{cov}(r_i, r_M)}{\sigma^2(r_M)} \tag{7-7}$$

式(7-3)给出了资产 i 的特征方程，式(7-7)表明特征方程中的 β 系数即模型结构中 r_M 的系数恰好为资产 i 的风险 β 系数。式(7-4)给出了资产 i 收益率的方差，它刻画出了资产 i 的风险，式(7-4)右边的第一项称为资产投资的系统风险。可以看作是与整个市场组合有关的风险。它是由市场投资组合中各资产的风险共同作用产生的，是所有资产无法避免的风险。式(7-4)右边第二项称为残差方差或非系统风险，可以看作是由微观因素所带来的风险，它仅影响到个别资产，是可以通过投资组合而消去的风险。因此式

(7-4) $\sigma^2(r_i) = \beta_i^2 \sigma^2(r_M) + \sigma^2(e_i)$ 表明：

$$\text{资产总体风险} = \text{系统风险} + \text{非系统风险}$$

另外，系统风险本身是两项之积，第一项是资产的 β 因子，它表示资产收益率随市场投资组合的变动而受影响的程度，第二项是市场投资组合收益率的方差，表示市场投资组合收益率的变化幅度。第二项非系统风险，即残差方差，表示资产收益率由于偏离了特征线而引起的那部分方差的大小。在单指数模型的假设下，资产收益率的总体方差来自两部分：一部分是特征线的变动(即系统风险)，另一部分是各点偏离特征线的程度(即非系统风险)。

下面考虑在单指数模型下投资组合的结构。

设满足单指数模型的 n 种资产的投资组合，则投资组合仍有单指数结构：

$$r_P = \sum_{i=1}^{n} x_i r_i = \sum_{i=1}^{n} x_i \alpha_i + \left(\sum_{i=1}^{n} x_i \beta_i\right) r_M + \sum_{i=1}^{n} x_i e_i \tag{7-8}$$

$$E(r_P) = \sum_{i=1}^{n} x_i E(r_i) = \sum_{i=1}^{n} x_i \alpha_i + \left(\sum_{i=1}^{n} x_i \beta_i\right) E(r_M) + \sum_{i=1}^{n} x_i E(e_i)$$

简写为： $R_P = \alpha_P + \beta_P R_M + e_P$

$$\beta_P = \text{cov}(r_P, r_M) / \sigma^2(r_M) = \text{cov}\left(\sum_{i=1}^{n} x_i r_i, r_M\right) / \sigma^2(r_M)$$

$$= \sum_{i=1}^{n} x_i \text{cov}(r_i, r_M) / \sigma^2(r_M) = \sum_{i=1}^{n} x_i \beta_i \tag{7-9}$$

由 $\text{cov}(e_i, e_j) = 0 (i \neq j)$ 和式(7-1)，式(7-2)，有

$$\sigma^2(r_P) = \sigma^2 \left[\sum_{i=1}^{n} x_i \alpha_i + \left(\sum_{i=1}^{n} x_i \beta_i\right) r_M + \sum_{i=1}^{n} x_i e_i\right]$$

$$= \left(\sum_{i=1}^{n} x_i \beta_i\right)^2 \sigma^2(r_M) + \sum_{i=1}^{n} x_i^2 \sigma^2(e_i) \tag{7-10}$$

在单指数模型下，式(7-8)表明投资组合仍具有同类的单指数结构，式(7-9)表明投资组合的 β 因子为各资产 β 因子的加权平均，而式(7-10)表明投资组合的方差(风险)与单种资产类似，仍由两部分构成，第一项是由市场投资组合方差反映的系统性风险，第二项反映的是组合中各资产非系统风险的加权平均(以 x_i^2 为权重)。

通过以上讨论，在单指数模型下，马柯维茨组合投资模型为

$$\min \sigma^2(r_P) = \left(\sum_{i=1}^{n} x_i \beta_i\right)^2 \sigma^2(r_M) + \sum_{i=1}^{n} x_i^2 \sigma^2(e_i) \tag{7-11}$$

$$\text{s.t.} \begin{cases} \sum_{i=1}^{n} x_i = 1 \\ E(r_P) = \sum_{i=1}^{n} x_i E(r_i) = \sum_{i=1}^{n} x_i \alpha_i + \left(\sum_{i=1}^{n} x_i \beta_i\right) E(r_M) \end{cases}$$

根据上面的公式可知，利用单指数模型进行资产组合，所需要的估计量如下：

(1) n 个市场风险敏感测度 β_i；

(2) n 个独立的风险指标 $\sigma^2(e_i)$；

(3) n 个与市场指数无关的平均收益率 α_i；
(4) 1 个市场组合平均收益率 $E(r_M)$；
(5) 1 个市场组合风险指标 $\sigma^2(r_M)$。

总计需要 $3n+2$ 个基本数据。这样，对于每天追踪 30～50 种股票的投资者，每天需要收集处理 92～152 个数据；对于每天追踪 150～250 种股票的机构投资者来说，每天仅需要收集处理 452～752 个数据即可。这与马柯维茨组合投资模型相比，该模型所需要估计的数值大为减少，它只需要估计各资产的 α_i 值、β_i 值、残差方差 $\sigma^2(e_i)$ 及市场投资组合的预期收益率 $E(r_M)$ 和方差 $\sigma^2(r_M)$，这比估计各资产之间的协方差的工作量少一个数量级。但该模型的精确度不如马柯维茨组合投资模型，它依赖于各资产收益率的单指数结构假设的合理性。

7.2 指数模型与分散化

由 $R_i = \alpha_i + \beta_i R_M + e_i$（$R_i, R_M$ 为超额收益率，即 $R_i = r_i - r_f, R_M = r_M - r_f$）可知：
$$R_P = \alpha_P + \beta_P R_M + e_P$$

现在要说明的是随着投资组合数量的增加，由非市场因素引起的投资组合风险变小了，而市场因素不变。

以等权重投资组合为例，权重 $x_i = 1/n$，则
$$R_P = \sum_{i=1}^{n} x_i R_i = 1/n \sum_{i=1}^{n} r_i = 1/n \sum_{i=1}^{n} \alpha_i + \left(1/n \sum_{i=1}^{n} \beta_i\right) R_M + 1/n \sum_{i=1}^{n} e_i$$

将 $R_P = \alpha_P + \beta_P R_M + e_P$ 与上式比较，发现：

非市场成分的敏感度：$\alpha_P = 1/n \sum_{i=1}^{n} \alpha_i$

投资组合对市场成分的敏感度：$\beta_P = 1/n \sum_{i=1}^{n} \beta_i$

零均值变量：
$$e_P = 1/n \sum_{i=1}^{n} e_i$$
$$\sigma_P^2 = \beta_P^2 \sigma_M^2 + \sigma^2(e_P)$$

其中 $\beta_P^2 \sigma_M^2$ 取决于 β_P 和 σ_M^2，不受投资组合分散化的影响。
$$\sigma^2(e_P) = \sum_{i=1}^{n} \left(\frac{1}{n}\right)^2 \sigma^2(e_i) = \frac{1}{n} \bar{\sigma}^2(e)$$

$\bar{\sigma}^2(e)$ 是公司特有成分方差的平均值，当 n 很大时，$\sigma^2(e_P)$ 趋于 0。

总之，随着分散化程度的增加，投资组合的总方差会接近系统风险。

7.3 指数模型的证券特征线估计的 Python 应用

给定 ABC 公司超额收益率的若干历史样本，将 $R_i = \alpha_i + \beta_i R_M + e_i$ 运用于 ABC 公司就可以得到如下的回归方程：

投资学及其 Python 应用

$$R_{ABC} = \alpha_{ABC} + \beta_{ABC} R_{HS300} + e_{ABC}$$

还可以得到此回归方程的拟合度 $R_{ABC}^2 = \dfrac{\beta_{ABC}^2 \sigma_{HS300}^2}{\beta_{ABC}^2 \sigma_{HS300}^2 + \sigma^2(e_{ABC})}$

式中：$\beta_{ABC}^2 \sigma_{HS300}^2$ ——公司 ABC 的系统风险；

$\sigma^2(e_{ABC})$ ——公司 ABC 的非系统风险(公司的特有风险)。

例：有表 7-1 的数据样本。

表 7-1 市场组合与证券 1，2，3，4 数据样本

日期	市场组合	证券 1	证券 2	证券 3	证券 4
	rMt	r1t	r2t	r3t	r4t
1	0.0123424	0.0119892	0.0235732	0.0200568	0.0060976
2	-0.046799	-0.037532	-0.02174	-0.010379	-0.010695
3	0.0350208	0.0056085	0.0091158	0.0253579	0.0212774
4	-0.007361	-0.007861	-0.00546	-0.011015	-0.028988
5	-0.008848	-0.025115	-0.064052	-0.014343	-0.075538
6	0.0017187	0.009206	0.0038835	-0.076704	0.0066556
7	0.0206777	0.0707477	0.0800427	0.0580727	0.1008728
8	-0.005059	-0.017223	-0.005381	-0.006563	-0.022745
9	-0.026554	-0.062731	-0.080492	-0.111322	-0.08145
10	0.0092167	0.0126366	0.0096994	0.0164237	-0.025275
11	0.0040057	0.0214576	0.0172253	0.0303053	0.0152416

对市场组合和证券 1 作回归。

先在目录 G:\2glkx\data 下建立 tz7-1.xlsx 数据文件后，取数的命令如下：

```
import pandas as pd
import numpy as np
#读取数据并创建数据表,名称为data。
data=pd.DataFrame(pd.read_excel('F:\\2glkx\\data\\tz7-1.xlsx'))
#查看数据表前 5 行的内容
data.head()
```

对表 7-1 中的 r1t,rMt 两列的数据进行回归分析，输入如下代码：

```
import statsmodels.api as sm
import pandas as pd
import numpy as np
x = np.array(data[['rMt']])
y = np.array(data[['r1t']])
# model matrix with intercept
X = sm.add_constant(x)
#least squares fit
model = sm.OLS(y, X)
fit = model.fit()
print fit.summary()
```

得到如下结果：

```
                            OLS Regression Results
==============================================================================
Dep. Variable:                      y   R-squared:                       0.557
Model:                            OLS   Adj. R-squared:                  0.507
Method:                 Least Squares   F-statistic:                     11.30
Date:                Thu, 16 Feb 2017   Prob (F-statistic):            0.00837
Time:                        10:07:44   Log-Likelihood:                 26.294
No. Observations:                  11   AIC:                            -48.59
Df Residuals:                       9   BIC:                            -47.79
Df Model:                           1
Covariance Type:            nonrobust
==============================================================================
                 coef    std err          t      P>|t|      [95.0% Conf. Int.]
------------------------------------------------------------------------------
const         -0.0005      0.007     -0.064      0.950        -0.017      0.016
x1             1.1704      0.348      3.361      0.008         0.383      1.958
==============================================================================
Omnibus:                        0.763   Durbin-Watson:                   2.191
Prob(Omnibus):                  0.683   Jarque-Bera (JB):                0.195
Skew:                           0.318   Prob(JB):                        0.907
Kurtosis:                       2.849   Cond. No.                         47.1
==============================================================================
```

通过观察上面的结果，可以看出模型的 F 值为 11.30，P 值为 0.008，说明该模型整体上是显著的。模型的可决系数 R-squared= 0.557，修正的可决系数 Adj. R-squared=0.507，说明模型的解释能力是比较好的。

从上述结果可以看出，$r_1 = \alpha_1 + \beta_1 R_M + e_1 = -0.0005 + 1.1704 + e_1$。

可见，$\alpha_1 = -0.0005$；$\beta_1 = 1.1704$。

对于证券 2、证券 3、证券 4 可做类似的讨论。

思 考 题

1. 假设用指数模型估计的股票 A 和股票 B 的超额收益的结果如下：
$R_A = 1.0\% + 0.9 R_M + e_A$
$R_A = -2.0\% + 1.1 R_M + e_B$
$\sigma_M = 20\%, \quad \sigma(e_A) = 30\%, \quad \sigma(e_B) = 10\%$
计算每只股票的标准差和它们之间的协方差。

2. 对股票 A 和股票 B 分析估计的指数模型结果如下：
$R_A = 0.12 + 0.6 R_M + e_A$ $\quad R_B = 0.04 + 1.4 R_M + e_B$
$\sigma_M = 0.26$ $\quad \sigma(e_A) = 0.20$ $\quad \sigma(e_B) = 0.10$

(1) 股票 A 和股票 B 收益之间的协方差是多少？
(2) 每只股票的方差是多少？
(3) 将每只股票的方差分类到系统风险和公司特有风险中。
(4) 每只股票和市场指数的协方差是多少？
(5) 两只股票的相关系数是多少？

3. 在一个只有两种股票的资本市场上，股票 A 的资本是股票 B 的两倍。A 的超额收益的标准差为 30%，B 的超额收益的标准差为 50%。两者超额收益的相关系数为 0.7。

(1) 市场指数资产组合的标准差是多少？

(2) 每种股票的 β 值是多少？

(3) 每种股票的残差标准差是多少？

(4) 如果指数模型不变，股票 A 预期收益超过无风险收益率 11%，市场资产组合投资的风险溢价是多少？

第 8 章　套利定价理论及其应用

【本章精粹】

CAPM 模型刻画了均衡状态下资产的预期收益率和相对市场风险之间的关系。然而 CAPM 模型成立需要有很多假设。20 世纪 70 年代 Ross 发展的套利定价理论比 CAPM 要简单。因此本章介绍套利定价理论及其应用，其主要假设有：①资产模型可用指数模型表示；②资本市场处于均衡状态；③投资者喜爱更多的财富而不是更少。

引例：某人 A 希望有人陪他抛硬币赌博，为此他提出这样的一个赌博方案：抛出正面给对方 100 元，抛出反面给对方 0 元。对其他人来说，这是没有任何投入就可得到非负收入，且有 50%概率得到正收入的投资机会。该方案对其他人来说，零成本、无风险、收益非负。

这样的情况会出现吗？如果 A 周围有许多人，则他们将相互竞争。如果某人 B 答应愿意按照 A 的方案陪他赌博；某人 C 可能提出对 A 较为有利的方案，比如：抛出正面，A 给他 50 元，抛出反面给对方 0 元；某人 D 可能提出对 A 更为有利的方案，比如：抛出正面，A 给他 30 元，抛出反面给对方 0 元；……依此类推，直到 A 给对方的钱降低为 0。即套利机会消失。

8.1 套利资产组合

根据"一个价格"的规律，同一种资产不可能在一个或 n 个市场中以两种不同的价格出售，不然会出现套利机会。

套利是利用相同的资产的不同价格赚取无风险利润，它是一种广泛应用的投资策略，就是以资产相对高的价格出售，同时以相对低的价格购买同一种资产。低价购买驱使资产价格上涨，高价出售驱使价格下跌，最后价格趋于相等，使获利机会消失。

套利定价理论假设资产收益率可以用指数模型(因子模型)来解释。首先假设它是单因子模型：

$$r_i = E(r_i) + b_i F + e_i, i = 1, 2, \cdots, n \tag{8-1}$$

这个假设在指数模型中是：$r_i = E(r_i) + \beta_i m + e_i$

式中：r_i ——资产 i 的收益率；

$E(r_i)$ ——资产 i 的预期收益率；

F ——资产 i 的公共因子，并且其期望值为 0；

b_i ——因子 F 的载荷(资产 i 对公共因子的灵敏度)；

e_i ——随机误差项，且 $E(e_i) = 0$，且与 F 不相关。

现在考虑由 3 种股票组合的套利资产组合(见表 8-1)。

表 8-1 股票数据表

i	$E(r_i)$(%)	b_i
股票 1	20	4
股票 2	15	2.5
股票 3	10	3

套利资产组合是预期收益率增加而风险没有增加。

首先，投资者不需要增加任何投资(初始投资为 0 的投资组合)。如果 x_i 表示在套利资产组合中资产 i 的权重变化，那么要求

$$x_1 + x_2 + x_3 = 0$$

其次，套利资产组合的因子 F 的载荷为 0，就是它不受因子风险的影响。它是资产载荷的加权平均和：

$$x_1b_1 + x_2b_2 + x_3b_3 = 0$$

由上例可得：

$$4x_1 + 2.5x_2 + 3x_3 = 0$$

假设股票 1 的资金比例增加 $x_1 = 0.05$，那么 $x_2 = 0.1$，$x_3 = -0.15$。它们是这个套利资产组合的权重。

最后，如果这种资产组合是套利资产组合，那么资产组合的预期收益率就必须是正数，即：

$$x_1E(r_1) + x_2E(r_2) + x_3E(r_3) > 0 \tag{8-2}$$

$$0.05 \times 20\% + 0.1 \times 15\% + (-0.15) \times 10\% = 1\% > 0$$

假定投资者持有这三种股票的市值为 100 万元，那么套利资产组合的市值为 300 万元。为了套利他可以出售股票 3

$$-0.15 \times 10\% \times 300 = -4.5 \text{万元}$$

购买股票 1

$$0.05 \times 20\% \times 300 = 3 \text{万元}$$

购买股票 2

$$0.1 \times 15\% \times 300 = 4.5 \text{万元}$$

其和为

$$1\% \times 300 = 3 \text{万元}$$

因此投资者可以在没有任何风险的情况下获得较高收益。它是非投资获利，没有因子风险且有正的预期收益。

如果式(8-2)是负的，只要改变权重 $w_i(i=1,2,3)$ 的符号，套利资产组合仍可得到正的预期收益。当式(8-2)等于 0 时，投资者没有套利机会。

8.2 单因子套利定价线

一般地，一个套利资产组合由 n 个风险资产组成，权重变化为 x_i $(i=1,2,\cdots,n)$。投资者没有使用其新的财富进行套利，因此套利资产组合要求无净投资(初始投资为 0 的投资组合)：

$$\sum_{i=1}^{n} x_i = 0$$

同时还要求套利资产组合充分多样化。

从式(8-1)：$r_i = E(r_i) + b_iF + e_i, i = 1,2,\cdots,n$ 可得

$$\sum_{i=1}^{n} x_i r_i = \sum_{i=1}^{n} x_i E(r_i) + \left(\sum_{i=1}^{n} x_i b_i\right) F + \sum_{i=1}^{n} x_i e_i$$

$$\approx \sum_{i=1}^{n} x_i E(r_i) + \left(\sum_{i=1}^{n} x_i b_i\right) F \tag{8-3}$$

当 n 很大，充分多样化的资产组合可以忽略非风险因子的影响。

如果还要求套利资产组合不受因子风险的影响，那么

$$\sum_{i=1}^{n} x_i b_i = 0 \tag{8-4}$$

将它代入式(8-3)可得

$$\sum_{i=1}^{n} x_i r_i \approx \sum_{i=1}^{n} x_i E(r_i)$$

因此，如果资产组合没有套利机会，就在均衡状态必须有：

$$\sum_{i=1}^{n} x_i E(r_i) = 0$$

投资者套利的目标是使套利组合的预期收益率最大化，即寻求以下优化问题的解：

$$\max \sum_{i=1}^{n} x_i E(r_i)$$

$$\text{s.t.} \begin{cases} \sum_{i=1}^{n} x_i = 0 \\ \beta_P = \sum_{i=1}^{n} x_i b_i = 0 \end{cases}$$

采用 Lagrange 乘数法，建立拉格朗日函数

$$L = \sum_{i=1}^{n} x_i E(r_i) - \lambda_0 \sum_{i=1}^{n} x_i - \lambda_1 \sum_{i=1}^{n} x_i b_i$$

要求 L 的最大值，应将其对 x_i 及 λ_0, λ_1 求偏导数并令其等于零，得如下方程组

$$\frac{\partial L}{\partial x_i} = E(r_i) - \lambda_0 - \lambda_1 b_i = 0, i = 1, \cdots, n \tag{8-5}$$

$$\frac{\partial L}{\partial \lambda_0} = \sum_{i=1}^{n} x_i = 0$$

$$\frac{\partial L}{\partial \lambda_1} = \sum_{i=1}^{n} x_i b_i = 0$$

从式(8-5)可以求出使套利组合收益率最大的 $E(r_i)$ 与 b_i 的关系

$$E(r_i) = \lambda_0 + \lambda_1 b_i, i = 1, \cdots, n \tag{8-6}$$

其中，λ_0, λ_1 为常数，它们表示在均衡状态下预期收益率和因子载荷的线性关系。这条直线叫作套利定价线，或叫 APT 资产定价线。

λ_0 是资产没有因子载荷($b_i = 0$)的收益率，它是无风险收益率，记作 r_f，那么式(8-6)可记为

$$E(r_i) = r_f + \lambda_1 b_i \tag{8-7}$$

至于 λ_1，可以考虑因子载荷为 1 的资产组合 P，就是

$$E(r_P) = r_f + \lambda_1 b_P$$

其中 $b_P = 1$，所以

$$\lambda_1 = E(r_P) - r_f$$

λ_1 是因子载荷为 1 的一种资产组合的超收益率——超过无风险利率的那部分，叫作因

子风险报酬或风险溢价。令 $\delta_1 = E(r_p)$，那么
$$\lambda_1 = \delta_1 - r_f \tag{8-8}$$
将式(8-8)代入式(8-7)得：
$$E(r_i) = r_f + (\delta_1 - r_f)b_i$$

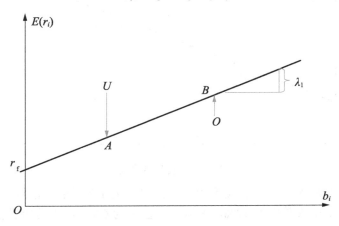

图 8-1 套利定价线

图 8-1 是套利定价线。根据套利定价理论，任何具有一个因子的载荷和预期收益率的资产不在套利定价线上，那么投资者就有构造套利资产组合的机会。图中资产 U 预期回报比资产 A 高。投资者可以购买资产 U 出售资产 A 构成一个套利资产组合。同样，可以出售资产 O 购买资产 B 构成一个套利组合。

因为套利不增加风险，投资者没有使用任何新的资金。同时，资产 U 和 A 以及资产 O 和 B 都有相同的因子载荷，这就使得构成的套利资产组合的因子载荷为 0，而且套利资产组合都有正的预期回报。由于买压使得资产 U 价格上升，卖压使得资产 O 价格下跌(因为期望收益=股息/价格，即 $E(r)=D/P$，根据期数无限的股息贴现模型计算得到)，最后达到 A 和 B，套利机会消失。

在前面的 3 种股票的构成的套利资产组合的例子中，假设 $\lambda_0 = 5$，$\lambda_1 = 2$，因此，定价方程为
$$E(r_i) = 5 + 2b_i$$
3 种股票的预期收益率为
$$E(r_1) = 5 + 2 \times 4 = 13(\%)$$
$$E(r_2) = 5 + 2 \times 2.5 = 10(\%)$$
$$E(r_3) = 5 + 2 \times 3 = 11(\%)$$

在图 8-2 中分别用 A，B，C 表示。股票 1、股票 2、股票 3 的预期收益率原来都不在套利定价线上，因而可以构成套利资产组合，但由于买压和卖压的影响，最终趋于均衡。

由于 $\lambda_0 = 5$，$\lambda_1 = 2$，即 $r_f = 5$，根据 $\lambda_1 = \delta_1 - r_f$ 可得 $\delta_1 = \lambda_1 + r_f = 7$，它表示公共因子的载荷为 1 的资产组合的预期收益率为 7%。

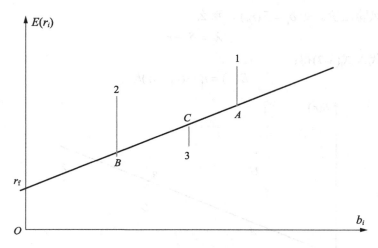

图 8-2 套利定价线

例 1：考虑单因素 APT 模型，资产组合 a 的 β 值为 1.0，期望收益率为 16%，资产组合 b 的 β 值为 0.80，期望收益率为 12%，无风险收益率为 6%。如果希望进行套利，那么投资者应如何进行投资？

解：可以通过卖空资产组合 b，所得到的资金用来构建一个与 b 组合相同风险而收益又高的新组合 $C=a+f$，$\beta_C=0.8$，期望收益率为 14%，那么投资者就可以获利 2%。

让组合 C 和组合 b 的 β 值相同，然后比较两者的收益的差。

$$\beta_C = w_1\beta_f + w_2\beta_a = w_1 \times 0 + w_2 \times 1 = 0.8$$
$$w_1 + w_2 = 1$$
$$w_2 = 0.8, w_1 = 0.2$$
$$R_C = w_1 r_f + w_2 E(r_a) = 0.2 \times 6\% + 0.8 \times 16\% = 14\%$$
$$R_C - R_b = 14\% - 12\% = 2\%$$

例 2：假设市场指数是充分分散的投资组合，其期望收益率为 10%，收益偏离期望的离差 r_M 为 10% 可视为系统风险。无风险利率为 4%。对于一个充分分散的投资组合 G，其 β 值为 1/3，期望收益率为 5%，是否存在套利机会？若存在，套利的策略是什么？计算出这种策略在零净投资的条件下无风险收益的结果。

解：证券市场现表明：这个投资组合的期望收益应该为 4%+1/3(10%-4%)=6%。实际期望收益只有 5%，表明这个股票收益率被低估，因而存在套利机会。

构建新的投资组合 C 与 G 的 β 值相同，即 $\beta_C = x_f\beta_f + x_M\beta_M = \beta_G = 1/3$，可得 $x_M = 1/3$。

买 1 美元的如下投资组合：1/3 投资于股市，2/3 投资于无风险资产国库券。这个投资组合的收益为 $1/3 r_M + 2/3 r_f = 1/3 r_M + 2/3 \times 4\%$。

卖 1 美元投资组合 G，这种联合投资的净收益为：

$1[1/3 r_M + 2/3 \times 4\%]$ 买一个 1/3 投资于市场指数，投资于 2/3 国库券的投资组合。

$-1[5\% + 1/3(r_M - 10\%)]$ 卖一个期望收益为 5%，市场收益变化为 β 值的 1/3 的投资组合 G。

合计：1*0.01

1 美元的无风险利润精确等于期望收益偏离证券市场线的偏差。

8.3 套利定价的多因子模型

假定每种资产的收益率满足多因子模型
$$r_i = E(r_i) + b_{i1}F_1 + b_{i2}F_2 + \cdots + b_{ik}F_k + e_i, i=1,2,\cdots,n$$

式中：r_i ——资产 i 的收益率；

$E(r_i)$ ——资产 i 的预期收益率；

F_j ——资产 i 的第 j 公共因子，并且 $E(F_j)=0(j=1,\cdots,k)$；

b_{ij} ——资产 i 的第 j 公共因子的载荷；

e_i ——随机误差项，且 $E(e_i)=0$，且与 F_j 不相关，$j=1,\cdots,k$。

和单因子类似，因为是无风险套利，且不使用新的投资。假设 $w_i(i=0,\cdots,n)$ 是套利资产组合资产 i 的权重，那么要求

$$\sum_{i=1}^{n} x_i = 0$$

构成的资产组合

$$\sum_{i=1}^{n} x_i r_i = \sum_{i=1}^{n} x_i E(r_i) + \left(\sum_{i=1}^{n} x_i b_{i1}\right) F_1 + \left(\sum_{i=1}^{n} x_i b_{i2}\right) F_2 + \cdots + \left(\sum_{i=1}^{n} x_i b_{ik}\right) F_k + \sum_{i=1}^{n} x_i e_i$$

如果这种资产组合充分多样化，非因子影响可以忽略

$$\sum_{i=1}^{n} x_i r_i \approx \sum_{i=1}^{n} x_i E(r_i) + \left(\sum_{i=1}^{n} x_i b_{i1}\right) F_1 + \left(\sum_{i=1}^{n} x_i b_{i2}\right) F_2 + \cdots + \left(\sum_{i=1}^{n} x_i b_{ik}\right) F_k \tag{8-9}$$

因为套利资产组合没有因子风险，因此

$$\sum_{i=1}^{n} x_i b_{ij} = 0, j=1,2,\cdots,k$$

这 k 个等式成立。

$$\sum_{i=1}^{n} x_i r_i \approx \sum_{i=1}^{n} x_i E(r_i)$$

只有在 $\sum_{i=1}^{n} x_i E(r_i)=0$ 时，套利资产组合处于均衡状态，这时

$$E(r_i) = \lambda_0 + \lambda_1 b_{i1} + \lambda_2 b_{i2} + \cdots + \lambda_k b_{ik}, i=1,\cdots,n$$

和单因子类似，λ_0 是公共因子载荷 $b_{ij}=0(j=1,\cdots,k)$ 时的无风险利率，记作 r_f。λ_j 是第 j 个公共因子的风险报酬。令

$$\lambda_j = \delta_j - r_f$$

式中：δ_j ——所有其他公共因子的载荷为 0、因子 j 的载荷为 1 的一种资产组合上的期望收益率。因此 $E(r_i) = r_f + \lambda_1 b_{i1} + \lambda_2 b_{i2} + \cdots + \lambda_k b_{ik}, i=1,\cdots,n$ 可写为

$$E(r_i) = r_f + (\delta_1 - r_f)b_{i1} + (\delta_2 - r_f)b_{i2} + \cdots + (\delta_k - r_f)b_{ik}, i=1,\cdots,n$$

因此

资产 i 的预期收益率=无风险利率+$\sum_{j=1}^{k}$(因子 j 的风险报酬×资产 i 的因子 j 的载荷)

8.4 APT 与 CAPM 的一致性

根据 APT 的资产的预期收益率等于无风险利率加上 k 个因子报酬分别乘以这种资产的 k 个因子的载荷之和。在只有一个因子时，

$$E(r_i) = r_f + (\delta_1 - r_f)b_i$$

式中：δ_1——因子载荷为 1 的一种资产组合的预期回报。

在 CAPM 中没有要求预期回报满足因子模型：

$$E(r_i) = r_f + [E(r_M) - r_f]\beta_i$$

式中：$E(r_M)$——市场资产组合的预期回报。

比较上两式取 $\delta_1 = E(r_M)$，同时 b_i 代表 β_i，那么 APT 与 CAPM 一致。

然而，一般地，$\delta_1 \neq E(r_M)$，如果上两式还成立，b_i 和 β_i 有什么关系呢？

由 $r_i = E(r_i) + b_i F + e_i, i = 1, 2, \cdots, n$，资产 i 和市场资产组合 M 的协方差

$$\operatorname{cov}(r_i, r_M) = \operatorname{cov}[E(r_i) + b_i F + e_i, r_M]$$
$$= b_i \operatorname{cov}(F, r_M) + \operatorname{cov}(e_i, r_M)$$

$\operatorname{cov}(e_i, r_M)$ 很小，可以忽略。再根据 $\beta_i = \dfrac{\operatorname{cov}(r_i, r_M)}{\sigma_M^2}$ 可得 $\beta_i = \dfrac{\operatorname{cov}(F, r_M)b_i}{\sigma_M^2}$

把上式代入 $E(r_i) = r_f + [E(r_M) - r_f]\beta_i$ 得

$$E(r_i) = r_f + [E(r_M) - r_f]\frac{\operatorname{cov}(F, r_M)}{\sigma_M^2}b_i$$

和 $E(r_i) = r_f + \lambda_1 b_i$ 比较，可得

$$\lambda_1 = [E(r_M) - r_f]\frac{\operatorname{cov}(F, r_M)}{\sigma_M^2}$$

在 $E(r_i) = r_f + \lambda_1 b_i$ 中没有给出因子风险报酬 λ_1 的大小，但是如果 CAPM 还成立，那么 λ_1 必满足上式。

从 $\lambda_1 = [E(r_M) - r_f]\dfrac{\operatorname{cov}(F, r_M)}{\sigma_M^2}$ 可以看出，如果因子 F 和市场组合的回报正相关，风险溢价 $E(r_M) - r_f$ 和方差 σ_M^2 是正的，所以 λ_1 是正的，因此 λ_1 越大，资产 i 的预期回报越大。相反，如果因子 F 和市场组合的回报负相关，那么 λ_1 是负的，λ_1 绝对值越大，资产 i 的预期回报越小。

现在考虑 $E(r_i) = r_f + (\delta_1 - r_f)b_i$，假定它的因子是一个市场指数，比如 S&P500，这个指数与市场资产组合完全相关，并且市场指数与市场资产组合的回报和方差相等，那么 $\operatorname{cov}(F, r_M) = \sigma_F \sigma_M = \sigma_M^2$，那么 $\beta_i = b_i$，$\delta_1 = E(r_M)$，因此因子 S&P500 的载荷为 1 的资产组合的预期回报等于市场资产组合的预期回报。

所以，如果能找到一个市场指数与市场资产组合完全相关，并且方差相等，那么就可以用这个指数代替市场资产组合。然而市场资产组合是不可观测的，所以就不可能找到这样的替代变量。

如果 CAPM 模型成立，同时 APT 多因子模型成立。

类似地，由 $r_i = E(r_i) + b_{i1}F_1 + b_{i2}F_2 + \cdots + b_{ik}F_k + e_i, i=1,2,\cdots,n$ 可以得到

$$\operatorname{cov}(r_i, r_M) = b_{i1}\operatorname{cov}(F_1, r_M)F_1 + b_{i2}\operatorname{cov}(F_2, r_M) + \cdots + b_{ik}\operatorname{cov}(F_k, r_M) + \operatorname{cov}(e_i, r_M)$$

因为右边最后一项很小可省略，再由 $\beta_i = \dfrac{\operatorname{cov}(r_i, r_M)}{\sigma_M^2}$ 可得：

$$\beta_i = \frac{\operatorname{cov}(r_i, r_M)}{\sigma_M^2} = [b_{i1}\operatorname{cov}(F_1, r_M)F_1 + b_{i2}\operatorname{cov}(F_2, r_M) + \cdots + b_{ik}\operatorname{cov}(F_k, r_M)]/\sigma_M^2$$

代入 $E(r_i) = r_f + [E(r_M) - r_f]\beta_i$ 得到：

$$E(r_i) = r_f + [E(r_M) - r_f] \times [b_{i1}\operatorname{cov}(F_1, r_M)F_1 + b_{i2}\operatorname{cov}(F_2, r_M) + \cdots + b_{ik}\operatorname{cov}(F_k, r_M)]/\sigma_M^2$$

与 $E(r_i) = r_f + \lambda_1 b_{i1} + \lambda_2 b_{i2} + \cdots + \lambda_k b_{ik}, i=1,\cdots,n$ 比较得到：

$$\lambda_j = [E(r_M) - r_f]\frac{\operatorname{cov}(F_j, r_M)}{\sigma_M^2}, \quad j=1,2,\cdots,k$$

同样，λ_j 与 $\operatorname{cov}(F_j, r_M)$ 符号相同。如果因子 j 和市场证券组合的回报正相关，那么 λ_j 为正数；如果负相关，那么 λ_j 为负数。

8.5 APT 和 CAPM 的联系与区别

在单因子 APT 模型讨论中，已经看出在形式上，当取因子为投资组合时，APT 与 CAPM 有相同结果，即 APT 的定价模型恰好是 CAPM 中的证券市场线，二者是一致的，但这并不意味着 CAPM 模型是多因子 APT 模型的特殊(单因子)情形，实际上 Merton 于 1975 年和 Breeden 于 1979 年都讨论过 CAPM 的多因素模型。

在 APT 单因子模型中，如果选择的因子 I 并非市场投资组合，而得到单因子 APT 模型

$$\bar{r}_J = r_f + b_J(\bar{I} - r_f)$$

而 CAPM 得到的单因子模型(证券市场线)为

$$\bar{r}_J = r_f + \beta_J(\bar{r}_M - r_f)$$

这两个模型并不一致，但如果因子 I 与市场投资组合的收益率完全相关且同方差，则可以得出 $b_J = \beta_J$，这时可以以 I 因子替代市场投资组合。例如某一市场指数与市场投资组合收益率完全相关且同方差，则可以用该指数代替市场投资组合。

以上讨论的是 APT 模型与 CAPM 模型的联系，下面讨论两者之间的区别。

两者最大区别在于虽然模型的线性形式相同，但建模思想不同，CAPM 模型是建立在市场均衡的基础上，以存在市场投资组合为前提。假定投资者对市场中证券的收益率有相同的认识，即有相同的分布、均值、方差，只是各自的风险偏好不同，从而可以建立起最小方差集合、有效集合。每个投资者都建立有效的投资组合以分散非系统风险，并根据自己对风险的偏好在存在无风险利率时，建立无风险资产与市场投资组合的投资组合，导出每个证券的收益率与其风险 β 系数具有线性关系；而 APT 模型是建立在无套利均衡分析基础上的，它的出发点是通过少数投资者构造大额无风险套利头寸，迫使市场重建均衡，以消除市场无风险套利机会，导出单个证券收益率与其影响因子的影响程度 β 之间的线性关系。因此 APT 理论并不需要 CAPM 那么多关于市场的假设条件，也不需要 CAPM 关于证券收益率分布的假设，但 APT 模型中关于证券收益率的线性生成结构假设却是 CAPM 模型

所没有要求的。

8.6 关于模型的检验问题

APT 对 CAPM 提出的直接挑战是 CAPM 无法进行检验，其根源在于 CAPM 中的市场投资组合包括的资产范围太广，以至于无法通过观测取得其收益率。在模型的应用中，CAPM 常以某些市场综合指数近似代替市场投资组合，这样即使市场综合指数的收益率可以观测，其对模型的检验也很难对 CAPM 模型给出肯定或否定的结论。而 APT 模型的检验取决于因子的选择，通常在 APT 模型中选取的因子可以分为三类：

第一类是宏观经济因子，如 GDP、通货膨胀率、利率、工业生产指数等；
第二类是微观因子，如盈利增长率、股利增长率等；
第三类是市场因子，如一些市场指数或有关的 β 因子等。
只要选择的因子收益率可以观测，在相应地可以建立 APT 的检验。

例 3：假定市场可用表 8-2 所示的三种风险及相应的风险溢价进行描述。

表 8-2 因素风险溢价

因 素	风险溢价(%)
工业生指数 I	6
利率 R	2
消费者信心 C	4

如果某股票的收益率可以用下面的方程来确定：

$$r = 15\% + 1.0I + 0.5R + 0.75C + e$$

其中，I，R，C 为意外变化。如果国库券利率为 6%，使用套利定价理论确定该股票的均衡收益率。该股票价格是低估还是高估了？并解释原因。

解：$r = 15\% + 1.0I + 0.5R + 0.75C + e$
$E(r) = 6\% + 1.0 \times 5\% + 0.5 \times 2\% + 0.75 \times 4\% = 16\%$

股票实际的预期收益率 $E(r) = 15\%$，因为基于风险的要求收益率 16% 高于实际的预期收益率 15%，所以该股票定价过高。

思 考 题

1. 在多因素证券市场线中，假设现在股票的期望收益率为 10%，无风险利率为 4%。对于一个充分分散的投资组合 G，其 β 为 1/3，期望收益率为 5%，是否存在套利机会？若存在，套利的策略是什么？计算出这种策略在零净投资的条件下无风险收益的结果。

2. 假定一个多元投资组合 Z 的定价基础是两个因素。第一个因素的 β 是 1.10，第二个因素的 β 是 0.45，第一个因素的预期收益是 11%，第二个因素的预期收益是 17%，无风险利率是 5.2%。利用套利定价理论回答以下问题：

(1) 第一种因素的风险溢价是多少？

(2) 第二种因素的风险溢价是多少？
(3) 根据和第一种因素的关系，投资组合 Z 的风险溢价是多少？
(4) 根据和第二种因素的关系，投资组合 Z 的风险溢价是多少？
(5) 投资组合 Z 的整体风险溢价是多少？
(6) 投资组合 Z 的整体预期收益是多少？

3. 考虑下面的单因素经济体系的资料，所有资产组合均已充分分散化。

资产组合	$E(r)$	β
A	12%	1.2
F	6%	0.0

现假定另一资产组合 E 也充分分散化，β 为 0.6，期望收益率为 8%，是否存在套利机会？如果存在，则具体方案如何？

4. 假定 F1 与 F2 为两个独立的经济因素，无风险利率为 6%，并且所有的股票都有独立的企业特有(风险)因素，其标准差为 45%。考虑下面的单因素经济体系的资料，所有资产组合均已充分分散化。

资产组合	F1 的 β 值	F2 的 β 值	期望收益率(%)
A	1.5	2.0	31
B	2.2	−0.2	27

在这个经济体系中，确定期望收益-β 的关系。

第9章 有效市场假说

【本章精粹】

前面我们介绍的马柯维茨均值方差模型、资本资产定价模型、套利定价模型，以及后面要介绍的期权定价模型、期货定价模型等都是现代金融学最主要的模型，它们都假设人是理性的，基于人是理性的假设，对市场的有效性进行研究。所以，现代金融学所有模型基础假设是：(弱型)有效市场！

9.1 有效市场描述

当资产的价格反映金融市场的公共信息时,就存在一个有效市场。这意味着单种资产的市场价格会根据新的信息快速进行调整,结果造成资产价格围绕资产的内在价值上下波动。

如果你知道某家公司的信息比其他投资者早,可以在知道好消息的时候买进公司的股票,在知道坏消息的时候卖出公司的股票,从而获得超常利润。也可以将信息卖给其他投资者。

为了从市场交易中赚取利润而提供、研究、销售和使用信息的结果是使得市场成为有效的市场。

如果任何人都没有办法利用任何信息赚取超常利润,市场就是有效的。

当市场对于信息来说有效的时候,我们就说"价格反映了信息"。

对于公司和投资者来说,有效市场假说具有许多重要的含义:

因为价格及时地反映了新的信息,投资者将只能期望获得正常的收益率。

——等到信息披露后才知道信息对投资者没有任何用处。在投资者有时间根据它做出行动之前价格已经做出调整。

公司应该期望从它发行的证券中获得公允的价值(fair value)。公允意味着它们发行的证券所获得的价格是它的现值。因此,在有效市场上,通过愚弄投资者创造价值的融资机会不存在。

9.2 有效市场的三种形式

信息可以划分为以下三类:过去价格的信息、公开的信息、所有的信息。根据信息的类型,Fama 将市场有效性分为三个级别:

1. 弱型有效市场

弱型有效市场是指资本市场上证券的价格充分地包含和反映了其历史价格的信息。

弱型效率常常表示为:$P_t = P_{t-1} + $ 期望收益 + 随机误差

由于股票价格只是对新信息作出反应,根据定义,新信息的到来是随机的,股票价格被称为遵循随机走(random walk)。

如果我们能够从股票价格的历史信息中发现某种可以获得超常利润的趋势,那么每个人也能够做到,结果超常利润将在竞争中消失。

由于否认证券价格的历史变动信息可以用来预测其未来的变动规律,因此,我们也否认使用"技术分析"能够带来利润。

如果简单地通过发现股票价格变动的"模式"有可能赚大钱的话,每个人都将会这么做,利润将会由于竞争而消失。

2. 半强型有效市场(Semi-Strong Form Market Efficiency)

资本市场上证券的价格充分地反映了所有公开可得的信息。公开可得的信息包括:①历史的价格信息;②公布的财务报表;③年度报告中的信息。

第 9 章　有效市场假说

3. 强型有效市场(Strong Form Market Efficiency)

强型有效市场：资本市场上证券的价格充分地反映了所有相关的信息，包括公开的和内幕的信息。

强型效率宣称任何和股票有关的，并且至少一个投资者知道的信息也已经包含在证券的价格里。

强型有效市场包含弱型有效市场和半强型有效市场。

三类不同信息集之间的关系如图 9-1 所示。

图 9-1　三类不同信息集之间的关系

三种不同类型市场之间的关系如图 9-2 所示。

图 9-2　三种不同类型市场之间的关系

9.3 异常现象

市场有效性只是一种假说。小规模效应、反转效应、动量效应、P/E 效应以及 P/B 效应,在挑战市场有效性的同时,也给量化投资提供了机会。这些效应也可以提炼成量化因子。由此可以看到,量化因子是构建投资策略的关键点。

虽然市场的有效性多数时内部能够很好地解释市场行为,并且为资产相对合理地定价,但也有例外现象。如:

1. 小公司效应

1981 年,Benz 对所有在纽约证券交易所上市的股票收益情况进行了研究,他将公司按规模分成五组,发现最小规模组的平均年收益率比那些最大规模组的公司要高 19.8%,而且无论是在风险调整之前还是调整之后,小规模组的公司股票的收益率都系统地高于其他规模组。人们称这一现象为小公司效应(Small-firm effect)。

这就意味着:小公司具有可预见的相对高收益。

2. 一月份效应

Keim 等在 1983 年又分别证明了小公司效应在一月份最明显,特别是在一月的头两个星期,称为小公司一月份效应。

Keim 将公司按规模分成 10 组,比较了每月最小规模和最大规模公司组的平均超额收益情况,从 1963—1979 年的平均月差额显示一月份平均小公司每天股价上升达 0.714%,一月份头 5 天的上升幅度超过了 7.16%。

这意味着一月份投资具有某种可预测性!

3. 流动性效应

Arbel 等对小公司一月份效应提出了新解释:小公司容易被忽略,市场对其研究不充分,使其成为获得较高利润的投资对象。即上市公司的规模越小,其股票的流动性越差,其流动性风险补偿越多。

4. 颠倒效应

1985 年,Debondt 等发现,在一段时间内,表现最好(差)的股票接着会表现非常差(好)。

实证研究表明,如果对股票业绩进行为期 5 年的排序,基期表现不好的股票组(含 35 种业绩最差的股票)在以后的 3 年中的平均累计收益,比基期表现最好的股票组(含 35 种业绩最好的股票)的累计收益高出 25%。

注意:这些企业本身的经营业绩并没有提高多少,而股价却上升不少。

Fama 等人认为,出现上述现象,并不表明有效市场理论不成立。

上述现象的实质是一种额外的风险,这些公司的股票之所以有较高的期望收益,是因为面对着更高的风险。Lakonishok 等人认为,上述现象正是市场无效的证据。由于太强调公司业绩对股价的影响,把近期表现良好的公司的股价过度抬高,把近期业绩较差公司的股价压得过低。当投资者发现过错时，价格就颠倒了过来(若市场有效，差的就是差的，差的企业股价不会好)。这恰好说明市场不是有效的，有系统偏差。

9.4 有效市场实证研究的证据

有效市场假设的研究记录相当广泛，大部分是支持市场效率的。实证研究主要有三大类：

(1) 股票价格变动是随机的吗？存在可获利的"交易规则"吗？
(2) 事件研究：市场迅速且准确地对新信息作出反应吗？
(3) 基金管理公司的记录。

1. 弱型有效市场

股票价格变动是随机吗？要回答这个问题，首先要明白时间序列相关的含义。

时间序列相关：证券现在的收益率与过去的收益率之间的相关关系。

如果某一种股票收益率的序列相关系数为正，说明股票价格的变动趋势具有延续性。
如果某一种股票收益率的序列相关系数为负，说明股票价格的变动趋势具有反方向性。
如果序列相关系数显著地为正或为负，说明股票市场无效。
如果序列相关系数接近于零，说明股票市场与随机游走假说一致。

表 9-1 是美国八大公司股票日收益率的时间序列相关系数。

表 9-1　美国八大公司股票日收益率的时间序列相关系数

公　司	时间序列相关系数
波音公司	0.038
百时美施贵宝公司	0.064
可口可乐公司	0.041
国际商业机器公司(IBM)	−0.004
菲利普·莫里斯公司	0.075
宝洁公司	0.030
锐步公司	0.046
exaco Inc.	0.005

表 9-1 的数据研究证据表明：公司股票序列相关系数几乎接近于零，证实证券市场达到弱型有效。

2. 半强型有效市场

事件研究是检验半强型有效市场的一种常用方法。半强型有效市场假说的含义是价格应该反映所有公开可得的信息。事件研究检查一段时间内，特别是新信息到来前后的价格和收益。事件研究是检验事件前后不足反应、过度反应、提前反应、滞后反应的证据。

通过考虑市场的平均收益率对收益率进行调整以确定它是否是超常的(abnormal)。某一天某一股票的超常收益率(Abnormal Return，AR)可以用那一天该股票的实际收益率(R)减去同一天的市场收益率(RM)来计算：
$$AR = R - RM$$
超常收益率也可以用市场模型(the Market Model)的方法来计算：
$$AR = R - (a + bRM)$$

根据有效市场假说，某种股票在某一时间 t 的超常收益应该反映时间 t 所披露的信息。(在时间 t 以前披露的任何信息对时间 t 的超常收益没有作用，其影响或作用已在以前发生。在时间 t 以后才能披露和知道的信息不能影响现在的股票收益)

事件研究就是研究某一时间披露的信息是否影响其他时间的收益的一种统计方法。

多年来，事件研究方法一直被应用于研究大量的事件，包括：①股利增长或下降；②盈利公告；③兼并收购；④资本性支出；⑤新股增发。

事件研究基本上支持市场达到半强型有效的观点。

实际上，事件研究表明市场甚至可能具有一定的预见性，换句话说，在公开宣布之前消息趋于提前泄露。

如果市场达到半强型有效，那么，共同基金的经理根据公开可用的信息来选择股票，共同基金的平均收益应该与市场的平均收益相等。

通过对专家管理的共同基金业绩与市场指数的业绩进行比较，我们可以检验市场的有效性。

研究发现：共同基金的业绩没有超过市场的平均业绩，这与证券市场半强型有效的假设是一致的。

3. 强型有效市场

一些研究强型效率的学者立足于调查内幕交易。

一些研究支持内幕交易是可以获得超常利润的观点。

根据研究所获得的证据，似乎没有能够证实市场达到强型有效。

9.5 弱型有效市场的检验

对于弱型有效市场的检验，可以采用随机游走假设检验的思路，如果实证结论支持随机游走的假设，则认为弱型有效市场成立。对随机游走假设的检验方法有多种，有游程检验、博克斯-皮尔斯(Box-Pierce)Q 检验、Ljung-Box Q 检验、Dicky-Fuller 检验、Phillipsk-Perron 检验等。下面介绍游程检验的基本原理。

考虑样本值 $x_1, \cdots, x_n$，记 M 为样本的中位数，将样本中大于或等于 M 的每个值记为"+"，小于 M 的每个值记为"-"，于是得到一个由"+"和"-"组成的序列，用 N_1, N_2 依次表示序列中"+"和"-"的个数，称序列中连续同号的一段为一个游程，游程中相同符号的个数称为该游程的长度。比如，有一个样本容量为 10 的观察值，经过上述方式后得到如下的符号序列"++---+-+++"，可以看出该序列共有 5 个游程，即++，---，+，-，+++，各游程的长度分别为 2,3,1,1,3。记 R 为游程的个数，如果样本值是随机选取的话，R 不应太大，也不应太小。可以证明，当 N_1, N_2 充分大时，$\dfrac{R - E(R)}{\sqrt{D(R)}}$ 近似地服从均值为 0、方差为 1

的标准正态分布，其中：$E(R) = 1 + \dfrac{N_1 N_2}{N_1 + N_2}$，$D(R) = \dfrac{2N_1 N_2(2N_1 N_2 - N_1 - N_2)}{(N_1 + N_2)^2 (N_1 + N_2 - 1)}$

因此，在5%的显著水平下，如果 $\left|\dfrac{R - E(R)}{\sqrt{D(R)}}\right| \geq 1.96$，则可以拒绝样本是随机的原假设。

下面我们分别对1990年12月19日—1994年11月23日和1994年11月24日—2003年9月10日的上证综指日对数收益率进行游程检验。

对1990年12月19日—1994年11月23日上证综指日对数收益率进行游程检验，结果如下：$z = -7.9097$，$p = 2.5811$。因此，在上述期间，我们可以拒绝上证综指日对数收益率为随机游走的原假设。对1994年11月24日—2003年9月10日上证综指日对数收益率进行游程检验果如下：$z = 0.1729$，$p = 0.8627$。因此，在上述期间，我们不能拒绝上证综指日对数收益率为随机游走的原假设。因此，我们可以认为，1994年以后，上海股票市场已经达到弱型有效。

9.6 有效市场对投资者的启示

市场的有效性对投资者的启示：
(1) 在一个弱型有效市场中，技术分析无效，基础分析是否有效难以判断；
(2) 在一个半强型有效市场中，技术分析和基础分析均无效；
(3) 在一个强型有效市场中，技术分析和基础分析均无效；
(4) 如果市场是无效的，那么投资者要采取积极的投资策略；
(5) 如果市场是有效的，那么投资者要采取消极的投资策略。
资本市场效率理论对公司金融与投资学的含义如下：

1. 会计与有效市场

如果以下两个条件成立，会计方法的改变不应该影响股票的价格：
(1) 年度财务报告提供足够的信息；
(2) 市场是半强型有效。

许多实证结果表明：会计方法的变更并没有愚弄市场，或者说，市场理解会计方法变更的含义和结果。

但也有实证研究结果与有效市场理论不一致：投资者对于应记项目等影响盈利质量的会计信息反应较慢，分析会计盈利的质量可以从股票市场获得利润。

2. 选择时机的决策

公司的经理考虑发行权益资本的时间的决策通常称为选择时机决策。

由于有效市场意味着股票总是按照它的实际价值出售，因此，选择时机的决策无关紧要。

但也有实证研究证据表明，公司在价格被高估时发行股票，在价格被低估时回购股票，换言之，经理人员可以成功地选择市场时机：

——首次公开发行公司5年内的平均收益，与没有实施IPO的同类公司相比,大约低7%；

——实施增发公司 5 年内的平均收益，与没有实施增发的同类公司相比，大约低 8%；

——公司在回购股票之后的 2 年内的股票平均收益，高于没有实施回购的同类公司。

这些研究至少在检验的时间范围内，构成否决市场效率的依据。

3. 价格压力效应

如果市场是有效的，公司可以出售多少股票就出售多少股票而不造成价格下跌。

但也有实证研究得出结论：大宗交易引起的价格下跌和随后的反弹说明价格压力效应的存在。

思 考 题

1. 简述有效市场的三种形式。
2. 简述有效市场对投资者的启示。

第 10 章 证券收益的实证依据

【本章精粹】

本章介绍证券收益的实证依据,包括资本资产定价模型 CAPM 的实证、时间序列 BJS 检验、法玛-麦克白斯方法、法玛-佛伦奇三因素模型、流动性溢价实证和上海 A 股市场 Carhart 四因素模型的反转与动量效应实证等。

10.1 资本资产定价模型 CAPM 的实证模型

CAPM 反映了期望收益和风险之间的数量关系：
$$E(r_i) = r_f + \beta_i[E(r_M) - r_f] \tag{10-1}$$

由于 CAPM 的假设过于苛刻，所以此后的研究中不断放宽其假设条件以求更贴近市场实际，如零贝塔定价模型($\beta=0$，不允许投资于无风险资产)，人力资源定价模型(考虑非市场交易)，多期和多因素模型(考虑多期)，流动性溢价模型(考虑成本费用)。

CAPM 之所以被称为资产定价模型发展过程中的一个里程碑，是因为它不仅是一个完整的理论模型，同时也是一个可以用于检验的实证模型。研究者在不断修正模型的同时，也尝试了用不同方法与数据检验其对实际数据的拟合效果，即实证研究。经典的实证研究是 Black,Fama,Scholes 所做的时间序列回归检验以及 Fama 和 Macbeth 所做的横截面回归检验。

首先对式(10-1)变形为：
$$E(r_i) - r_f = \beta_i[E(r_M) - r_f] \tag{10-2}$$

引入实际数值代替式(10-2)的期望值并增加误差项 ε_i 有
$$\bar{r}_i - r_f = \beta_i[\bar{r}_M - r_f] + \varepsilon_i \tag{10-3}$$

为了检验传统形式的可靠性，在式(10-3)再加入一个截距项 α_i，从而得到
$$\bar{r}_i - r_f = \alpha_i + \beta_i[\bar{r}_M - r_f] + \varepsilon_i$$

如果 CAPM 成立，则 α_i 应为零且 β_i 显著不为零。所以实证结果的关键是 α_i 和 β_i 显著性检验。

1. 时间序列检验(BJS 检验)

该检验选用的是 1926—1965 年间在纽约证券交易所交易的所有股票的月份数据，市场收益定义为所有股票收益率的算术平均值。

第一步，使用 1926—1930 年这五年的数据估计出每只股票的 β_i 值，然后将所有股票按 β_i 的大小分组，β 最高的 10% 归为第一组，依此类推，共构成 10 个组合。

第二步，计算出 1931 年这 10 个组合的平均月度收益率。

第三步，对 1927—1931 年这五年的数据进行相同的处理得到 10 个组合，并计算出 1932 年这 10 个组合的平均月度收益率。重复前面的过程，直到得到 1965 年 10 个组合的平均月度收益率为止。由于实际市场上的股票数量总在不断变化，每次分组得到的 10 个组合的组成并不完全相同。

第四步，利用 1931—1965 年这 35 年的组合的平均月度收益率数据计算各组合的 β 系数。

估计单只股票的 β 系数的回归方程如下：
$$r_{it} - r_{ft} = \alpha_i + \beta_i[r_{Mt} - r_{ft}] + \varepsilon_{it}$$

估计股票组合的 β 系数的回归方程如下：
$$r_{pt} - r_{ft} = \alpha_p + \beta_p[r_{Mt} - r_{ft}] + \varepsilon_{pt}$$

2. 横截面回归检验

利用时间序列分析中得到的数据计算出每个组合在 1931—1965 年的平均月收益率 r_p，然后和组合的 β_p 进行横截面回归，检验收益与风险之间的关系：

$$r_p - r_f = \gamma_0 + \gamma_1(r_M - r_f) + \varepsilon_p, p = 1, 2, \cdots, 10$$

r_f 为 1931—1965 年的月平均无风险收益率，设 R 为 3 个月定期存款年利率，则 $1+R = (1+r_f)^{12}$，$r_f = (1+R)^{1/12} - 1$

3. Fama-MacBeth 方法

Fama 和 MacBeth 于 1973 年根据时间序列检验方法，Fama 和 MacBeth 组成 20 个组合，扩展了证券市场线的估计，把 β^2 和估计残差的标准差加入估计方程，有：

$$r_{p,t} = \gamma_{0t} + \gamma_{1t}\beta_{p,t-1} + \gamma_{2t}\beta^2_{t,p-1} + \gamma_{3t}\sigma(e_{p,t-1})$$

4. Fama-French 三因素模型

Fama 和 French 于 1993 年提出了三因素模型，模型如下：

$$E(r_i) - r_f = a_i + b_i[E(r_M) - r_f] + s_i E(\text{SMB}) + h_i E(\text{HML})$$

该模型除了考虑市场因素外，还考虑了规模和价值因素。

5. 流动性溢价实证

Achaya 和 Pedersen 于 2005 年研究了流动性水平和风险对资产定价的影响，给出了如下一个式子：

$$E(R_i) = kE(C_i) + \lambda(\beta + \beta_{L1} - \beta_{L2} - \beta_{L3})$$

Achaya 和 Pedersen 于 2005 年指出，流动性和流动性 β 高度相关，很难在任何显著的范围内估计出它们各自对于收益的影响，因此他们把三个流动性 β 放在一起，对以下式子进行估计：

$$E(R_i) = kE(C_i) + \lambda_M \beta + \lambda_L \beta_{\text{Liq}}$$

最后得到：$\lambda_L = 6.8$，而 $\lambda_M = 0.12$，期望流动性成本的系数只有 0.008。

10.2 上海 A 股市场 Carhart 四因素模型的反转与动量效应研究

10.2.1 引言

在多因素资产定价模型构建方面，最具影响力的是 Fama-French 的三因素模型。在研究了经典的 CAPM 模型的成果后，发现 CAPM 模型出现许多市场异象，仅靠市场风险 β 不能做出解释。Fama-French 于 1993 年在综合考虑了众多变量的联合作用后，将公司规模、账面市值比引入解释变量中，提出了包括规模和净市值比的新模型，并运用美国股票市场数据，证明了三因素模型(即市场、规模、价值三因素)能够解释 70%~80% 的美国股票收益率的变化。Carhart 于 1997 年观察到在股市上一直存在的动量现象，将动量因子引入到

Fama-French 三因子模型中，建立了 Carhart 四因子定价模型，新模型对 Fama-French 三因素模型所欠缺的动量解释进行了有力补充，提高了 Fama-French 三因素模型对股票收益变动的解释能力。Lesmond 等于 2004 年发现动量效应的最重要的横截面预测变量是股票的价格水平，股价越低，其动量效应越大。George 和 Hwnag 于 2004 年发现 52 周高价或低价能够解释动量收益中的一大部分，而且基于 52 周高价或低价的动量收益高于基于固定区间(如过去 6 个月)的动量收益，说明股票价格水平比股票过去价格变化对动量效应的影响更重要。Chen 和 DeBondt 于 2004 年用标准普尔 500 指数中的成分股票作为样本，通过考察与投资风格相关的三种典型股票特征：股票市值、净值与市值比率、股息率，发现基于这三种特征的风格动量组合在接下来的一年或更长时间内表现很好，具有显著的异常收益。

在国内，韩海容和吴国鼎于 2011 年以沪深股市 1993—2008 年剔除了金融类股的所有 A 股数据为样本，研究了股票动量因素、反转因素和换手率等股票交易信息对股票收益横截面的影响，结果发现股票的三个月短期反转因素对股票的横截面收益的影响是明显的，股票的换手率对股票的横截面收益的影响同样是显著的。喻淑春于 2011 年采用 2006—2011 年的数据对行为资本资产定价模型和资本资产定价模型进行实证分析，结果发现，沪市比深市充斥着更多的"噪声"，"噪声"对沪市股票收益率产生的负面影响也更加明显。王涛于 2012 年以沪深股市 2004 年 7 月—2011 年 7 月这七年的所有 A 股为样本，对 Fama-French 三因子模型及其添加市盈率因子的扩展模型做了验证。发现了市场因子、规模因子、账面市值比因子以及市盈率因子对股票的收益都有一定的解释能力。其中市场因子和规模因子的解释能力最为显著。许光辉于 2013 年考察了在三种不同市场行情下 CAPM 与 BAPM 模型的适用性差异，结果发现"牛市"及"熊市"中 BAPM 解释市场收益更为有效，而"平衡市"中 CAPM 更为适用。

10.2.2 样本股票选取与数据处理

1. 样本股票选取

选择上海 A 股市场自 2009 年 5 月—2013 年 4 月的周交易数据作为研究的数据样本，数据来源于 CSMAR 国泰安数据服务中心的股票系列和公司系列研究数据库。关于研究时间区间的选取，基于以下两点考虑：一是 2009 年之后的股票波动性较小，避免了数据的大起大落，让数据保持相对的平稳；二是这段时间区间是距离现在最近的区间，保持数据的新鲜性。选择上海 A 股市场进行研究的原因在于：①该市场建立时间较早，市场制度等各方面发展成熟；②市场内股票数量稳定，这 4 年来基本维持在 1000 个左右，有利于进行数据处理和比较分析；③股票市值范围分布比较广泛，包含市值在 10 亿元以下至 100 亿元以上的股票，便于分组分析市值效应。总的来看，上证 A 股市场经过 20 多年的成长，它的交易数据和其他信息能够在很大程度上反映中国资本市场的基本情况。

在筛选股票样本时，删除了以下四类股票：①金融类股票。按照 Fama 等学者的观点，金融类公司资产负债结构与普通实体公司不同，它们的经营风险也与普通实业型公司有很大的差别，因此，研究时应均排除在外。②周收益率信息缺失的股票。股票收益率有很多种表达方式，采取考虑现金股利再投资的周个股回报率，缺少某个周的收益率数据的股票将被剔除。③缺少上年年末个股总市值和账面价值数据的股票以及缺少本年 4 月总市值数据的股票也会被排除。④排除 ST 类公司股票。在我国，ST 和 ST*类股票，表示上市公司遇到经营困难或财务状况异常等问题，这类股票的涨跌幅度被限制在 5%以内，交易制度和风险与普通股票不同。

2．样本股票周收益率确定

股票的周个股收益率采取考虑现金红利再投资的周个股回报率，直接从 CSMAR 股票市场数据库中调用。计算公式是：$r_{it} = P_{it}/P_{i(t-1)} - 1$。其中，$P_{it}$ 和 $P_{i(t-1)}$ 分别为股票 i 在 t 周和(t-1)周的复权收盘价。为避免送股、配股、分红、增发等行为对股票价格的冲击，样本股票选取了复权价格。

3．无风险收益率的确定

无风险利率是减去预期通货膨胀情况下的实际利率。在国外实证研究中，无风险收益率多使用政府短期债券。由于我国的债券市场还未完全市场化，故选取以整存整取一年定期银行存款利率为无风险利率。这里研究的是股票周收益率，所以做如下转换：$r_{f(weekly)} = (1 + r_{f(year)})^{1/52} - 1$。

4．总市场收益率和各组合收益率的确定

我们把上证 A 股的考虑现金红利再投资的周市场回报率(总市值加权平均法)为总市场收益率，以各股票流通 A 股总市值为权重，使用加权平均法计算市场收益率和各组股票的平均收益率。2009 年 5 月—2013 年 4 月区间内，单个组合的周收益率加权均值共有 205 个样本值。

5．市值和账面价值比的确定

公司规模由股票总市值(ME)界定。在按照市值数据进行分组时，分组依据是股票的总市值而不是流通市值。本文选择总市值进行分析是因为：中国股票市场比较特殊，包括流通股市值和非流通股市值在内的总市值更能反映公司的规模情况，而且，股权分置的逐渐完成，2006 年许多公司已经实现了全流通，因此将市值采用总市值的处理方法能够保证前后数据的一致性和可比较性。账面市值比(BE/ME)等于股票的账面价值(BE)除以股票总市值(ME)。账面价值(BE)即股票账面价值，数据来源于 CSMAR 中国上市公司财务报表中的资产负债表的所有者权益合计项目。低 BE/ME 值的上市公司由于基本面较好而被高估，称为成长型公司，高 BE/ME 值的公司由于基本面较差而被低估公司，称为价值型公司。在资产定价中，Fama 和 French 于 1995 年认为股市中存在的账面市值比效应(价值效应)是对价值型股票承担当前风险的补偿。

6．投资组合和 Fama-French 三因素模型的 *SMB*、*HML* 因子的构造

参照 Fama 和 French 于 1992 年的做法，根据变量 A 股总市值(ME)和账面市值比(BE/ME)，将股票划分为 9 个组合。本文划分投资组合的具体方法是：

自 2009 年 5 月—2013 年 4 月，根据每年 4 月 30 日股票的总市值(ME)把所有股票分为三类：大公司(big firm)占 25%，中等公司(median firm)占 40%和小公司(small firm)占 35%。

这样分类的主要依据是为了使小公司的数量比大公司多，因此在对每年 4 月 30 日(2009—2013)的账面价值从高到低进行排序后，前 25%的公司为大公司，后 35%的公司为小公司，其余的为中等公司占 40%。

每年按 BE/ME 从高到低排序后，分成高、中、低三组：Low(30%)，Median(40%)，High(30%)，其中，BE 为 $t-1$ 年会计年度末的每个上市公司所有者权益合计项目，ME 为 $t-1$ 年 12 月份末的上市公司所有股票的市场价值(包括流通股和非流通股)，按照上面的分类方法，我们可以构造 9 个组合(S/L, S/M, S/H, M/L, M/M, M/H, B/L, B/M, B/H)。对每月分别计算所选上市公司的加权月回报率。

例如，先按照 2009 年 4 月 30 日的市值从大到小将全部股票分为 3 组，再根据 2008 年 12 月 31 日的账面市值比(BE/ME)将这 3 组中的每一组进一步划分为 3 个小组，最后一共得到 9 组股票，再计算每一组自 2009 年 5 月到 2010 年 4 月共 51 周的加权平均周收益率(r_{pt})，进而计算出各周的超额收益率($r_{pt} - r_{ft}$)；计算 2010 年 5 月至 2011 年 4 月的($r_{pt} - r_{ft}$)时，先按照 2010 年 4 月的市值分为 3 组，再将每一组按照 2009 年 12 月 31 日的账面市值比分为 3 个小组，这样顺次计算，每隔 12 个月再重新分组一次，直到 2013 年 4 月为止。

9 个组合通过简单算术平均法，得出 SMB 和 HML 因子，具体计算公式如下：

$$SMB = (S/H + S/M + S/L)/3 - (B/H + B/M + B/L)/3$$

$$HML = (B/H + S/H)/2 - (B/L + S/L)/2$$

SMB(小减大)通过系列计算，排除了账面市值比的影响，只保留了规模这个风险因子对回报率的影响，可以看出小规模股票与大规模股票在收益率上的差别。HML 因子剔除了每周市值因素对收益率差别的影响，只考虑账面市值比高低对组合收益率的影响。

SMB 是影响被解释变量的规模因素，HML 是影响被解释变量的价值因素。在实证研究中，根据模型对样本数据的拟合优度、市场超额回报率、SMB 和 HML 的回归系数和显著情况，具体考察上海 A 股的基本特征和演变规律。

7. Carhart 四因素模型的动量因素 MD 的构造

Carhart 在 Fama-French 三因素模型的基础上，增加了动量因子 MD，对 Fama-French 三因素模型做了有效的补充。动量效应的存在，已经在国外的定价理论中得到了实证。按照动量效应，制定动量策略，就是通过有效的投资组合，以达到在股市中获利的目的。同时后来的研究表明，排序期的不同，动量因子对股票收益率的效应也会产生变动。越来越多的经验证据显示：包含在过去收益序列中的信息对股票未来收益具有预测性。在短期内(1 周或 1 月)，股票收益表现为负序列相关性，被称为反转效应；在中长期内(3 至 12 个月)股票收益表现为正序列相关性，被称为动量效应。比较而言，股票收益的中长期动量效应在近年受到比较多的关注。Jegdaeehs 和 Timtna(1993，2001)的研究结果显示，过去 3 至 12 个月表现好或者差的股票(赢者或者输者)在接下来的 3 至 12 个月内继续表现好或者差，利用这一现象所构建的动量组合(即买入赢者、卖空输者)会有持续的异常收益(称为动量收益)。因此，为检验我国上海 A 股中的动量效应和反转效应，依据排序期的不同，构造三个动量因子 MD1、MD2 和 MD3。

$$E(r_i) = r_f + b_i[E(r_{Mt}) - r_f] + c_i\text{SMB}_{it} + d_i\text{HML}_{it} + e_i\text{MD1} \tag{10-4}$$

$$E(r_i) = r_f + b_i[E(r_{Mt}) - r_f] + c_i\text{SMB}_{it} + d_i\text{HML}_{it} + e_i\text{MD2} \tag{10-5}$$

$$E(r_i) = r_f + b_i[E(r_{Mt}) - r_f] + c_i\text{SMB}_{it} + d_i\text{HML}_{it} + e_i\text{MD3} \tag{10-6}$$

式(10-4)中，动能因子 MD1 指的是我国上海 A 股股票中一个月表现最佳与最差 30%的股票第 t 周的周收益率的差值的均值，即 MD1 的排序期为一个月，属于短期范围内。MD1 测度的是反转效应对我国上海 A 股股票收益率的影响。

式(10-5)中，动能因子 MD2 指的是我国上海 A 股股票中，半年表现最佳与最差 30%的股票第 t 周的周收益率的差值的均值，即 MD2 的排序期为半年，属于中期范围内。MD2 测度的是动量效应对我国上海 A 股股票收益率的影响。

式(10-6)中，动能因子 MD3 指的是我国上海 A 股股票中，一年表现最佳与最差 30%的股票第 t 周的周收益率的差值的均值，即 MD3 的排序期为一年，属于长期范围内。MD3 测度的是动量效应对我国上海 A 股股票收益率的影响。

10.3 描述性统计

10.3.1 样本数量分布

如表 10-1 所示，2009 年 5 月至 2013 年 4 月这四年，选取的上海 A 股公司总数平均为 700 个左右，在相同的账面市值比下，大规模的公司总数小于小规模的公司总数。

表 10-1 各年度组合入选的有效上市公司数

时间区间	B/H	B/M	B/L	M/H	M/M	M/L	S/H	S/M	S/L	公司总数
2009—2010	50	67	50	80	107	80	70	93	70	667
2010—2011	52	69	52	83	110	83	73	96	73	691
2011—2012	53	71	53	85	113	85	74	99	74	707
2012—2013	55	74	55	88	118	88	77	103	77	735

信息率是指单位收益所承担的风险(信息率等于收益率标准差除以相应的收益率)。如表 10-2 所示，表明最低的信息率(11.41827)对应的是小规模中等账面市场价值比组合(即 S/M 组合)，其次为小规模高账面市场价值比组合(即 S/H 组合)(信息率为 11.59283)。大规模中等账面市场价值组合(即 B/M 组合)的信息率达到最大值(1229.61)。同时在相同账面市场价值比类别中，小规模公司、中等规模公司、大规模公司的信息率呈现递增的趋势，说明随着公司规模的增大，单位收益所承担的风险在增加。

根据均值-方差模型，理性的投资者可以通过小规模公司(它们的信息率比较小，风险回报相对高些)来提高他们投资组合的回报率。从表 10-2 可以看出，小规模公司的标准差一般比大规模公司要高，即高收益伴随着高风险，但它们的单位收益所承担的风险是较小的。

如表 10-2 所示，规模最小的一组的普通股的平均收益比规模最大的一组的股票平均收益高，这说明上海 A 股市场存在着"小规模"效应。

表 10-2　9 个组合的收益率统计描述

组合	B/H	B/M	B/L	M/H	M/M	M/L	S/H	S/M	S/L
均值	−6.2E−05	−2.8E−05	0.001061	0.001642	0.000993	0.001592	0.003325	0.00333	0.003052
标准差	0.030284	0.034394	0.034013	0.036643	0.037927	0.036922	0.038545	0.038028	0.037678
方差	0.000917	0.001183	0.001157	0.001343	0.001438	0.001363	0.001486	0.001446	0.00142
最小值	−0.07437	−0.09938	−0.11055	−0.10639	−0.1138	−0.11737	−0.10829	−0.11484	−0.12183
最大值	0.090346	0.093972	0.086602	0.086161	0.091805	0.08563	0.094972	0.086852	0.083011
信息率	−487.536	−1229.61	32.06065	22.31518	38.21036	23.19316	11.59283	11.41827	12.3473

解释变量统计分析如表 10-3 所示。

表 10-3　解释变量统计分析

因素	$E(r_M-r_f)$	SMB	HML	MD1	MD2	MD3
均值	−0.00033825	0.002912	−0.00042	−0.00148	−0.0002	0.000453
标准差	0.028647655	0.016351	0.011406	0.015229	0.013394	0.011964
方差	0.000820688	0.000267	0.00013	0.000232	0.000179	0.000143
最小值	−0.06681478	−0.07977	−0.03777	−0.0511	−0.08743	−0.05966
最大值	0.085154215	0.046445	0.037741	0.06043	0.059178	0.03842
信息率	−84.6932577	5.614972	−26.8482	−10.3189	−68.6248	26.43923

10.3.2　变量的相关性分析

对实证中的 6 组解释变量——市场风险溢价 $E(rM-rf)$、规模因子 SMB、价值因子 HML、动量因子 MD1、动量因子 MD2 和动量因子 MD3 进行相关性检验，如表 10-4 所示，6 个变量两两变量的相关关系较弱，有几组变量的相关性为负相关，只有 SMB 和 MD3、HML 和 MD3 这两组相关关系超过 0.5，可以避免在回归中的共线性问题。

表 10-4　变量的相关性分析

变量	$E(rM-rf)$	SMB	HML	MD1	MD2	MD3
$E(rM-rf)$	1	0.012379	0.152372	−0.06123	−0.11693	−0.10576
SMB	0.012379	1	−0.41412	0.057806	0.260864	0.50934
HML	0.152372	−0.41412	1	0.016375	−0.28659	−0.57475
MD1	−0.06123	0.057806	0.016375	1	0.370385	0.212931
MD2	−0.11693	0.260864	−0.28659	0.370385	1	0.463784
MD3	−0.10576	0.50934	−0.57475	0.212931	0.463784	1

10.3.3　单位根检验

使用 Eviews 软件对市场风险溢价 $E(r_M-r_f)$、规模因子 SMB、价值因子 HML、动量因子

MD1、动量因子 MD2 和动量因子 MD3，进行 ADF 单位根检验，以检验序列是否平稳。如表 10-5 所示，9 组因变量和 6 个自变量都不存在单位根，以避免将几个变量进行回归时因非平稳性而造成的统计的偏差。因此，可以对被解释变量和解释变量进行回归。

表 10-5 自变量与因变量单位根检验结果

变量	ADF 统计量	临界值(1%)	临界值(5%)	变量	ADF 统计量	临界值(1%)	临界值(5%)
B/H	−14.4901	−4.003675	−3.432005	S/L	−14.81593	−4.003675	−3.432005
B/M	−14.16338	−4.003675	−3.432005	RM-Rf	−14.77216	−4.003675	−3.432005
B/L	−15.01327	−4.003675	−3.432005	SMB	−14.21616	−4.003675	−3.432005
M/H	−15.12451	−4.003675	−3.432005	HML	−14.30952	−4.003675	−3.432005
M/M	−15.06554	−4.003675	−3.432005	MD1	−15.78173	−4.003675	−3.432005
M/L	−14.84097	−4.003675	−3.432005	MD2	−15.086	−4.003675	−3.432005
S/H	−15.46397	−4.003675	−3.432005	MD3	−15.36903	−4.003675	−3.432005
S/M	−14.94238	−4.003675	−3.432005				

10.4 Carhart 四因素模型的反转与动量效应的实证研究

10.4.1 四因素模型回归模型的建立

Carhart 的四因素模型的事后模型为：

$$E(r_i) - r_\text{f} = \alpha_i + \beta_i[E(r_M) - r_\text{f}] + s_i\text{SMB} + h_i\text{HML} + C_i\text{MD1} \quad (10\text{-}7)$$

$$E(r_i) - r_\text{f} = \alpha_i + \beta_i[E(r_M) - r_\text{f}] + s_i\text{SMB} + h_i\text{HML} + C_i\text{MD2} \quad (10\text{-}8)$$

$$E(r_i) - r_\text{f} = \alpha_i + \beta_i[E(r_M) - r_\text{f}] + s_i\text{SMB} + h_i\text{HML} + C_i\text{MD3} \quad (10\text{-}9)$$

其中，MD1 排序期为 1 个月，MD2 排序期为 6 个月，MD3 排序期为 1 年(见表 10-6、表 10-7、表 10-8)。

表 10-6 有 MD1 因子的四因素模型回归结果

组合	α	β	S	h	C	R^2	调整的 R^2	F 统计值和 P 值
B/H	−0.00043*** (−0.79136) (0.42967)	1.007187 (53.68497) (0.00)	0.052882** (1.481028) (0.140173)	0.195446 (3.779319) (0.000207)	−0.06628* (−1.90196) (0.058614)	0.939203	0.937987	772.4096 (0.00)
B/M	−0.00076*** (−1.1168064) (0.265417)	1.157643 (48.5359513) (0.00)	0.120692 (2.65874711) (0.008478)	−0.56685 (−8.6218293) (0.00)	−0.0000851*** (−0.0019215) (0.998469)	0.923796	0.922272	606.1374 (0.00)
B/L	0.000231*** (0.2864) (0.774868)	1.070548 (38.1676) (0.00)	0.066359*** (1.243076) (0.215295)	−1.28898 (−16.6716) (0.00)	0.057363*** (1.101023) (0.27221)	0.89223	0.890075	413.9525 (0.00)

续表

组合	α	β	S	h	C	R^2	调整的 R^2	F统计值和P值
M/H	−0.00061*** (−0.76568) (0.444771)	1.145141 (41.18856) (0.00)	0.690325 (13.0461) (0.00)	−0.27123 (−3.53915) (0.000499)	0.014158*** (0.27416) (0.784245)	0.90878	0.906955	498.1239 (0.00)
M/M	−0.00163* (−1.98013) (0.04906)	1.140478 (39.75002) (0.00)	0.765998 (14.02773) (0.00)	−0.73925 (−9.34726) (0.00)	0.04809*** (0.902353) (0.367955)	0.90932	0.907506	501.3883 (0.00)
M/L	−0.00083*** (−0.95262) (0.341935)	1.070859 (35.43189) (0.00)	0.675046 (11.73557) (0.00)	−1.07765 (−12.9355) (0.00)	0.121116* (2.15743) (0.032165)	0.893819	0.891696	420.8956 (0.00)
S/H	−0.00013*** (−0.16374) (0.870102)	1.105311 (41.05029) (0.00)	1.105251 (21.56759) (0.00)	−0.28286 (−3.81101) (0.000184)	0.033519*** (0.670179) (0.503517)	0.922673	0.921126	596.6041 (0.00)
S/M	−0.00005*** (−0.07096) (0.943501)	1.0881164 (44.03553) (0.00)	1.0429084 (22.17599) (0.00)	−0.579089 (−8.50191) (0.00)	0.047604*** (1.037164) (0.300912)	0.933094	0.9317566	697.3247 (0.00)
S/L	−0.00078*** (−1.43701) (0.152277)	1.041951 (54.86876) (0.00)	1.091774 (30.20786) (0.00)	−0.79843 (−15.2532) (0.00)	−0.09013 (−2.55504) (0.011361)	0.959751	0.958946	1192.278 (0.00)

表 10-7 有 MD2 因子的四因素模型回归结果

组合	α	β	S	h	C	R^2	调整的 R^2	F统计值和P值
B/H	−0.00035*** (−0.64272) (0.521144)	1.007904 (53.29059) (0.00)	0.054084** (1.487502) (0.138457)	0.179764 (3.399393) (0.000815)	−0.0436*** (−1.03442) (0.30219)	0.938433	0.937201	762.1206 (0.00)
B/M	−0.00068*** (−1.00482) (0.3162)	1.162622 (49.28431) (0.00)	0.103062 (2.272601) (0.024114)	−0.53893 (−8.17095) (0.00)	0.119712 (2.277252) (0.023829)	0.925722	0.924237	623.1506 (0.00)
B/L	0.000219*** (0.274226) (0.784194)	1.073129 (38.39785) (0.00)	0.053979*** (1.004688) (0.316261)	−1.25744 (−16.0919) (0.00)	0.114762* (1.842723) (0.06685)	0.893387	0.891255	418.9869 (0.00)
M/H	−0.00063*** (−0.79109) (0.429831)	1.144948 (41.10211) (0.00)	0.69021 (12.88882) (0.00)	−0.2681 (−3.44229) (0.000702)	0.008355*** (0.134588) (0.893073)	0.908754	0.906929	497.9676 (0.00)

第 10 章 证券收益的实证依据

续表

组合	α	β	S	h	C	R^2	调整的 R^2	F 统计值和 P 值
M/M	−0.00165* (−2.01983) (0.044735)	1.14193 (39.80024) (0.00)	0.758139 (13.74513) (0.00)	−0.7168 (−8.93534) (0.00)	0.079094*** (1.237076) (0.21751)	0.909642	0.907835	503.3546 (0.00)
M/L	−0.00092*** (−1.0641) (0.288567)	1.072551 (35.4611) (0.00)	0.662217 (11.38907) (0.00)	−1.03215 (−12.2052) (0.00)	0.151892* (2.253586) (0.025307)	0.894039	0.89192	421.8715 (0.00)
S/H	−0.000096*** (−0.12596) (0.899892)	1.10893 (41.46445) (0.00)	1.09054 (21.21129) (0.00)	−0.25258 (−3.37784) (0.000878)	0.117847* (1.977407) (0.049369)	0.923985	0.922465	607.7686 (0.00)
S/M	−0.000047*** (−0.06672) (0.94687)	1.091019 (44.42652) (0.00)	1.0299397 (21.81602) (0.00)	−0.548645 (−7.99041) (0.00)	0.113542* (2.074778) (0.039287)	0.9341521	0.9328351	709.3257 (0.00)
S/L	−0.00066*** (−1.20216) (0.230724)	1.043705 (54.10858) (0.00)	1.090646 (29.41208) (0.00)	−0.81538 (−15.1187) (0.00)	−0.04051*** (−0.9425) (0.347071)	0.958621	0.957794	1158.354 (0.00)

表 10-8 有 MD3 因子的四因素模型回归结果

组合	α	β	S	h	C	R^2	调整的 R^2	F 统计值和 P 值
B/H	−0.00033*** (−0.60449) (0.546205)	1.009224 (53.3882) (0.00)	0.05413** (1.402156) (0.162419)	0.177894 (3.046489) (0.002627)	−0.02665*** (−0.45557) (0.649192)	0.938168	0.936931	758.637 (0.00)
B/M	−0.00066*** (−0.99009) (0.323328)	1.162049 (50.0892) (0.00)	0.062875** (1.327081) (0.185995)	−0.45919 (−6.40752) (0.00)	0.238314 (3.319845) (0.00107)	0.927776	0.926332	642.2951 (0.00)
B/L	0.000304*** (0.3969) (0.691864)	1.075296 (40.17234) (0.00)	−0.02021*** (−0.36967) (0.71202)	−1.11457 (−13.4799) (0.00)	0.375469 (4.533372) (0.00)	0.90168	0.899714	458.5446 (0.00)
M/H	−0.00052*** (−0.67336) (0.501497)	1.149138 (42.23145) (0.00)	0.631869 (11.37075) (0.00)	−0.1591* (−1.8929) (0.059815)	0.245571 (2.916681) (0.003942)	0.912469	0.910718	521.2237 (0.00)
M/M	−0.0016* (−1.9849) (0.048522)	1.143362 (40.65312) (0.00)	0.707816 (12.32334) (0.00)	−0.61984 (−7.13459) (0.00)	0.255448 (2.935359) (0.003722)	0.912711	0.910965	522.811 (0.00)

续表

组合	α	β	S	h	C	R^2	调整的 R^2	F统计值和P值
M/L	−0.00084*** (−1.01288) (0.312341)	1.074037 (37.05834) (0.00)	0.582172 (9.835942) (0.00)	−0.87685 (−9.7943) (0.00)	0.422151 (4.707416) (0.00)	0.902186	0.90023	461.1739 (0.00)
S/H	−7.053639*** (−0.0097) (0.99227)	1.1112229 (43.71259) (0.00)	1.0134726 (19.52159) (0.00)	−0.104222** (−1.32723) (0.185945)	0.3892169 (4.948181) (0.00)	0.930952	0.929571	674.1368 (0.00)
S/M	−0.000035*** (−0.0506) (0.959692)	1.090195 (44.89877) (0.00)	0.995515 (20.07594) (0.00)	−0.47988 (−6.39803) (0.00)	0.210818 (2.805986) (0.005512)	0.935283	0.933988	722.5898 (0.00)
S/L	−0.00064*** (−1.15662) (0.248808)	1.045151 (54.21452) (0.00)	1.087811 (27.63044) (0.00)	−0.81176 (−13.6315) (0.00)	−0.0129*** (−0.21624) (0.82902)	0.958447	0.957616	1153.292 (0.00)

注：括号 1 代表 t 值，括号 2 代表 P 值；统计量右边标注一个星号，表明该统计量在 1%的置信水平下没能通过检验，却在 5%的置信水平下通过检验；标注两个星号，表明该统计量在 5%的置信水平下没能通过检验，却在 10%的置信水平下通过检验；标注三个星号，表明该统计量在 10%的置信水平下没能通过检验；没有标注星号，表明该统计量在 1%的置信水平下通过检验。临界值 $t_{0.05}(205)=1.81$，$t_{0.10}(205)=1.23$，$t_{0.01}(205)=2.34$。

10.4.2 四因素模型的回归结果分析

如表 10-6、表 10-7 和表 10-8 所示，当加入 MD1 作为动量因子进行四因素模型回归后，在显著性水平为 5%下，截距项显著的个数依旧为 1 个，调整的拟合优度为 91.87%，MD1 系数只有 2 个负数，且通过显著性检验的只有 3 个，其中通过检验的有 1 个负数和 2 个正数，说明 MD1 因子对股价的短期动量反转起到的解释作用不大。

当加入 MD2 作为动量因子进行四因素模型回归后，调整的拟合优度表现良好，均达到 91.88%。在显著性水平为 5%下，不过截距项表现没有改善，只有 1 个显著不等于 0，MD2 因子系数大部分显著，9 个中有 5 个显著。MD2 系数只有 2 个负数，其他都是正数，说明 MD2 因子对股价的中期惯性起到了较强的解释作用。

当加入 MD3 作为动量因子进行四因素模型回归后，调整的拟合优度表现良好，均达到 92.33%。在显著性水平为 5%下，不过截距项表现没有改善，只有 1 个显著不等于 0，MD3 因子系数大部分显著，9 个中有 7 个显著。MD3 系数全部都是正数，说明 MD3 因子对股价的长期惯性起到了很强的解释作用。

异方差检验：如表 10-9 所示，采用 White 方法检验，在显著性水平为 5%下，发现 5 个组合都不存在异方差，有 3 个组合存在异方差，四因素模型 MD1 异方差检验结果表明大部分组合不存在异方差。

第 10 章 证券收益的实证依据

表 10-9　四因素模型 MD1 的 White 异方差检验

Obs*R-squared	Prob. Chi-Square(14)
12.09409	0.5987
15.69928	0.3321
31.92711	0.0041
20.39055	0.1183
20.26895	0.1219
24.58262	0.0389
24.71799	0.0375
11.75382	0.6261

自相关问题的检验：如表 10-10 所示，用 LM 检验法进行检验，显著性水平为 0.05，检验结果显示，8 组中有 5 个组合的回归存在自相关，说明四因素模型 MD1 存在自相关。

表 10-10　四因素模型 MD1 的 LM 序列自相关检验

Obs*R-squared	Prob. Chi-Square(2)
1.672224	0.4334
6.958721	0.0308
8.84205	0.012
2.919365	0.2323
0.929273	0.6284
8.64195	0.0133
5.389577	0.0676
1.600832	0.4491

异方差检验：如表 10-11 所示，采用 White 方法检验，在显著性水平为 5% 下，发现 5 个组合都不存在异方差，有 4 个组合存在异方差，四因素模型 MD2 异方差检验结果与四因素模型 MD1 一样。

表 10-11　四因素模型 MD2 的 White 异方差检验

Obs*R-squared	Prob. Chi-Square(14)
24.3042	0.0421
18.67131	0.1779
26.00774	0.0258
17.94826	0.2091
21.7153	0.0847
17.86494	0.213
16.72741	0.271

续表

Obs*R-squared	Prob. Chi-Square(14)
25.86554	0.0269
19.46043	0.1481

自相关问题的检验：如表 10-12 所示，用 LM 检验法进行检验，显著性水平为 0.05，检验结果显示，9 组中有 6 个组合的回归不存在自相关［而四因素模型(MD1)3 个］，说明四因素模型 MD2 不存在自相关。

表 10-12 四因素模型 MD2 的 LM 序列自相关检验

Obs*R-squared	Prob. Chi-Square(2)
1.990391	0.3697
6.549854	0.0378
8.452775	0.0146
2.864803	0.2387
0.773403	0.6793
5.752292	0.0564
8.490197	0.0143
4.863233	0.0879
1.467283	0.4802

异方差检验：如表 10-13 所示，采用 White 方法检验，在显著性水平为 5% 下，发现 9 个组合都不存在异方差，表明四因素模型 MD3 不存在异方差。相比四因素模型 MD1 和四因素模型 MD2，四因素模型 MD3 拟合效果更好。

表 10-13 四因素模型 MD3 的 White 异方差检验

Obs*R-squared	Prob. Chi-Square(14)
9.070571	0.8265
16.4407	0.2872
6.583523	0.9496
13.11425	0.5175
18.09763	0.2024
9.780328	0.7781
7.153282	0.9286
11.56455	0.6412
12.55532	0.5618

自相关问题的检验：如表 10-14 所示，用 LM 检验法进行检验，显著性水平为 0.05，检

验结果显示，9 组中有 7 个组合的回归不存在自相关，说明四因素模型 MD3 不存在自相关。相比四因素模型 MD1 和四因素模型 MD2，四因素模型 MD3 拟合效果更好。

表 10-14 四因素模型 MD3 的 LM 序列自相关检验

Obs*R-squared	Prob. Chi-Square(2)
2.285707	0.3189
5.164742	0.0756
7.725174	0.021
2.519603	0.2837
0.418318	0.8113
3.81053	0.1488
6.493825	0.0389
4.191111	0.123
1.55176	0.4603

10.5 研 究 结 论

以上证 A 股 2009 年 5 月—2013 年 4 月的周收益率为数据样本，根据样本股账面市值比和流动市值的大小，将数据划分为 9 组投资组合，通过 Carhart 四因素模型对上证 A 股进行了实证研究，得到的结论如下：Carhart 四因素模型的短期动量因子 MD1 没有提升模型的解释能力，中期动量因子 MD2 提高了模型的解释能力，长期动量因子 MD3 更明显地提高了模型的解释能力，表明我国上海 A 股市场在短期不存在反转的动量因素，在中长期存在惯性的动量因素。

思 考 题

下列超额收益率取自 8 只股票和一个市场指数的数据，如表 10-15 所示。

表 10-15 8 只股票和沪指的超额收益率

Date	用友	海螺	三一	浦发	招商	美的	海尔	沪指
2009-11-26	-4.46%	-8.46%	-0.85%	-5.27%	-4.76%	-2.64%	-4.88%	-2.38%
2009-11-25	1.89%	2.50%	-5.17%	0.74%	0.95%	3.03%	3.35%	-3.69%
2009-11-24	-3.41%	-5.29%	1.08%	-2.49%	-3.51%	-5.00%	-6.24%	2.05%
2009-11-23	1.24%	2.00%	-3.65%	-0.13%	0.70%	1.40%	1.66%	-3.51%
2009-11-20	-0.37%	3.13%	1.21%	-0.76%	-0.49%	-1.17%	0.32%	0.91%
2009-11-19	3.10%	1.28%	-0.16%	-0.75%	-1.77%	1.45%	3.23%	-0.37%

续表

Date	用友	海螺	三一	浦发	招商	美的	海尔	沪指
2009-11-18	0.13%	0.80%	0.29%	−0.25%	−0.90%	−2.38%	−1.21%	0.52%
2009-11-17	1.81%	−0.87%	−1.55%	0.12%	0.74%	−2.05%	−2.15%	0.62%
2009-11-16	3.67%	2.73%	−1.19%	2.49%	2.63%	0.32%	−0.81%	0.24%
2009-11-13	−0.45%	−1.59%	1.98%	0.69%	0.38%	5.73%	7.60%	2.70%
2009-11-11	0.13%	−0.74%	−0.76%	−0.98%	−2.11%	0.48%	1.56%	0.39%
2009-11-10	−0.63%	−0.47%	1.60%	−0.09%	0.11%	2.24%	−0.54%	−0.11%
2009-11-9	3.73%	−1.91%	5.06%	−0.51%	−0.91%	−1.66%	0.64%	0.10%
2009-11-6	−0.37%	7.28%	−1.39%	0.34%	0.05%	−0.63%	−0.64%	0.36%
2009-11-5	−0.14%	−0.98%	−0.38%	−0.51%	−0.48%	−1.86%	−0.20%	0.28%
2009-11-4	3.76%	−1.04%	0.25%	2.14%	0.53%	0.09%	1.92%	0.84%
2009-11-3	1.49%	−0.62%	−1.93%	0.87%	0.64%	1.00%	3.09%	0.46%
2009-11-2	0.63%	2.03%	0.22%	5.50%	5.05%	3.26%	1.76%	1.21%
2009-10-30	1.73%	0.82%	2.79%	0.79%	4.08%	1.19%	−0.63%	2.66%
2009-10-29	−0.45%	−1.61%	1.68%	−1.20%	−2.60%	0.05%	0.10%	1.19%
2009-10-28	0.15%	1.68%	−2.32%	−0.73%	−1.08%	1.46%	2.58%	−2.37%
2009-10-27	−2.21%	−1.49%	2.37%	−3.75%	−1.68%	−1.26%	−0.37%	0.33%
2009-10-26	−0.72%	−2.20%	−0.31%	−0.39%	1.62%	1.97%	2.15%	−2.87%
2009-10-23	0.05%	0.68%	−0.23%	2.16%	4.39%	1.96%	1.26%	0.06%
2009-10-22	1.41%	−0.91%	−0.45%	−0.98%	0.30%	0.84%	1.27%	1.83%
2009-10-21	0.64%	−0.74%	−1.20%	−0.70%	1.01%	9.53%	−2.10%	−0.63%
2009-10-19	1.59%	1.56%	−2.24%	2.17%	4.59%	3.77%	2.82%	−0.45%
2009-10-16	−1.34%	1.40%	−0.27%	3.37%	1.13%	−2.02%	2.56%	1.51%
2009-10-15	−0.20%	−1.17%	3.01%	0.93%	−0.32%	−3.47%	−1.77%	2.05%
2009-10-14	0.89%	0.71%	0.87%	0.42%	−0.88%	1.03%	1.54%	−0.11%
2009-10-13	0.70%	−0.85%	2.21%	0.75%	2.53%	−2.38%	0.29%	0.31%
2009-10-12	0.05%	−0.39%	−2.04%	1.86%	0.51%	−0.56%	0.00%	1.16%
2009-10-9	4.34%	−2.98%	0.20%	−1.20%	4.82%	1.57%	2.04%	1.43%

(1) 做一阶回归并列表显示统计结果。
(2) 对证券市场线的二阶回归做假设检验。
(3) 根据每个股票的 β 值,利用它们的超额收益率对证券市场线进行二阶回归。
(4) 对结果做出解释。

第 11 章　固定收益证券及其 Python 应用

【本章精粹】

债券是最有代表性的固定收益证券,因此本章介绍债券的定义、特征、分类、定价、到期收益率、赎回收益率、利率期限结构、债券及其组合的风险管理(包括久期、凸性、免疫)等内容。

11.1 债券的定义与分类

11.1.1 债券的定义和特征

固定收益证券也称债券，即债的证明书，是指要求借款人按照预先规定的时间和方式偿还本金和利息的债务合同。固定收益证券未来的现金流是符合合同规定的，但是这些现金流并不一定是固定不变的。固定收益证券的基本特征包括：发行人、到期日、本金和票面利率。其中发行人大致有中央政府及机构、地方政府、公司等。到期日是指固定收益证券所代表的债务合同中规定的终止时间。在到期日，借款人应该按照合同规定偿还全部利息和本金。本金也称面值，是指借款人承诺在到期日之前支付给债券持有人的金额。债券本金的偿还方式有到期一次偿还和在债券持续期内分期偿还。票面利率是指借款人定期支付的利息占本金的百分比。票面利率一般指年利率，如果利息在一年内支付多次，则实际利率可由 $r = \left[1 + \dfrac{r^{(n)}}{n}\right]^n - 1$ 换算得出。

1. 票面价值

票面价值简称面值，是指债券发行时所设定的票面金额，它代表着发行人借入并承诺未来某一特定日期(如债券到期日)偿付给债券持有人的金额，是债券的本金。我国发行的债券面值一般是 100 元人民币，美国债券面值一般为 1000 美元。

2. 债券价格

债券价格包括发行价格和买卖价格(或转让价格)，债券第一次公开发售时的价格就是发行价格，已经公开发售的债券可在投资者之间买卖、转让。债券持有者可以在到期日之前按照当时的债券买卖价格将债券销售出去。债券的价格并不一定等于债券的面值。根据债券价格和面值的关系，可以将债券划分为以下三种类型：

(1) 平价债券，即债券价格等于债券面值；
(2) 溢价债券，即债券价格大于债券面值；
(3) 折价债券，即债券价格小于债券面值。

3. 偿还期限

偿还期限简称期限，指一个时间段，这个时间段的起点是债券的发行日期，终点是债券票面上标明的偿还日期，也称到期日。在到期日，债券代表的债权债务关系终止，债券的发行者偿还所有的本息。有些债券(如可赎回债券)的发行者或持有者在债券发行以后可以改变债券最初的偿还期限。

根据债券期限的不同，债券可分为长期债券、短期债券和中期债券。一般来说，偿还期限在 10 年以上的为长期债券，偿还期限在 1 年以下的为短期债券，偿还期限在 1 年以上(含 1 年)10 年以下(含 10 年)的为中期债券。我国国债的期限划分与上述标准相同，但企业债券的期限划分与上述标准有所不同，如短期企业债券是指期限 1 年以内的，中期是 1 年以上 5 年以下，长期是 5 年以上。

4．票面利率

票面利率是指债券每年支付的利息与债券面值的比例，通常用年利率的百分数表示。投资者所获得的利息等于债券面值乘以票面利率。如某债券的面值为 100 元，票面利率为 8%，投资者每年能获得 8 元利息。

按照利息支付方式不同，可分为附息债券和零息债券。

附息债券是指在债券票面上附有息票的债券，或是指按照债券票面标明的利率及支付方式支付利息的债券。

零息债券不定期支付利息，既可以贴现发行也可按面值平价发行。贴现发行的零息债券也称为贴现债券，发行时以一定的折扣率，以低于债券面值的价格发行，到期时发行者按面值偿还。还有一种零息债券是按照面值销售，债券偿还期限内不支付利息，利息累积计算，在到期日利息随本金一次性支付。

11.1.2 债券的分类

债券的分类如下：

按发行人的不同，可分为国债、政府债券、市政债券和公司债券。

按到期日的不同，可分为短期债券、中期债券和长期债券。

按票面利率的不同，可分为零息债券、固定利率债券、浮动利率债券、累息债券、递增债券和推迟利息债券。

按嵌入期权的不同，可分为可赎回债券和可转换债券。

下面仅对按票面利率分类的债券进行说明。

零息债券：在债券存续期内不支付利息的债券，该债券以低于面值的价格发行，到期日按面值偿还本金。

固定利率债券：票面利率固定的债券。

浮动利率债券：票面利率不固定，随着某种参考利率而浮动的债券。

累息债券：当期不支付利息，而将应付利息推迟到到期日和本金一起支付的债券。

递增债券：在规定的时期内单次或多次增加票面利率，其中前者称为单次递增债券，后者称为多次递增债券。

推迟利息债券：推迟最初的利息支付至规定的期限，然后按照一般债券的利息支付方式进行支付的债券。

1．政府债券

发行的主体是政府，可分为中央政府债券、地方政府债券和政府机构债券。我国目前法律规定地方政府不能发行债券。中央政府债券又称为国债。大多数国家规定，购买政府债券获得的收益可免税。国债又可分为无记名(实物)国债、凭证式国债和记账式国债三种。

(1) 实物国债，是一种具有标准格式的债券，在标准格式里，一般印制了债券的面额、利率、债券发行人全称、还本付息方式等各种要素，不记名、不挂失，可上市流通。

(2) 凭证式国债，是一种债权人认购债券的收款凭证，可记名、挂失，可提前兑付，不能上市流通，从购买之日起计息，发行对象主要是个人投资者。

(3) 记账式国债，是一种只在计算机账户中做记录，而没有实物形态的债券。以计算机记账形式记录债权，通过无纸化方式发行和交易，可记名、挂失。

2. 金融债券

金融债券是指银行及其分支机构以及非银行金融机构依照法定程序发行并约定在一定期限内还本付息的有价证券。它本质上就是公司债券，唯一的区别就是发行者是金融机构。在英美国家，金融机构发行的债券归类于公司债券。我国和日本等国家，金融机构发行的债券称为金融债券。金融债券的利息收入也免税。

3. 企业债券

企业债券是指企业按照法定程序发行的，约定在一定期限还本付息的有价证券，是企业为筹措长期资金而发行的一种债务契约，代表发行债券的企业和投资者之间的一种债权债务关系。债券持有人是企业的债权人，不是所有者，无权参与管理，但有权按期收回本息，与股东相比，有优先的收益分配权。我国大多数企业债券有以下特征：付息方式有零息和附息；企业债券期限短期为1年，长期为15年；发行主体绝大多数是信用为AAA级的国有特大企业。

4. 国际债券

国际债券是一国政府、金融机构、工商企业或国际组织为筹措资金和融通资金，在国外金融市场上发行的，以外国货币计价资产的债券。主要有两种：一是外国债券；二是欧洲债券。

(1) 外国债券，是指借款人在本国以外的某一国家发行的、以该国货币计价资产的债券。如1982年中国国际信托投资公司在日本东京发行的日元债券就是外国债券。

(2) 欧洲债券，是指借款人在本国境外发行，不以发行市场所在国的资产为计价资产的国际债券。如法国一机构在英国债券市场上发行的以美元为计价资产的债券就是欧洲债券。

对于中国的国际债券发行者而言，主要有扬基债券、武士债券和龙债券三种。

(1) 扬基债券，是指美国以外的政府、金融机构、工商企业和国际组织在美国国内发行的、以美元计价资产的债券。其特点是期限长、数额大、控制严。

(2) 武士债券，是指外国发行人在日本债券市场上发行的、以日元计价的中长期债券，期限一般是3～10年，在东京证券交易所交易。

(3) 龙债券，期限一般是3～8年，在中国香港或新加坡上市，发行人一般是政府，多数以美元计价。

11.2 债券定价及其 Python 应用

11.2.1 付息债券的价格及其 Python 应用

一般的附息债券价格公式可以表述如下：

$$P = \sum_{t=1}^{N} \frac{C_t}{(1+y)^t} + \frac{F}{(1+y)^N} \tag{11-1}$$

式中：P——债券的价格；
C_t——第 t 期支付的利息(现金流)；
F——债券面值；
N——债券的期限数；
y——期贴现率；
t——现金流发生的期数。

编写 Python 语言函数如下：

```
def bpd(ct,F,y,n):
    a=cf/(1+y)**t
    b=F/(1+y)**n
    p=sum(a,b)
    return p
```

例1：假设新发行的 3 年期的债券面值为 1000 元，以后每半年支付利息 50 元，市场年收益为 10%，那么债券的现值为多少？

解：本例中 F=1000 元，C_t=50 元，N=6，y=10%/2=5%。债券的现值

$$P = \sum_{t=1}^{6} \frac{50}{(1+5\%)^t} + \frac{1000}{(1+5\%)^6} = 1000 \text{ (元)}$$

```
#Python 语言函数调用
import pandas as pd
t=pd.Series([1,2,3,4,5,6])
n=len(t);ct=50.0;y=0.05;F=1000
res=bpd(ct,F,y,n)
res
Out[7]: 999.99999999999977
```

因此，这种债券以面值出售，如果每年息票低于 100 元，而其他条件不变，债券的现值就低于 1000 元，那么，投资者不会付 1000 元购买这种债券。

从式(11-1)可以看出，债券的现值受三个因素影响：到期日、息票和市场收益(也叫应得收益)。市场收益是投资者对一个特定债券需求的现时市场利率。表 11-1 给出相同息票、不同到期日和不同市场收益的债券价格；而表 11-2 给出相同到期日、不同息票和市场收益的债券价格。我们来分析三个因素对债券价格的影响。

表 11-1 10%的息票、面值 1000 元的债券价格

到期时间(年)	年市场收益				
	6%	8%	10%	12%	14%
1	1038.27	1018.86	1000.00	981.67	963.84
5	1170.60	1081.11	1000.00	926.40	859.53
10	1297.55	1135.90	1000.00	885.30	788.12
15	1392.01	1172.92	1000.00	862.35	751.82
20	1462.30	1197.93	1000.00	849.54	733.37
25	1514.60	1214.82	1000.00	842.38	723.99
30	1553.51	1226.23	1000.00	838.39	719.22

从表 11-1 可以发现：

(1) 债券价格和市场收益相反变化。在到期日相同的条件下，比如表 11-1 选取 15 年期债券，如果市场收益由 10%下降到 8%，债券价格上升 17.29%，而市场收益由 10%上升到 12%，债券价格下降 13.77%。市场收益下降和上升同样百分点，引起的债券价格上升的百分数大于下降的百分数。

(2) 债券价格和到期日有关。在其他条件相同下，当利率变化时，长期债券价格变化比短期债券价格变化大。比如在表 11-1 中，如果市场收益从 10%下跌到 8%，15 年期债券价格上升为 1172.92 元，而 30 年期债券价格上升为 1226.23 元，然而债券价格的百分比变化(15 年期为 17.29%，30 年期为 22.62%)，并不因为到期日增长一倍价格变化也增加一倍。因此，债券价格随到期日增加，而增长百分数是递减的。

表 11-2　面值 1000 元、5 年期的债券价格

年息票率(%)	年市场收益(元)				
	6%	8%	10%	12%	14%
6	1000.00	919.33	845.66	778.80	718.72
8	1085.20	1000.00	922.88	852.40	788.96
10	1170.60	1081.11	1000.00	926.00	869.53
12	1255.80	1162.66	1077.22	1000.00	929.77
14	1331.10	1243.77	1154.44	1073.60	1000.00

(3) 债券价格和息票有关。从表 11-2 可以看出，当市场利率变化时，低息票债券(到期日相同)比高息票的债券相对变化要大。比如，年市场收益从 10%下降到 8%，年息票率 6% 的债券价格增加了 73.67 元，8%的增加了 77.12 元，10%的增加了 81.11 元，12%的增加了 85.44 元，14%的增加了 89.33 元。但是债券价格分别增加了 8.7%、8.4%、8.1%、7.9%和 7.7%，就是说，在市场利率变化时低息票债券的相对波动大。

从上面讨论可以得到一个重要的结论：利率下降(上升)，使得债券价格上升(下降)。长期债券和低息票债券的价格变化大，因此投资者预期利率下降可购买低息票的长期债券，充分利用到期日和息票对债券价格的影响。相反地，如果投资者预期利率上升，可购买高息票或短期债券或具有这两种特点的债券。

11.2.2　零息债券的价格及其 Python 应用

零息债券是指在其存续期内不支付利息的债券，因此在债券到期日之前的任何时刻零息债券都无现金流流入，而在债券到期日流入的现金流仅为债券的票面价值。

零息债券的定价公式为

$$P = \frac{F}{(1+y)^N}$$

式中：P——债券的价格；

　　　F——债券面值；

　　　N——债券的期限；

第 11 章　固定收益证券及其 Python 应用

y——贴现率。

若零息债券的期限不足 1 年，如距离到期日的天数为 T，则债券价格为 $P=\dfrac{F}{(1+y)^{T/365}}$。

编写 Python 语言函数如下：

```
def lxbpd(F,y,n):
  b=F/(1+y)**n
  return b
```

例 2：考虑一个期限是 8 年，面值是 1000 美元，市场年利率是 8%，每半年付息一次的零息债券，计算其价格。

解：本例中，$F=1000$，$N=16$，$y=8\%/2=4\%$，则债券价格为

$$P=\frac{F}{(1+y)^N}=\frac{1000}{(1+4\%)^{16}}$$

```
#Python 语言函数调用
[1] 533.9082
Out[2]: 533.90817568584l2
```

11.3　债券的到期收益率

计算到期收益率是计算债券价格的逆过程，到期收益率可以通过下式求得：

$$P=\sum_{t=1}^{N}\frac{C}{(1+y)^t}+\frac{F}{(1+y)^N} \tag{11-2}$$

式中：P——债券当前的市场价格；

C——利息；

F——债券面值；

N——距离到期日的年数；

y——每年的到期收益率。

如果是零息债券，则式(11-2)可变为

$$P=\frac{F}{(1+y)^N}$$

如果是半年支付一次利息，则式(11-2)可变为

$$P=\sum_{t=1}^{N}\frac{C}{(1+y/2)^t}+\frac{F}{(1+y/2)^N}$$

式中：P——债券当前的市场价格；

C——每次支付的利息；

F——债券面值；

N——距离到期日的期数(=年×2)；

y——到期收益率。

上述付息债券的到期收益率可整理成如下的形式：

$$\sum_{t=1}^{N}\frac{C}{(1+y)^t}+\frac{F}{(1+y)^N}=\frac{C}{y}[1-(1+y)^{-N}]+\frac{F}{(1+y)^N}=\frac{C}{y}+\left(F-\frac{C}{y}\right)(1+y)^{-N}$$

Python 语言函数设计留给读者思考。

例 3：设某 5 年期债券的面值是 100 元，年票面利率是 5%，每半年付息一次，现在债券的价格是 110 元，求该债券的到期收益率。

解：本例中，$P=110$ 元，$F=100$ 元，$C=100\times 5\%/2=2.5$ 元，$N=10$。

根据 $P=\sum_{t=1}^{N}\dfrac{C}{(1+y)^t}+\dfrac{F}{(1+y)^N}$ 得

$$P=\sum_{t=1}^{10}\dfrac{2.5}{(1+y)^t}+\dfrac{100}{(1+y)^{10}}=110$$

不断调整 y 直至计算出来的债券价格 $P=110$ 元为止，这时的 y 就是到期收益率。

债券的到期年收益率应是 0.0284，此时债券的价格是 110 元。

11.4 债券的赎回收益率及其 Python 应用

很多债券附有发行者能够在到期日之前回购全部或者部分债券的条款。这种发行者在到期日之前回收债券的权利称为赎回权(call option)。拥有赎回权的债券称为可赎回债券(callable bond)。发行者执行这个权利，称发行者赎回了债券。发行者赎回债券支付的价格称为赎回价格(call price)。

一般情况下，赎回债券不只有一个赎回价格，而是有一个赎回计划。在这个赎回计划中，根据发行者执行赎回权的不同时间规定不同的赎回价格。赎回计划一般将首个赎回日的赎回价格设定高于面值，然后随着时间的推移将赎回价格降低到面值。

当债券可被赎回时，投资者可以计算截止到假设赎回日的收益率，而使赎回日现金流的现值等于债券全价的收益率就是赎回收益率，即赎回收益率 y 满足

$$P=\sum_{t=1}^{n_2}\dfrac{C_t}{(1+y)^t}+\dfrac{C_P}{(1+y)^{n_2}}$$

式中：P——债券的市场价格；

n_2——赎回日前的利息支付期数；

C_t——各期现金流，当 $t<n_2$ 时，$C_t=C$(每期支付的利息)；当 $t=n_2$ 时，$C_t=C+C_P$；

C_P——赎回计划规定的在假设赎回日的价格。

编写 Python 语言函数如下：

```
def bpdsh(ct,CP,y,n2):
    a=cf/(1+y)**t
    b=CP/(1+y)**n2
    p=sum(a,b)
    return p
```

例 4：考虑一种面值是 1000 美元，有效期为 18 年，年票面利率是 6%，每半年付息一次的可赎回债券，赎回年收益率为 0.152。假设这个债券最早可以在 5 年后以 1030 美元的价格赎回，求债券的市场价格。

解：本例中，$C_t=30$，$C_P=1030$ 元，$y=15.2\%/2=7.6\%$，$n_2=10$。

根据 $P=\sum_{t=1}^{n_2}\dfrac{C_t}{(1+y)^t}+\dfrac{C_P}{(1+y)^{n_2}}$ 得

第 11 章 固定收益证券及其 Python 应用

$$P = \sum_{t=1}^{10} \frac{30}{(1+y)^t} + \frac{1030}{(1+y)^{10}}$$

```
#Python 语言函数调用
import pandas as pd
t=pd.Series([1,2,3,4,5,6,7,8,9,10])
cf=30.0;CP=1030;y=0.076;n2=10
res=bpd(cf,CP,y,n2)
res
Out[12]: 700.11006725605034
```

11.5 利率期限结构及其 Python 应用

11.5.1 到期收益和即期利率

1. 到期收益率(YTM)

计算利率有很多方法，到期收益是最重要、最准确的方法之一。投资者在购入某种债券后一直保留到债券到期，还本付息，这时投资者所得到的收益率就是到期收益率。

在说明到期收益率和即期利率时，我们都假定投资者购买政府债券，因为这些债券没有违约风险，就是说完全能按期偿付。

1) 折价债券的收益

折价债券是以其面值的折扣出售，到期偿还面值。

例 5：市场中有债券甲和乙，面值都是 1000 元，分别为 1 年和 2 年到期，现在市场的出售价格各为 943.58 元和 873.44 元，那么他们的到期收益率是多少？

解：甲：$943.58 = \dfrac{1000}{1+r_1}$

乙：$873.44 = \dfrac{1000}{(1+r_2)^2}$

其中，等式右端分子 1000 为债券面值，等式左端为债券购入价格，分母中的 r 是收益率(简称收益)。解上述甲、乙两式可得：债券甲的到期收益率 $r_1 = 6\%$，债券乙的到期收益率 $r_2 = 7\%$。

2) 定期付息债券的收益

除折价债券外，最常见的债券是定期付息的息票债券。联邦政府的中、长期债券属于这种。

例 6：债券丙是息票债券，从现在起 1 年付投资者利息 50 元，并且从现在起 2 年到期，那时付投资者 1050 元，现在市场的出售价格是 964.27 元，那么它的到期收益率是多少？

解：$964.27 = \dfrac{50}{1+r_3} + \dfrac{1050}{(1+r_3)^2}$

可解得 $r_3 = 6.98\%$。

任何购买债券的投资者都希望在未来某个时间得到一个或多个现金流。这些现金流都在未来出现，适当的平均复折扣率决定了其现值。这个直到债券到期还本为止的平均复回报率就是到期收益(率)。到期收益率是测量债券回报的非常普遍的方法。任何投资者都可以计算、比较其不同的投资债券到期收益率。

2. 即期收益率(spot rate)

对折价债券来说，即期利率是其年到期收益。在上面的例子中，债券甲和乙是折价债券，因此，债券甲的 1 年即期利率是 6%，债券乙的 2 年即期利率是 7%。一般地，t 年的即期利率用 r_t 表示，那么有：

$$P_t = \frac{C_t}{(1+r_t)^t} \tag{11-3}$$

式中：P_t——折价债券的现值；

C_t——t 年到期价格；

r_t——未来 t 年到期现有债券的利率，它是可观测的。例如，$t=2$ 年，债券乙的 $P_2 = 873.44$ 元，$C_2 = 1000$、$r_2 = 7\%$。

其实前面的例子中，2 年的折价债券是不存在的，因为息票债券期限较长。如果投资者投资 2 年的债券，他会选择息票债券。假设现值为 P_2，到期价为 C_2，从现在起 1 年后支付息票等于 C_1。这时 2 年的即期利率 r_2 由下式解出

$$P_2 = \frac{C_1}{(1+r_1)} + \frac{C_2}{(1+r_2)^2} \tag{11-4}$$

例 7：$P_2 = 964.27$ 元，$C_1 = 50$ 元，$r_1 = 6\%$，$C_2 = 1050$ 元，求 2 年即期利率 r_2。

解：$964.27 = \dfrac{50}{(1+6\%)} + \dfrac{1050}{(1+r_2)^2}$

解得：$r_2 = 7\%$

更一般地，

$$PV = \sum_{T=1}^{n} \frac{C_t}{(1+r_t)^t} \tag{11-5}$$

式中：C_t——t 年支付给投资者的现金；

r_t——t 年到期的即期利率；

PV——债券的现值。

11.5.2 远期利率

由式(11-3)可知，若 1 年内和 2 年内现金流均为 1 元，则转换为现值分别为

$$\frac{1}{1+r_1} \text{ 和 } \frac{1}{(1+r_2)^2}$$

式中：r_1, r_2——分别是 1 年和 2 年的即期利率。

对于 2 年内支付 1 元的现值还可以用其他方法计算。首先，以 1 年即期利率 r_1 为折扣率求出 1 年的现值为 $1/(1+r_1)$，然后，决定 1 年后得到 1 元的现值为 $\dfrac{1/(1+r_1)}{1+f_{1,2}}$。它与 2 年内得到 1 元的现值相等，即

第 11 章　固定收益证券及其 Python 应用

$$\frac{1}{(1+r_1)(1+f_{1,2})} = \frac{1}{(1+r_2)^2}$$

得

$$(1+r_1)(1+f_{1,2}) = (1+r_2)^2 \tag{11-6}$$

那么

$$1 + f_{1,2} = \frac{(1+r_2)^2}{1+r_1} \tag{11-7}$$

式中：折扣率 $f_{1,2}$——从 1 年到 2 年的远期利率。

假设 $r_1 = 6\%, r_2 = 7\%$，那么 $f_{1,2} = 8.01\%$。也就是说，如果一个投资者购买联邦政府为期 2 年的债券的即期利率为 7%，那么相当于这个投资者要求的第 1 年债券的利率(1 年即期利率)为 6%；并且他与政府签订一个远期合约，从现在起 1 年后到 2 年底政府归还本息时的利率是远期利率 8.01%。

远期利率与未来有关，因此是不可观测的。一般地，

$$(1+r_t)^t = (1+r_1)(1+f_{1,2})(1+f_{2,3})\cdots(1+f_{t-1,t}) \tag{11-8}$$

$$1 + f_{t,t+1} = \frac{(1+r_{t+1})^{t+1}}{(1+r_t)^t} \tag{11-9}$$

更一般地，

$$(1+f_{t,t+n})^n = \frac{(1+r_{t+n})^{t+n}}{(1+r_t)^t} \tag{11-10}$$

式中：r_t——t 年即期利率；

$f_{t,t+1}$——t 年到 $t+1$ 年的远期利率；

$f_{t,t+n}$——t 年到 $t+n$ 年的远期利率；

r_{t+n}——t 年到 $t+n$ 年的即期利率。

11.5.3　利率期限结构及其理论

期限结构是指计算在不同期限上的到期收益率。使用 t 代表期限，F 代表面值，P_t 代表特定期限上的债券价格，则不同期限上的到期收益率

$$y_t = \left(\frac{F}{P_t}\right)^{1/t} - 1$$

例如，面值 1 万元的零息债券，可分为 3 种期限及其价格，如表 11-3 所示。

表 11-3　利率期限结构

期限(年)	价格(元)
1	9500
2	8100
3	7300

编写 Python 语言函数如下：

```
import pandas as pd
import matplotlib.pyplot as plt
F=10000
P=pd.Series([9500,8100,7300])
t=pd.Series([1,2,3])
r=(F/P)**(1/t)-1
print r
0    0.052632
1    0.111111
2    0.110604
dtype: float64
plt.plot(t,r)
```

则得到如图 11-1 所示的图形。

图 11-1 利率期限结构

由此可见，债券是有一定到期期限的。债券的收益率和到期期限有一定关系。这种关系称为利率的期限结构(Rate Term Structure)。这里我们将利率的期限结构看作由一系列的远期利率和一个本期已知的即期利率组成。

期限结构通常可用收益曲线表示。它是用图形来描述同一种债券的收益和到期结构的关系。图 11-2 是收益曲线的三种类型，其中每一种的利率曲线随到期期限变化。

图 11-2 收益曲线的三种类型

一般地，即期利率 r_t 随到期期限 t 增加而增加。图 11-2(a)表示的正是这种情形。它符合通常的想法：长期的即期利率高于短期即期利率。图 11-2(b)表示长期的即期利率与短期比较没有太大变化。图 11-2(c)表示的是与(a)相反的情形。

主要有三种理论用于解释利率期限结构。

第一种是流动偏好理论。这种理论认为长期债券收益高于短期债券收益，因为短期债券流动性高，易于变现，而长期债券流动性差。人们购买长期债券在某种程度上牺牲了流动性，因而要求得到补偿。

第二种理论是预期理论。该理论认为，如果人们预期利率会上升(例如在经济周期的上升阶段)，长期利率就会高于短期利率。这就是说，如果所有投资者预期利率上升，收益曲线将向上倾斜；当经济周期从高涨、繁荣即将过渡到衰退时，如果人们预期利率保持不变，那么收益曲线将持平；如果在经济衰退初期人们预期未来利率会下降，那么就会形成向下倾斜的收益曲线。

第三种理论是市场分隔理论。它是说，因为人们有不同的期限偏好，所以长期、中期、短期债券便有不同的供给和需求，从而形成不同的市场，它们之间不能互相替代。根据供求量的不同，它们的利率各不相同。

下面分别讨论这三种理论。

1. 流动偏好理论

流动偏好理论认为投资者偏好短期债券，因为这些投资容易变现。投资较长的债券就有利率风险，债券发行者必须给投资者以风险补偿。发行者愿意为较长期的债券付较高的回报是因为发行长期债券比短期债券节省成本，不必为频繁的再融资付更多的发行成本；而且长期债券风险较小，不必关注未来高融资的风险。

假设 t 年和 $t+1$ 年的即期利率分别为 r_t, r_{t+1}，t 到 $t+1$ 年的未来预期的即期利率为 $E(r_{t,t+1})$。一个投资者持有 $t+1$ 年到期的债券，如果他在 t 年需要资金，准备出售该债券，这时他需要考虑未来预期的即期利率 $E(r_{t,t+1})$，即期利率 r_t, r_{t+1} 和远期利率 $f_{t,t+1}$ 之间的关系。由式(11-9)有

$$(1+r_t)^t(1+f_{t,t+1}) = (1+r_{t+1})^{t+1} \tag{11-11}$$

根据流动偏好理论，只有一种情形下，投资者可能持有债券一直到期，即 $E(r_{t,t+1}) < f_{t,t+1}$，那么

$$(1+r_t)^t[1+E(r_{t,t+1})] < (1+r_{t+1})^{t+1} \tag{11-12}$$

这个不等式是流动偏好理论解释期限结构的基础。

远期利率和未来预期的即期利率之差叫作流动补偿。它是补偿投资者持有债券而承担的较大利率风险。一般地，

$$l_{t,t+1} = f_{t,t+1} - E(r_{t,t+1}) \tag{11-13}$$

式中：$l_{t,t+1}$——t 到 $t+1$ 年的流动补偿。

为了简便，我们取到期期限为 2 年，式(11-11)至式(11-13)分别为

$$(1+r_1)(1+f_{1,2}) = (1+r_2)^2 \tag{11-14}$$

$$(1+r_1)[1+E(r_{1,2})] < (1+r_2)^2 \tag{11-15}$$

$$l_{1,2} = f_{1,2} - E(r_{1,2}) \tag{11-16}$$

由前面的例子假设 $r_1 = 6\%, r_2 = 7\%$，那么 $f_{1,2} = 8.01\%$。这时如果未来预期的即期利率 $E(r_{1,2}) = 7.5\%$，小于远期利率 $f_{1,2} = 8.01\%$，那么 1 年后出卖这种 2 年期的债券，下一年再投资这种债券，2 年后 1 元的投资值为 $1 \times 1.06 \times 1.075 = 1.140$。而持有这个债券到期的投资值为 $1 \times 1.07^2 = 1.145$，显然后者的回报较大，这是因为有较大程度的价格风险。

由式(11-16)可知，流动补偿为 $l_{1,2} = f_{1,2} - E(r_{1,2}) = 8.01\% - 7.5\% = 0.51\%$，它是 1 年到 2 年的流动补偿，是对价格风险的补偿。

现在使用式(11-14)至式(11-16)说明收益曲线的类型：

向下倾斜的收益曲线：当 $r_1 > r_2$，仅当 $E(r_{1,2}) < r_1$ 时，式(11-15)成立，因此，仅当利率实际下降时，我们观测到向下倾斜的曲线。

假设 $r_1 = 6\%$，$r_2 = 5\%$，那么远期利率 $f_{1,2} = 4.01\%$。并且

$$(1 + 0.06)[1 + E(r_{1,2})] < 1.05^2$$

流动补偿 $l_{1,2} = 0.51\%$，结果

$$E(r_{1,2}) = 4.01\% - 0.51\% = 3.5\%$$

因此，收益曲线是向下倾斜的。因为，现时 1 年即期利率为 6%，预期的 1 年到 2 年的即期利率下降到 3.5%。

持平的收益曲线：这时当 $r_1 = r_2$，且仅当 $E(r_{1,2}) < r_1$ 时，式(11-15)成立，因此，仅当市场预期的短期利率下降时，有一个持平的收益曲线出现。

如果 $r_1 = r_2 = 6\%$，$l_{1,2} = 0.51\%$，那么 $f_{1,2} = 6\%$，$E(r_{1,2}) = 6\% - 0.51\% = 5.49\%$。即从即期利率 6%下降到预期的即期利率 5.49%。

向上倾斜的收益曲线：这时 $r_1 < r_2$。如果 r_1, r_2 非常接近，那么曲线平缓上升，这可能与预期的即期利率下降是一致的。例如 $r_1 = 6\%$，$r_2 = 6.1\%$，而流动补偿仍为 0.51%，那么远期利率为 6.2%，预期的即期利率 $E(r_{1,2}) = 6.2\% - 0.51\% = 5.69\%$。因此，收益曲线平缓向上倾斜时预期的即期利率小幅度下跌。

如果收益曲线的斜率较大，即曲线急剧上升，则可能是市场预期的即期利率上升。例如 $r_1 = 6\%$，$r_2 = 6.5\%$，流动补偿为 0.51%，那么远期利率为 7%，预期的即期利率 $E(r_{1,2}) = 7\% - 0.51\% = 6.49\%$。表明市场预期 1 年即期利率从 6%上升到 6.49%。

因此，向上倾斜的收益曲线可能表示即期利率预期上升或下降，这取决于曲线斜率的大小。一般地，斜率越大，预期的即期利率越可能上升。因为在预期的即期利率小幅度下跌时，收益曲线也可能向上倾斜，因此，流动偏好理论推断出向上倾斜的期限结构比向下倾斜的结构要多。

2. 预期理论

在预期理论下，预期的即期利率等于远期利率。

$$E(r_{t,t+1}) = f_{t,t+1} \tag{11-17}$$

如果 $E(r_{t,t+1}) \neq f_{t,t+1}$，比如 $E(r_{t,t+1}) > f_{t,t+1}$，投资者不愿意投资 $t+1$ 年到期债券转而在 t 年出售这种债券，在下一年再投资。这时，投资者投资 $t+1$ 年到期债券的资金减少，资金供应

少于需求，使得 $t+1$ 年到期债券的即期债券的即期利率上升；相反，在 t 年出售 $t+1$ 年到期债券增多，资金供应多于需求，引起 $E(r_{t,t+1})$ 迅速下降。在 $E(r_{t,t+1}) < f_{t,t+1}$ 时，投资者会选择 $t+1$ 年到期的债券，投资者不会在 t 年出售债券在 $t+1$ 年再投资，因此，$t+1$ 年的即期利率上升。结果，无论哪种情形，在预期理论的假设下，市场达到均衡，即式(11-17)成立。就是说，投资者在持有债券一直到到期和在 t 年出售这种债券下一年再投资得到的回报相同。

由式(11-11)可得

$$1 + r_{t+1} = \{(1+r_t)^t[1+E(r_{t,t+1})]\}^{\frac{1}{t+1}} = \{(1+r_1)[1+E(r_{1,2})]\cdots[1+E(r_{t,t+1})]\}^{\frac{1}{t+1}} \tag{11-18}$$

预期理论表明，$t+1$ 年的即期利率是同一时期的预期的即期利率的几何平均数减 1。简言之，长期利率是短期利率的几何平均数减 1。

为了说明收益曲线的类型，同样我们取到期期限为 2 年。式(11-18)为

$$(1+r_2)^2 = (1+r_1)[1+E(r_{1,2})] \tag{11-19}$$

向上倾斜的收益曲线：仍假设 $r_1 = 6\%, r_2 = 7\%$，那么 $E(r_{1,2}) = f_{1,2} = 8.01\%$。根据预期理论，预期的即期利率等于远期利率，现时 1 年即期利率为 6%，而 1 年后利率将上升到 8.01%，因此收益曲线是向上倾斜的。而且无论是投资者持债券到 2 年期限(即期利率为 7%)还是 1 年后出售这个债券再以远期利率 8.01%投资，其回报相同。

持平收益曲线：假设 $r_1 = r_2 = 6\%$，那么 $E(r_{1,2}) = f_{1,2} = 6\%$，预期的即期利率和现时的即期利率相等，因而收益曲线是水平的。

向下倾斜收益曲线：假设 $r_1 = 6\%, r_2 = 5\%$，那么 $E(r_{1,2}) = f_{1,2} = 4.01\%$，现时 1 年即期利率为 6%，下一年预期的即期利率将下降到 4.01%。因此，收益曲线向下倾斜。

总之，投资者预期即期利率在未来上升，是向上倾斜的期限结构；反之，预期即期利率在未来下降，是向下倾斜的期限结构。

预期理论和流动偏好理论之间存在着区别。在预期理论中，预期的即期利率等于远期利率 $[E(r_{1,2}) = f_{1,2}]$；而在流动偏好理论中，预期的即期利率 $[E(r_{1,2}) = f_{1,2} - l_{1,2}]$ 是远期利率减去流动补偿。因此，使用这两种理论说明收益曲线类型的理由并不一样。

3．市场分隔理论

市场分隔理论认为不同的投资者和借款者受法律、偏好和不同到期期限的习惯限制。例如，商业银行为了确保资金的流动性，主要投资于短期证券；储蓄银行的主要业务是房地产贷款，因而投资中长期证券；而人寿保险公司可以准确估计死亡率，因而主要投资于长期证券。

由于信息的高成本，投资者和借款者只能专门研究市场的一部分，还有在已知投资者负债的到期期限的情况下，为了防止资本损失，他们使用与负债相同到期期限的资产套期保值。因此，投资者被限制在与其负债的到期期限相适应的某些到期期限的部分市场上。

总之，不同到期期限的证券不能完全互相替代。甚至在可以得到较高回报时，投资者和借款者也不能随意离开他们所在的那部分市场而进入另一部分市场。

不同到期期限的证券的利率很少或完全不影响其他到期期限的证券的利率。即期利率决定于每个市场部分的供需状况。

在分隔理论下，当短期可贷资金的供需曲线交点低于长期可贷资金的供需交点时，收益曲线向上倾斜。相反，当短期可贷资金的供需曲线交点高于长期可贷资金的供需交点时，收益曲线向下倾斜。

有关利率的期限结构的三种理论各有利弊。一般来说，期限结构的每日变动似乎与市场分隔理论相一致，而长期的变动则趋向于预期理论和流动偏好理论。

自从20世纪30年代起，典型的收益曲线是向上倾斜的，正如流动偏好理论所做的预测一样。长期债券比短期债券对利率的变动更敏感，因而长期债券风险较大，需要的补偿也较大。

经验资料表明，流动补偿确实存在，它的大小和1年到期的联邦证券有关，而1年以上到期的债券的流动补偿并不会递增。因此，预期的即期利率决定期限结构，而且由于流动补偿存在，1年以上的流动补偿不会递增。也就是说，投资1年或以上到期的证券大体上有相同的预期回报。

总之，在实际的债券交易中，投资者和借款者不必拘泥于任何一种理论，而应该接受三种理论中的合理部分，运用所掌握的信息来判断收益曲线的形式。

11.6 债券组合管理及其 Python 应用

11.6.1 久期及其 Python 语言计算

收益率的变化导致债券价格的变化，我们可以用久期来衡量债券价格对收益率的敏感性。久期就是价格变化的变化百分比除以收益率与1之和变化的百分比，即

$$D = -\frac{\frac{\Delta P}{P}}{\frac{\Delta(1+y)}{1+y}} = -\frac{\frac{\Delta P}{P}}{\frac{\Delta y}{1+y}}$$ (实际上就是价格的利率弹性) (11-20)

式中：P——债券的初始价格；

ΔP——债券价格变化值；

y——到期收益率；

$\Delta(1+y)$ 与 Δy（相等）——到期收益率的变化值。

之所以加了个负号，是因为债券价格与收益率变化的方向相反。将式(11-20)整理可得

$$\frac{\Delta P}{P} = -\frac{D}{1+y} \times \Delta y$$ (11-21)

因此如果知道某个债券的久期，就可以根据上式计算出一定的收益率变化百分比导致的价格变化百分比。

$$P = \sum_{t=1}^{n} \frac{C_t}{(1+y)^t}$$ (11-22)

式中：C_t——t年的现金流(利息或本金)；

y——债券的年到期收益率；

t——任何有现金流的年数。

上式对 y 求导数，经过整理得

$$\frac{\mathrm{d}P}{\mathrm{d}y} = -\frac{1}{1+y}\sum_{t=1}^{n}\frac{t\times C_t}{(1+y)^t} \tag{11-23}$$

将式(11-23)两边同除以 P 可得

$$\frac{\mathrm{d}P}{\mathrm{d}y}\times\frac{1}{P} = -\frac{1}{1+y}\left[\sum_{t=1}^{n}\frac{t\times C_t}{(1+y)^t}\times\frac{1}{P}\right] \tag{11-24}$$

比较式(11-21)和式(11-24)可以发现，式(11-24)括号内的式子就是久期，它衡量了债券价格对收益率的敏感性。

对于普通债券而言，久期可以通过下式计算。

$$D = \sum_{t=1}^{n}\frac{t\times C_t}{(1+y)^t}\times\frac{1}{P} \tag{11-25}$$

式中：C_t——t 年的现金流(利息或本金)；

y——债券的年到期收益率；

t——任何有现金流的年数。

$$D = \frac{\sum_{t=1}^{n}\frac{t\times C_t}{(1+y)^t}}{\sum_{t=1}^{n}\frac{C_t}{(1+y)^t}} = \sum_{t=1}^{n}t\times w_t，\text{其中 } w_t = \frac{C_t}{(1+y)^t}/P \tag{11-26}$$

式(11-26)被称作麦考利久期。

编写 Python 语言函数如下：

```
def dur(cf,F,y,n):
 a=cf/(1+y)**t
 b=F/(1+y)**n
 p=sum(a,b)
 c=t*cf/(1+y)**t
 c1=n*F/(1+y)**n
 p1=sum(c,c1)
 D=p1/p
 return D
```

业内人士通常使用的是修正久期，修正久期是在收益率改变而债券的预期现金流不变的情况下，收益率变化1%时债券价格变化的百分比。修正久期的计算公式如下：

$$\text{修正久期} = \frac{\text{麦考利久期}}{1+\text{债券到期收益率}/k}$$

式中：k——每年支付利息的次数。

则 $\dfrac{\Delta P}{P} = -\dfrac{D}{1+y}\times\Delta y$ 可变为 $\dfrac{\Delta P}{P} = -\text{修正久期}\times\Delta y$

例8：票面面值100元，息票率为8%的三年期的债券，半年付息一次，到期年收益率为10%，求该三年期债券的麦考利久期。

解：在本例中，$F=100$ 元，$C=4$ 元，$y=0.05$，$n=6$，则

$$D = \frac{\sum_{t=1}^{n} \frac{t \times C_t}{(1+y)^t}}{\sum_{t=1}^{n} \frac{C_t}{(1+y)^t}} = \frac{1 \times \frac{4}{1+0.05} + 2 \times \frac{4}{(1+0.05)^2} + \cdots + 6 \times \frac{4}{(1+0.05)^6}}{\frac{4}{1+0.05} + \frac{4}{(1+0.05)^2} + \cdots + \frac{4}{(1+0.05)^6}}$$

```
#Python 语言函数调用
import pandas as pd
F=100.0;y=0.05
cf=pd.Series([4,4,4,4,4,4])
t=pd.Series([1,2,3,4,5,6])
n=len(t)
res=dur(cf,F,y,n)
res
Out[24]: 5.4348985258070304
```

上面的久期还可按年来算,但久期值有点变化,思考一下为什么?

```
res/2
Out[25]: 2.7174492629035152
```

修正久期为:

```
res/2/(1+0.10/2)
Out[26]: 2.5880469170509666
```

影响债券价格对市场利率变化的敏感性有三个要素:到期时间、息票利率和到期收益率。c 表示每期票面利率,y 表示每期到期收益率,n 表示距离到期日的期数,则有如下法则:

(1) 零息债券的久期等于它的到期时间。

(2) 到期日不变时,债券的久期随着息票利率的降低而延长。

因为票面利率越高,早期的现金流现值越大,占债券价格的权重越高,使时间的加权平均越低,即久期越短。反之,票面利率越低,久期越长。

(3) 当息票利率不变时,债券的久期通常随着债券到期时间的增长而增加。

债券的到期时间越长,价格的利率敏感性越强,这与债券的到期时间越长久期越长是一致的。

(4) 当其他因素不变,债券的到期收益率较低时,息票债券的久期较长。

到期收益率越低,后期的现金流现值越大,在债券价格中所占的比重也越高,时间的加权平均值越高,久期越长。

(5) 稳定年金的久期公式如下:

$$D = [(1+y)/y] - [n/(1+y)^n - 1]$$

运用年金和面值的关系及久期公式可得到上式。

年金现值系数 $\frac{1}{y}\left[1 - \frac{1}{(1+y)^n}\right]$,设年金为 A,则

$P = A\frac{(1+y)^n - 1}{y(1+y)^n} \Rightarrow A = P\frac{y(1+y)^n}{(1+y)^n - 1}$,代入久期计算公式即可得上式。

(6) 永续债券的久期公式为: $D = (1+y)/y$

根据年金的计算方法和数学推导,我们可以将麦考利久期的计算公式简化为上式。

(7) 息票债券的久期 $=\dfrac{1+y}{y}-\dfrac{(1+y)+n(c-y)}{c[(1+y)^n-1]+y}$

此公式的 Python 语言函数编写如下：

```
def fxzq(y,c,n):
  dur=(1+y)/y-(1+y+n*(c-y))/(c*((1+y)**n-1)+y)
  return dur
```

(8) 当息票债券平价出售时，到期收益率等于票面利率，上式可进一步简化：

息票债券的久期 $=\dfrac{1+y}{y}-\dfrac{(1+y)}{y(1+y)^n}$

此公式的 Python 语言函数编写如下：

```
def fxzq1(y,n):
  dur=(1+y)/y-(1+y)/(y*(1+y)**n)
  return dur
```

下面介绍资产组合的久期计算。

资产组合也有久期，其久期是资产组合的有效平均到期时间。其计算方法是对组合中所有资产的久期求加权平均数，权重是各种资产的市场价格占资产总价值的比重。

例 9：一个债券组合由三种半年付息的债券构成，相关资料如表 11-4 所示，求该债券组合的久期。

表 11-4 三种半年付息的债券相关资料

债券名称	面值(元)	票面利率	到期时间(年)	市场价格(元)	到期年收益率
A	1000	6%	6	951.68	7%
B	20000	5.5%	5	20000.00	5.5%
C	10000	7.5%	4	9831.68	8%

解：先利用久期的简化公式，分别计算 A、B、C 的久期和修正久期。

$$D_A=10.2001(\text{半年}) \quad 修正久期=\dfrac{D_A}{1+3.5\%}=9.8552(\text{半年})=4.9276(\text{年})$$

Python 语言函数调用如下：

```
y=0.035;c=0.03;n=12
fxzq(y,c,n)
Out[27]: 10.200077479969014
```

$$D_B=8.8777(\text{半年}) \quad 修正久期=\dfrac{D_B}{1+2.75\%}=8.6401(\text{半年})\approx 4.3201(\text{年})$$

Python 语言函数调用如下：

```
y=0.0275;n=10
fxzq1(y,n)
Out[31]: 8.877678257881932
```

$$D_C=7.0484(\text{半年}) \quad 修正久期=\dfrac{D_C}{1+4\%}=6.7773(\text{半年})\approx 3.3887(\text{年})$$

Python 语言函数调用如下：

```
y=0.04;c=0.0375;n=8
fxzq(y,c,n)
Out[32]: 7.04840920800704
```

A,B,C 市场价格的权重分别是 0.0309,0.6497,0.3194。因此，该债券组合的久期为：
$$D = 4.9276 \times 0.0309 + 4.3201 \times 0.6497 + 3.3887 \times 0.3194 \approx 4.0414 \text{(年)}$$

这表明，当组合中的三种债券的年收益率都变动 1 个百分点时，组合的市场价格将会变动 4.0414%。

用修正久期估计价格波动时，我们是认为 $\frac{\Delta P}{P} = -$修正久期$\times \Delta y$，这表明债券价格的变动百分比与收益率的变动值成正比，从图形上看应该是一条直线，斜率就是修正久期。但事实上，价格与收益率之间的关系并不是线性的，在图形中应表现为一条凸形曲线，这就造成了久期估计的误差。

因此，在收益率变化较大的情况下，为了更精确地估计债券价格的变化，必须考虑价格收益率曲线的凸度性质。

11.6.2 凸度及其计算

1. 凸度的定义

久期本质上是价值曲线在当前利率和债券价格点的斜率，凸度则是斜率的变化量。债券价格 P 随利率 y 的变化而变化，习惯上就可以把债券价格视为利率函数，利用泰勒公式展开得到

$$\Delta P \approx \frac{\mathrm{d}P}{\mathrm{d}y} \Delta y + \frac{1}{2} \frac{\mathrm{d}^2 P}{\mathrm{d}y^2} (\Delta y)^2 + \varepsilon \tag{11-27}$$

式中，ε 为误差项。

数学上利用级数展开式

$$f(x+h) = f(x) + \frac{f'(x)h}{1!} + \frac{f''(x)h^2}{2!} + \cdots$$

取前面三项，有

$$P_t = P + \frac{1}{1!} \frac{\mathrm{d}P}{\mathrm{d}y} \bigg|_{\Delta y=0} \Delta y + \frac{1}{2!} \frac{\mathrm{d}^2 P}{\mathrm{d}y^2} \bigg|_{\Delta y=0} (\Delta y)^2$$

上式两边同时除以价格 P，则变为

$$\frac{\Delta P}{P} \approx \frac{\mathrm{d}P}{\mathrm{d}y} \times \frac{1}{P} \Delta y + \frac{1}{2} \frac{\mathrm{d}^2 P}{\mathrm{d}y^2} \times \frac{1}{P} \times (\Delta y)^2 \tag{11-28}$$

这样我们定义凸度 C 如下：

$$C = \frac{\mathrm{d}^2 P}{\mathrm{d}y^2} \times \frac{1}{P} \tag{11-29}$$

可见，凸度与价格-收益率函数的二阶导数对应。凸度与初始价格的乘积是价格-收益率曲线的曲率，即

$$C \times P = \frac{\mathrm{d}^2 P}{\mathrm{d}y^2}$$

2. 凸度的计算

为了更准确地计算债券价格的变化，需要计算债券的久期和凸度。对于普通债券而言，凸度 C 的计算公式如下：

$$C = \frac{1}{P \times (1+y)^2} \sum_{t=1}^{n} \left[\frac{C_t}{(1+y)^t} \times (t^2+t) \right]$$

式中：t——现金流发生的时间；

$\quad C_t$——第 t 期的现金流；

$\quad y$——每期的到期收益率；

$\quad n$——距离到期日的期数；

$\quad P$——债券的市场价格。

对于零息债券，凸度的计算公式可以进一步简化：

$$C = \frac{t^2+t}{(1+y)^2}$$

令 $w_t = \dfrac{C_t}{(1+y)^t P}$，那么 $C = \dfrac{1}{(1+y)^2} \sum_{t=1}^{n} (t^2+t) \times w_t$

我们发现：凸度的计算与久期非常相似，区别在于它是 t^2+t（而不是 t）的加权平均，再除以 $(1+y)^2$，权重仍然是到期收益率贴现的每期现金流现值占债券市场价格的比重。

注意：上式计算出是以期数为单位的凸度，为了转化成以年为单位的凸度，还要把它除以每年付息次数的平方值。

编写 Python 语言函数如下：

```
def conv(cf,F,y,n):
  a=cf/(1+y)**t
  b=F/(1+y)**n
  p=sum(a,b)
  c=(t**2+t)*cf/(1+y)**t
  c1=(n**2+n)*F/(1+y)**n
  p1=sum(c,c1)
  con=p1/p*(1+y)**(-2)
  return con
```

例 10：票面面值 100 元，息票率为 8%的三年期的债券，半年付息一次，到期年收益率为 10%，求该三年期债券的凸度。

解：在本例中，$F=100$ 元，$C=4$ 元，$y=0.05$，$n=6$，则

$$C = \frac{\sum_{t=1}^{n} \frac{(t^2+t) \times C_t}{(1+y)^t}}{P(1+y)^2} = \frac{(1^2+1) \times \frac{4}{1+0.05} + (2^2+2) \times \frac{4}{(1+0.05)^2} + \cdots + (6^2+6) \times \frac{4}{(1+0.05)^6}}{\left[\frac{4}{1+0.05} + \frac{4}{(1+0.05)^2} + \cdots + \frac{4}{(1+0.05)^6} \right](1+0.05)^2}$$

```
#Python 语言函数调用
import pandas as pd
F=100;y=0.05
cf=pd.Series([4,4,4,4,4,4])
t=pd.Series([1,2,3,4,5,6])
n=len(t)
res=conv(cf,F,y,n)
```

```
res
Out[35]: 33.34949929900916
```

上面的凸性是按期计算，还可按年来算，但凸性值有点变化，思考一下为什么？

```
res/4
Out[37]: 8.3373748247522901
```

3. 凸度与价格波动的关系

因为 $\dfrac{\Delta P}{P} = -$修正久期$\times \Delta y$

$$C = \dfrac{\mathrm{d}^2 P}{\mathrm{d} y^2} \times \dfrac{1}{P}$$

因此式(11-28)可修正为久期与价格波动的关系：

$$\dfrac{\Delta P}{P} = -\text{修正久期} \times \Delta y + \dfrac{1}{2} \times C \times (\Delta y)^2 \tag{11-30}$$

例如，例 8 和例 10 中，年修正久期为 2.588047，年凸度为 8.337375，如果预期未来收益将为 11%，则利用上式可得

$$\dfrac{\Delta P}{P} = -\text{修正久期} \times \Delta y + \dfrac{1}{2} \times C \times (\Delta y)^2 = -2.588047 \times 1\% + 0.5 \times 8.337375 \times (1\%)^2$$

$$\approx -2.505\%$$

即收益增长 1%，价格下降 2.505%

$$P = 100 \times (1 - 2.505\%) = 97.495 \text{ 元}。$$

11.6.3 免疫及其计算

我们知道：债券组合的主要风险来自利率变化，就是期限结构的改变。免疫是保护债券组合避免利率风险的一种策略。管理者选择久期等于他们负债的到期期限的债券组合，利用价格风险和再投资率风险互相抵消的特点，保证管理者不受损失。

许多债券组合在到期时都希望达到目标值，如养老金的管理者要安排每年得到的现金流能满足养老金的支付。

如果债券管理者为投资者管理一个面值为 1000 美元，息票率是 8%，息票再投资率是 8%的 5 年期债券。其久期计算的 Python 语言函数调用如下：

```
y=0.08;c=0.08;n=5
fxzq(y,c,n)
Out[39]: 4.3121268400443356
```

那么，1~4 年的息票再投资所得为

$$80 \times (1.08^4 + 1.08^3 + 1.08^2 + 1.08) = 389.36 \text{ (美元)}$$

第 5 年的本息为 1080 美元，总所得为

$$1080 + 389.36 = 1469.36 (\text{美元})$$

即投资者现在每投资 1 美元，5 年后有 1.469 美元。它实现的复收益为

$$RCY = \left(\dfrac{1469.36}{1000}\right)^{\frac{1}{5}} - 1 = 8\%$$

如果利率在投资初期从8%突然跌到6%，那么1~4年的息票再投资所得为
$$80 \times (1.06^4 + 1.06^3 + 1.06^2 + 1.06) = 370.96(美元)$$
第5年的本息为1080美元，总所得为
$$1080 + 379.96 = 1450.96(美元)$$
即投资者现在每投资1美元，5年后有1.45096美元。它实现的复收益为
$$\text{RCY} = \left(\frac{1450.96}{1000}\right)^{\frac{1}{5}} - 1 = 7.73\%$$

使用免疫策略可以避免这种结果，即不使复利率下降。如果另一个债券的久期等于这个债券的到期期限，那么那个债券是免疫的。这就是利率变化在给定到期期限上不影响实现复收益的情况。

一个6年期面值为1000美元息票率和再投资率都是8%的债券的久期为4.99年(即5年)。

Python语言函数调用如下：

```
y=0.08;c=0.08;n=6
fxzq(y,c,n)
Out[38]: 4.992710037078089
```

在第5年出售，所得为1469.96美元。为什么？

这是因为1~4年的息票再投资所得为
$$80 \times (1.06^4 + 1.06^3 + 1.06^2 + 1.06) = 370.96(美元)$$
第5年的息票所得为80美元。债券还有1年到期，现价为
$$\frac{1080}{1.06} = 1019(美元)$$
总所得为370.96+80+1019=1469.96(美元)，实现复收益
$$\text{RCY} = \left(\frac{1469.96}{1000}\right)^{\frac{1}{5}} - 1 = 8\%$$

由于利率下降，再投资收入减少约19美元，而资本盈余19美元补偿了损失。

上述计算过程结果如表11-5所示。

表11-5 债券免疫的现金流变化

时间(年)	现金流	8%(r)	6%(r)	9%(r)
1	80	80×1.08^4	80×1.06^4	80×1.09^4
2	80	80×1.08^3	80×1.06^3	80×1.09^3
3	80	80×1.08^2	80×1.06^2	80×1.09^2
4	80	80×1.08	80×1.06	80×1.09
5	80	80	80	80
利息总收入		469.36	450.96	478.7768
5年后债券价格	1080/(1+r)	1000	1019	990.8257
5年后债券的终值		1469.36	1469.96	1469.602

通过表11-5可以看到，利率从8%降到6%，债券的利息再投资收入减少，但是销售价

格却从 1000 元涨到 1019 元，两者基本相互抵消。当利率从 8%上涨到 9%时，利息收入的增加基本上被价格的降低所抵消。因此，从上例可以看出，不论利率如何变化，再投资风险和价格风险相互抵消，债券的利率风险被消除了。

因此，可以看出利率风险可分为两部分：①如果利率下降，再投资收入减少，而债券价格上升；②如果利率上升，再投资收入增加，而债券价格下降。免疫是利用再投资收入和债券价格相反变动、互相抵消来消除利率风险的。

免疫策略广泛用于减少利率风险。它不仅可以使用免疫应用于个别债券，而且可以使用免疫应用于债券组合。这时债券组合的久期是包含各个债券久期的加权平均和。假设 w_i 是债券组合中的第 i 个债券的权重，D_i 是第 i 个债券的久期，D_P 是 N 个债券组成的投资组合的久期，则

$$D_P = \sum_{i=1}^{N} w_i D_i$$

我们考虑由两个债券组成的免疫债券投资组合。前面 5 年期债券，面值 1000 美元，息票率和再投资率为 8%，它的久期为 4.312 年，而与它期限不同的 8 年期债券的久期为 6.206 年。因为：

```
y=0.08;c=0.08;n=8
fxzq(y,c,n)
Out[40]: 6.206370059223328
```

如果在投资初期利率从 8%降到 6%，就用这两个债券构成免疫债券组合，它的久期应等于 5 年到期期限。因为

$$63.6\% \times 4.312 + 36.4\% \times 6.206 = 5$$

所以在这个债券组合中，5 年期债券占 63.6%，8 年期债券占 36.4%。5 年后出售这个债券组合。8 年期债券还有 3 年到期，出售的市价为

$$P = \frac{80}{1.06} + \frac{80}{1.06^2} + \frac{1080}{1.06^3} = 1053.84 (美元)$$

总所得计算如下：

1~4 年息票再投资收入：

$$80 \times (1.06^4 + 1.06^3 + 1.06^2 + 1.06) = 370.96 (美元)$$

5 年期债券最后 1 年所得：

$$1080 \times 63.6\% = 686.88 (美元)$$

8 年期债券在第 5 年的息票所得：

$$80 \times 36.4\% = 29.12 (美元)$$

第 5 年出售 8 年期债券所得：

$$1053.84 \times 36.4\% = 383.60 (美元)$$

总所得为 370.96+686.88+29.12+383.60=1470.56(美元)
实现复收益

$$\text{RCY} = \left(\frac{1470.56}{1000}\right)^{\frac{1}{5}} - 1 = 8.02\%$$

与 5 年期债券相比较，利率从 8%跌到 6%，再投资所得减少 18.4 美元(389.36-370.96)

而资本盈余增加 19.6 美元(1470.56-1450.96)，大致抵消。因而两者实现复收益可以认为是相同的，这个债券组合是免疫的。

债券的预期实现复收益可用下式估计

$$E(i) = y + \left(1 - \frac{D}{H}\right)(r - y) \tag{11-31}$$

式中：$E(i)$——债券的实现复收益的预期值；

y——现时市场的到期收益；

H——投资者持有债券的时期；

D——久期；

r——在购买时预估的再投资率。

到期收益 y 和久期 D 描述债券的特征，而持有债券的时期 H 和再投资率 r 表示投资者选择的意愿。再投资率 r 是从市场中得到的未来利率的一个估计值。

例 11：息票率是 8%，再投资率也是 8% 的 5 年期债券，在投资初期预期利率从 8% 跌到 6%，那么债券实现复收益的预期值是多少？

解：由式(11-31)得

$$E(i) = y + \left(1 - \frac{D}{H}\right)(r - y) = 8\% + \left(1 - \frac{4.312}{5}\right)(6\% - 8\%) = 7.725\%$$

这里投资者持有债券一直到期，所以 $H=5$。一般地，投资者持有期可能小于债券的到期期限。实现复收益的预期值 7.725% 与实现复收益 7.73% 相差不到 0.1%。

从式(11-31)可知，如果实现复收益的预期值等于再投资率，必须 $1 - \frac{D}{H} = 0$ 或 $r = y$ 或两者都成立。前一式子成立，即久期 D 与投资者持有期限相同。这正是债券免疫要求久期 D 等于到期期限的条件，不管再投资率如何改变，实现复收益将等于到期收益 y。

免疫通常被认为是消极投资策略。因此，购买这种债券组合一直要保存到期。构造免疫债券组合时，一般假定收益曲线是水平的或者做平移，但实际变动要复杂得多。当收益曲线变动时，债券的久期会改变且债券组合的久期也会改变，为了使债券组合免疫，需要频繁地再调整，重新构造债券组合，这样的免疫是积极投资策略。

思 考 题

1．假设新发行的 3 年期的债券面值为 1000 元，以后每半年支付利息 50 元，市场年收益为 10%，那么债券的现值为多少？

2．现在投资者面临两种可供选择的美国息票债券：债券 A 有 4% 的息票率，债券 B 有 10% 的息票率。两种债券都还有 8 年到期，每半年付息一次，初始到期收益率 YTM 都为 9%。投资者根据市场信息判断利率会立即发生变动，或者上升 2%，或者下降 2%。他想知道这种利率的改变将对两个债券的价格产生怎样的影响？

3．有一种 10 年后到期的债券，每年付息一次，下一次付息正好在一年后，面值为 100 元，票面利率为 8%，市场价格是 107.02 元，求它的到期收益率。

4．1 年期债券的到期利率是 6.3%，2 年期零息债券的到期利率是 7.9%。

(1) 第 2 年的远期利率是多少？

(2) 根据期望假设，明年的 1 年期利率的期望值是多少？

(3) 根据流动性偏好理论，明年期的 1 年期利率的期望值比(2)得到的值高还是低？

5. 票面面值 100 元，息票率为 8% 的三年期的债券，半年付息一次，到期收益率为 10%，求该三年期债券的凸度。

6. 某养老基金管理公司已建立一个养老基金，其债务是每年向受益人支付 300 万元，永不终止。基金管理者计划建立一个债券组合来满足这个要求，债券组合由债券 A 和债券 B 组成，债券组合及债券 A、B 的到期收益率均为 15%，债券 A 的票面利率为 10%、期限为 5 年、每年付息一次；债券 B 的票面利率为 8%、期限为 20 年、每年付息一次。那么要使此债务完全免疫，每种债券的持有比例各为多少？(保留四位小数，假设不允许卖空)

第 12 章 权益证券及其 Python 应用

【本章精粹】

权益类证券具有如下特征：拥有发行企业的管理权，是永久性的，没有按期还本付息，每年根据企业盈余收取股利，可以参与管理，有决策权。

权益类证券是指股票和主要以股票为投资对象的证券类金融产品，包括股票、股票基金以及中国证监会规定的其他证券。其中证券公司在自营业务中，持有一种权益类证券的市值与其总市值的比例不得超过 5%。

普通股是最常见的一种权益类证券，它是公司的所有权凭证，具有有限责任、投票权、公司破产后最后得到赔偿和分配股息给股东等特征。

普通股有两种基础分析的方法：现值(股息折现)方法和价格与盈利比方法。现值分析是以普通股收到的未来现金流通过适当的折现率返回本期，而价格盈利比分析是表明投资者愿意为被估的盈利投入资金的倍数。为此，需要估计公司的未来股息和盈利。

另一种代替股息贴现模型对公司进行估价的方法就是利用自由现金流来估值，自由现金流就是去除资本支出之后的公司或股东获得的现金流，这种方法特别适合于那些无须支付股息的公司，因为在这种情况下，股息贴现模型就无法应用了。但是自由现金流方法适合于任何公司，且能提供股息贴现模型无法得到的有用信息。

12.1 股息折现模型及其 Python 应用

12.1.1 零增长模型

考虑一位投资者购买了 X 公司的股票，他计划持有一年。根据金融学的基础知识可知，股票的价值应该等于一年后预期股利与预期出售价格之和的现值，也就是说，X 公司股票在第 0 期的价值可以表示为：

$$V_0 = \frac{D_1 + P_1}{1+k} \tag{12-1}$$

式中：D_1 和 P_1——分别为 X 公司股票在第 1 期的预期股利和预期的出售价格；

k——市场资本率，即市场对资本的应得收益率的共识(注意：未来的价格和股利是未知的，这里使用的是预期值，而非确定值)。

根据公司的历史资料及相关的财务数据，预计公司的股利 D_1 并不难，问题是如何确定年末的价格 P_1？

根据式(12-1)，可以得到：

$$V_1 = \frac{D_2 + P_2}{1+k} \tag{12-2}$$

我们可以假设，X 公司的股票在下一年以其内在价值出售，即 $P_1 = V_1$，然后将式(12-2)代入式(12-1)可计算该股票在 0 期的净现值，即

$$V_0 = \frac{D_1}{1+k} + \frac{D_2 + P_2}{(1+k)^2} \tag{12-3}$$

这样，我们得到持有期为 2 年的 X 公司股票的现值。根据上面的思路，以此类推，我们得到持有期为 n 年的 X 公司股票的现值，即

$$V_0 = \frac{D_1}{1+k} + \frac{D_2}{(1+k)^2} + \cdots + \frac{D_n + P_n}{(1+k)^n} \tag{12-4}$$

可以发现，这个公式与前面介绍的债券的定价公式是相同的，股票的特殊性在于每期的股利和出售价格难以在第 0 期确定下来；事实上，股票的持有期也是不确定的。如果将式(12-4)继续替换下去，那么可以得到：

$$V_0 = \frac{D_1}{1+k} + \frac{D_2}{(1+k)^2} + \cdots \tag{12-5}$$

式(12-5)的经济含义是股票当前的价值等于未来所有股利折现到当期的价值之和，即该股票的净现值，这个公式叫作股价的股利折现模型。

读者一定会问，为什么股票的价值与未来预期的资本利得没有关系。事实上，股票售出时的价格取决于售出时对未来股利的预期，这就是为什么我们可以在式(12-4)中，将股票价格写成股利加上任何售出日期时价格贴现值的原因。P_n 可以理解为在时间点 n 上对未来所有股利预期的贴现值，然后用这个值贴现到第 0 期。同时这个模型也说明股票的价格最终取决于未来提供给投资者的现金流，即股利。

在实际应用式(12-5)进行股票估值时，如何预计各期的股利是一个十分棘手而关键的问题。为了使股利折现模型实用，我们需要做一些简化的假设。如果在各期支付的股利相同，均等于 D，就是零增长的股利折现模型。这样，可以得到：

$$V_0 = \sum_{t=1}^{\infty} \frac{D}{(1+k)^t}$$

利用无穷数列的性质可知，如果 $k>0$，则

$$V_0 = \sum_{t=1}^{\infty} \frac{D}{(1+k)^t} = \frac{D}{k}$$

如果假设在零期该股票的价格为 P_0，就可以计算出内部收益率：

$$\text{IRR} = \frac{D}{P_0}$$

12.1.2 稳定增长模型

如果股利有一个稳定增长率 g，则可以得到稳定增长的股利折现模型。

例如，如果 X 公司股票的股利增长率 $g = 0.03$，第 0 期支付的股利 $D_0 = 2$ 元/股，那么未来股利的预期值为：

$$D_1 = D_0(1+g) = 2 \times 1.03 = 2.06$$
$$D_2 = D_0(1+g)^2 = 2 \times 1.03^2 = 2.12$$
$$\cdots$$
$$D_n = D_0(1+g)^n = 2 \times 1.03^n \tag{12-6}$$

将式(12-6)代入式(12-5)，可以得到

$$V_0 = \frac{D_0(1+g)}{1+k} + \frac{D_0(1+g)^2}{(1+k)^2} + \cdots \tag{12-7}$$

进一步，当 $g<k$ 时，有：

$$V_0 = \frac{D_0(1+g)}{k-g} = \frac{D_1}{k-g} \tag{12-8}$$

如果此时 X 公司的市场资本率为 12%，则式(12-8)可以计算出内在价值为：

$$\frac{2.06}{0.12-0.03} = 22.89 \text{ (元)}$$

式(12-8)称为稳定增长的股利折现模型，由金融学家戈登提出并广泛使用。从这个模型可以看出，在其他变量给定时，若 g 增大，则股票的估值上升；当每股预期的股利更多时，股票的估值上升；当市场的资本率 k 更低时，股票的估值上升。

另外，我们还可以发现，当股票以内在价值出售时，股票价格的增长率和股利增长率 g 相同，经过简单的数学推导可得：

$$P_1 = \frac{D_2}{k-g} = \frac{D_1(1+g)}{k-g} = \frac{D_1}{k-g}(1+g) = P_0(1+g) \tag{12-9}$$

所以在稳定增长的股利折现模型的假设下，股票价格的每年的增长率等于稳定增长率 g。在这种情况下，同样可以计算出对应的内部收益率，由式(12-9)可得：

$$IRR = \frac{D_1}{P_0} + g \tag{12-10}$$

在实际中，通常使用资本资产定价模型来计算 k：

$$k = r_f + \beta[E(r_M) - r_f] \tag{12-11}$$

式中：r_f——无风险资产的收益率；

β——可通过回归得到公司股票特征线的斜率来确定；

$E(r_M)$——市场收益的预期值，等于市场无风险利率和市场风险溢价的和。

如果 $g > k$，那么股票的估值将趋于无穷大，这样的增长通常是不能持续的，在这种情况下，就要使用下面的多阶段增长模型来估值。

12.1.3　H 模型

H 模型的基本假设如下：

(1) 股息的初始增长率为 g_0，随后以线性的方式递减；

(2) 在 $2H$ 期后，股息增长率为一常数 g，H 为某正整数；

(3) 在股息递减过程中的中点 H 上，股息的增长率 g_H 恰好是初始增长率 g_0 和常数增长率 g 的平均数，如图 12-1 所示。

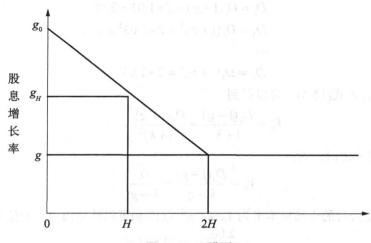

图 12-1　H 模型

在上述假设条件下，Fuller 和 Hisa(1984)证明了以下结论：
$$P = \frac{D_0}{(r-g)}[(1+g) + H \times (g_0 - g)]$$

式中：P——股票价格；

D_0——初期股息；

r——贴现率。

编写 H 模型的 Python 语言函数如下：

```
def hfun(d0,g0,g,r,h):
  p=0.00
  p=d0*((1+g)+h*(g0-g))/(r-g)
  return p
```

例 1：假设某股票初期支付的股息是每股 1 元，在今后的两年的股息增长率是 6%，股息增长率从第 2 年开始递减，从第 6 年开始每年保持 3%的增长速度，另外贴现率是 8%，求该股票的价格。

解：在本例中，$D_0 = 1, g_0 = 0.06, g = 0.03, r = 0.08$，股息增长率开始递减时刻 $t_1 = 2$，股息增长率保持不变时刻 $t_2 = 6$，有结果

$$H = \frac{1}{2}(t_2 - t_1) = \frac{1}{2}(6-2)$$

$$P = \frac{D_0}{(r-g)}[(1+g) + H \times (g_0 - g)] = \frac{1}{(0.08 - 0.03)}[(1+0.03) + H(0.06 - 0.03)]$$

函数调用及结果如下：

```
t1=2;t2=6
h=1.0/2*(t2-t1)
d0=1;g0=0.06;g=0.03;r=0.08
hfun(d0,g0,g,r,h)
Out[8]: 21.8
```

12.1.4　多阶段增长模型

前面介绍的稳定增长的股利折现模型基于一个简单但不现实的假设：股利的增长率不变。只要对全球资本市场，特别是对中国资本市场作一点考察就可以发现，几乎没有上市公司股票的股利发放在长时间内遵循这个规律。另外，公司有生命周期，因而它在不同阶段派发股利的特点也不尽相同。一般而言，在早期，公司面临高回报投资机会多，股利派发少，增长速度快；到了成熟阶段，公司面临的高回报投资机会因为市场竞争的原因而减少，公司通常会提高股利，增长速度放缓。此外，还可能由于整个宏观经济环境的影响，导致某些行业或企业在短期内出现较高的增长率。

对于这些在短期内具有高增长率的公司而言，我们需要采用多阶段的股利折现模型。其基本思路是先预计高增长的股利，并计算合并的现值。然后，一旦预计转入稳定增长期，就使用稳定增长的股利折现模型对剩余的现金流进行估值。

因此，多阶段增长模型如下：

$$V_0 = \frac{D_1}{1+k} + \frac{D_2}{(1+k)^2} + \cdots + \frac{D_n + P_n}{(1+k)^n}, \text{ 其中 } P_n = \frac{D_{n+1}}{k-g}$$

其中式子 $\dfrac{D_1}{1+k}+\dfrac{D_2}{(1+k)^2}+\cdots+\dfrac{D_n}{(1+k)^n}$ 编写 Python 语言函数如下：

```
def spd(d,k,n):
    a=d/(1+k)**t
    p=sum(a)
    return p
```

下面列出 ABC 近几年的股利发放情况，其平均股利增长率约为 18.64%，主要是因为短期内国内石油需求猛增以及国际原油价格持续上涨等。

2016   0.09 元/股
2017   0.12 元/股
2018   0.13 元/股
2019   0.15 元/股

显然，这种高增长率是不能持续的，我们可以认为这种增长率将在 2020 年停止(假定 2020 年股利增长率仍为 18.64%，即 0.18 元/股)，假设稳定增长率为 2.5%。

我们来确定 ABC 的市场资本率 k。设 2011 年的 β 值为 0.78，假设资本市场的风险溢价为 2.11%，无风险资产的收益率为 2.51%，因而市场收益的预期值为 4.62%(2.11%+2.51%)，则

$$k=r_f+\beta[E(r_M)-r_f]=2.51\%+0.78\times(4.62\%-2.51\%)=4.16\%$$

根据股利折现模型可以得出 2011 年 ABC 的股票估值为：

$$V_{2015}=\dfrac{D_{2016}}{1+k}+\dfrac{D_{2017}}{(1+k)^2}+\dfrac{D_{2018}}{(1+k)^3}+\dfrac{D_{2019}}{(1+k)^4}+\dfrac{D_{2020}+P_{2020}}{(1+k)^5}$$

$$=\dfrac{0.09}{1+0.0416}+\dfrac{0.12}{(1+0.0416)^2}+\dfrac{0.13}{(1+0.0416)^3}+\dfrac{0.15}{(1+0.0416)^4}+\dfrac{0.18+P_{2020}}{(1+0.0416)^5}$$

$$P_{2020}=\dfrac{D_{2021}}{k-g}=\dfrac{0.18(1+2.5\%)}{4.16\%-2.5\%}=11.11446(元)$$

所以得到 $V_{2015}=11.70076(元)$

根据上面的估值，我们得到 ABC 的股票在 2015 年的内在价值为 11.70076 元。

函数调用及结果如下：

```
import pandas as pd
t=pd.Series([1,2,3,4,5])
d=pd.Series([0.09,0.12,0.13,0.15,0.18])
n=len(d)
k=0.0416;g=0.025
a=spd(d,k,n)
dd=d[n-1]
b=dd*(1+g)/(k-g)
res=a+b
res
Out[32]: 11.700755948432832
```

12.2　市　盈　率

本节介绍用市盈率指标进行股票估值。

12.2.1 市盈率与增长机会

现在考虑两家公司，一家公司叫现金牛，一家叫吉星公司。两家公司未来一年的预期每股盈利都是 2 元，且两家公司在原则上都可以将所有盈利当作股利派发，且保持 2 元的永续股利流。如果市场资本率 $k=5\%$，则两家公司的股票估值是相同的，即 $E(D)/k=2$ 元 $/0.05=40$ 元/股。在这种情况下，没有一家公司会增值，它们将每年的盈利均作为股利发放给股东，公司没有盈利进行再投资，因而两家公司的股利也将保持不变。现在假设吉星公司拥有更好的投资机会，其投资收益高于市场资本率 k，为 10%。在这种情况下，公司将盈利全部以股利的形式派发出去是不理性的。这是因为，如果将盈利派发到股东手上之后，股东通常只去投资那些收益与市场资本率 5%的相同的项目。显然，把盈利留在吉星公司可以预期更大的收益，而股东也可以从未来的收益中获得更多的股利收入。所以我们假设吉星公司将其股利派发率从 100%降低到 60%，保留的 40%称为再投资率，用 b 表示。

此时，吉星公司的股利变为 1.2 元/股。这种调整会使吉星公司的股利在短期内下降，而在长期增加。反映到股价上，吉星公司的股价会高于现金牛公司的股价。低再投资率将使公司派发更高的初始股利，但会造成较低的股利增长率；相反，高再投资率将最终提供更多的红利。如果再投资盈利产生的股利增长率足够高，高投资策略会使股票更值钱。

下面，通过一个实例来定量分析再投资能产生多高的增长率。假设吉星公司的总资产为 1000 万元人民币，投资收益率为 10%，则吉星公司的盈利等于 100 万元。市场上共流通 50 万股，则每股盈利为 2 元。如果此时吉星公司决定将盈利的 40%用于再投资，即 40 万元，这时股本增加了 4%，股票资本增加的百分比 4%等于股权收益率 10%乘以再投资率 40%。

由于吉星公司增加了 4%的股本，公司将多得到 4%的收入，并多派 4%的股利，所以股利增长率为：

$$g = \text{ROE} \times b = 0.1 \times 40\% = 0.04$$

ROE 为股本报酬率。

如果股价等于其内在价值，则股价为：

$$P_0 = \frac{D_1}{k-g} = \frac{1.2}{0.05-0.04} = 120 \text{ (元)}$$

很明显，吉星公司的股利政策使股价提升了 80 元，因为在零增长的策略之下，所有盈利作为股利进行分配，股价为 40 元。两者差异的原因来自吉星公司有极好的投资机会，一种考虑公司价值的方法就是将股票价格描述为零增长政策下的价值(每股 E 的永续年金的价值)与增长机会的贴现值(PVGO)。在本例中增长机会的贴现值为 80 元。

$$\text{股价}=\text{无增长每股值}(E/k)+\text{增长机会的贴现值} \tag{12-12}$$

$$120=40+80$$
$$P_0 = E/k + \text{PVGO}$$

投资者在进行决策时，该公司是否有高于市场资本率 k 的投资项目是最重要的，只有在这种情况下，公司的价值才会提高；否则，无论采取怎样的股利政策，也不会有用。现在考虑现金牛公司，该公司只有与市场资本率 k 相同回报的投资项目。假设现金牛公司也将盈利的 40%用作再投资。此时，有

$$g = \text{ROE} \times b = 0.05 \times 40\% = 0.02$$

其股价为

$$P_0 = \frac{D_1}{k-g} = \frac{1.2}{0.05 - 0.02} = 40 \, (元)$$

可见，现金牛此时的股价和 $b=0$ 时的情况是相同的。其原因是，现金牛公司增长机会的现值等于0。也就是说，公司将盈利作为股利分配出去，由股东自行安排，与公司将盈利留存进行投资，所得到的收益率是相同的，都等于市场资本率 k。所以当 ROE$=k$ 时，向公司注入现金流没有任何好处。这就是为什么该公司被叫作现金牛，因为它可以拥有大量的现金流，但是公司前景有限，所以这些现金流最后被取出。

讨论完企业投资和增长机会之后，现在来讨论市盈率和增长机会的关系。首先，回到刚才的吉星公司和现金牛公司，分别计算两个公司股票的市盈率。吉星公司的股价为120元，市盈率为每股市价/每股税后净利=P/E=120/2=60；而现金牛公司的市盈率为40/2=20。这个结果告诉我们，市盈率可能是一个企业增长机会的有效指示器。不过这只是一个猜测，还需要理论的验证。

现在我们对式(12-12)进行一个变换，得到：

$$\frac{P_0}{E} = \frac{1}{k}\left(1 + \frac{\text{PVGO}}{E/k}\right) \quad (12\text{-}13)$$

可以发现，市盈率和增长机会的现值 PVGO 成正比。另外，当 PVGO=0 的时候，市盈率刚刚等于 $1/k$。式(12-13)中的 PVGO 与 E/k 的比值也具有一定经济含义，即公司价值中有增长机会贡献的部分与现有资产贡献部分的比率。

综上所述，高市盈率的公司看上去拥有更好的增长机会，而基于我国资本市场的实证也证实了这一点。

如果我们将式(12-13)和股利折现模型结合起来分析，还能得到更有价值的结论。因为

$$P_0 = \frac{D_1}{k-g}$$

将 $g = \text{ROE} \times b$ 以及 $D_1 = E(1-b)$ 代入，可以得到

$$\frac{P_0}{E} = \frac{1-b}{k - \text{ROE} \times b} \quad (12\text{-}14)$$

我们由式(12-14)又得到一个重要的结论——市盈率与 ROE 成正比。其经济含义是：股权收益率高的项目会带来增长机会。另外我们还发现只要股权收益率超过 k，市盈率将随 b 而增加。这告诉我们，企业在面临好的投资机会时，应将更多的盈余用于再投资，利用这些机会越胆大，市场回报的市盈率就越高。

但这里需要注意一个问题，增长并不是人们最终追求的，投资者追求的是公司价值的增长，所以再投资率并不是越高越好。因为资本的边际收益率是下降的，即企业的 ROE 随着资本投入而下降，如果将盈利投资收益率低于 k 的项目，公司的价值会随着投资率的上升而下跌。相反，当 ROE 大于 k 时，企业应该增加投资，以提升企业的价值。所以，当股权收益率 ROE 正好等于 k 时，企业的再投资率达到均衡点。

综上所述，再投资率高，企业的增长率就越高，而高增长率并不意味着高市盈率。当且仅当 ROE 大于市场资本率 k 时，高再投资率才会使市盈率增加；否则，将损害投资者的

12.2.2 市盈率股票风险

根据式(12-14)可以得到

$$\frac{P_0}{E} = \frac{1-b}{k-g}$$

该公式的经济含义十分重要：它表示公司的风险越高，市盈率越小。因为公司的风险越高，其对应的收益就越高，即 k 越大。显然，k 与市盈率成反比。

这个结论也许会引起一些争议，因为在现实中，许多刚刚起步的小企业，特别是高新科技企业，通常具有很高的市盈率，但这些公司的风险很大。这个现象似乎和上面的结论相矛盾，但答案是否定的，因为高市盈率说明这些公司会有高增长率。上述结论的前提是：在其他条件不变的情况下，高风险公司的市盈率会更低。

12.3 现金流定价

另一种代替股息贴现模型对公司进行估价的方法就是利用自由现金流来估值。自由现金流就是去除资本支出之后的公司或股东获得的现金流，这种方法特别适合于那些无须支付股息的公司，因为在这种情况下，股息贴现模型就无法应用了。但是自由现金流方法适合于任何公司，且能提供股息贴现模型无法得到的有用信息。

1. 公司自由现金流贴现模型

一种方法是运用加权平均资本成本对公司自由现金流进行贴现来获得公司的价值，然后减去那时的债务来得到权益的价值。另一种方法是直接对股权自由现金流(FCFE)折现来得到权益的市场价值。

公司自由现金流的计算公式：

$$\text{FCFF} = \text{EBIT}(1-t_c) + 折旧 - 资本的净投资 - \text{NWC 追加额} \tag{12-15}$$

式中：EBIT——息税前利润；

t_c——税率；

NWC——净营运资本。

这些现金流是从公司经营中所产生的，从式(12-15)可见，该现金流为扣除了资本的净投资和净营运资本后的现金流。

公司自由现金流贴现模型就是把每一年的现金流逐年贴现值与某个最终价值的估计值相加。

$$公司价值 = \sum_{t=1}^{T} \frac{\text{FCFF}_t}{(1+\text{WACC})^t} + \frac{P_T}{(1+\text{WACC})^T}, \quad P_T = \frac{\text{FCFF}_{T+1}}{\text{WACC}-g} \tag{12-16}$$

因此，股权价值=公司价值-现有负债的市场价值。

在式(12-16)中的 P_T，就是最终价值的估计值，是通过固定增长模型得到的，贴现率为加权平均资本成本。

式(12-16)的 $\text{WACC} = \dfrac{E}{E+D}k_E + \dfrac{D}{E+D}k_D(1-t_c)$

式中：E——股票市值；

D——负债市值(通常用账面值)；

t_c——公司所得税税率；

k_E——公司股本成本；

k_D——公司债务成本。

采用公司自由现金流贴现模型进行公司股票内在价值评估时，大致分四步：

(1) 预测未来各期公司自由现金流量；

(2) 计算加权平均资金成本；

(3) 计算公司的整体内在价值；

(4) 计算股权价值：股权价值=公司价值-现有负债的市场价值。

例2：2018年1月1日，某投资者准备购 ABC 公司的股票，了解 ABC 公司情况如下：2017年该公司自由现金流为600万元，公司目标资本结构为负债：权益=0.25：1，现有公司负债市场价值1200万元，公司现有200万股普通股发行在外，股票投资者必要收益率为16%，负债的税前成本为8%，税率为25%，预计 ABC 公司长期自由现金流增长率为5%，公司现在股票价格为31元。请采用自由现金流贴现模型计算该公司价值，并判断公司股价是否合理？

解：

(1) 确定现金流。

ABC 公司的长期自由现金增长率 $g=5\%$

$$\text{FCFF}_1 = \text{FCFF}_0 \times (1+g) = 600 \times (1+5\%) = 630(\text{万元})$$

(2) 确定贴现率。

因为 D：E=0.25：1

所以 $\dfrac{D}{D+E} = 0.2$，$\dfrac{E}{D+E} = 0.8$，则

$$\text{WACC} = \dfrac{E}{E+D}k_E + \dfrac{D}{E+D}k_D(1-t_c) = 0.8 \times 16\% + 0.2 \times 8\% \times (1-25\%) = 14\%$$

(3) 计算公司价值和股权价值。

公司价值：$V = \text{FCFF}_1/(\text{WACC}-g) = 630/(14\%-5\%) = 7000(\text{万元})$

股权价值：$V_E = V - V_D = 7000 - 1200 = 5800(\text{万元})$

每股内在价值=58000000/2000000=29(元)

因为现在公司的股票价格为31元，大于29元，所以公司的股票价格被高估。

2. 股权自由现金流贴现模型

另一种方法，可以选择股权自由现金流来估算公司的价值。股权自由现金流与公司自由现金流的区别在于它的计算中涉及税后利息费用、新发行或者重置债务(如资本费用减去新发行债务获得的收入)。

$$\text{FCFE}=\text{FCFF}-\text{利息费用} \times (1-t_c)+\text{新增债务} \tag{12-17}$$

另外，可以通过股权资本成本 k_E，对股权自由现金流(FCFE)进行贴现：

$$权益价值=\sum_{t=1}^{T}\frac{\text{FCFE}_t}{(1+k_E)^t}+\frac{P_T}{(1+k_E)^T}, P_T=\frac{\text{FCFE}_{T+1}}{k_E-g} \quad (12\text{-}18)$$

其中的 k_E 通常采用资本资产模型计算。即

$$k_E = r_f + \beta[E(r_M)-r_f]$$

式中：k_E——必要的回报率；

r_f——无风险利率；

β——公司的系统性风险；

$E(r_M)$——市场的期望收益率。

与股息贴现模型类似，自由现金流模型也是运用一个最终价值来避免把无限期的现金流相加。最终价值可以简单地等于永续稳定增长自由现金流的现值［如式(12-18)］，或根据 EBIT、账面价值、收益或自由现金流计算得到。一般来说，内在价值的估计取决于最终价值。

例3：2018 年 1 月 1 日，某投资者准备购 ABC 公司的股票，了解 ABC 公司情况如下：2017 年该公司股权自由现金流为 140 万元，公司现有 200 万股普通股发行在外，预计 ABC 公司股权自由现金流增长率为 5%，该公司的 β 值为 2，无风险利率股票 4%，完全分散投资组合的期望收益率为 6%，公司现在股票价格为 27 元。请采用股权自由现金流贴现模型计算该公司价值，并判断公司股价是否合理？

解：(1) 确定现金流。

$$\text{FCFE}_1 = \text{FCFE}_0(1+g) = 140\times(1+5\%) = 147(万元)$$

(2) 确定贴现率。

$$k_E = r_f + \beta[E(r_M)-r_f] = 4\% + 2\times(6\%-4\%) = 8\%$$

(3) 贴现计算出股票价值。

公司的股票价值：$V_E = \text{FCFE}_1/(k_E-g) = 147/(8\%-5\%) = 4900(万元)$

股票的内在价值=49000000/2000000=24.5(元)

因为现在公司的股票价格为 27 元，大于 24.5 元，所以公司的股票价格被高估。

12.4 证券分析

证券分析是投资学中重要部分之一，面对那么多上市公司，我们应该买哪一种股票呢？在进行证券分析时，我们常常先要了解此时的宏观经济运行情况，因为公司的盈利前景与该公司所处的经营环境密切相关。其次，要了解某些行业的运作状况，并选择那些在行业中业绩突出的公司。第三，要学会分析公司的财务报表，通过财务报表，可以了解公司的经营状况，以便对公司正确估值。预测投资收益。这些分析叫作基本面分析。

证券分析的另一种方法是技术分析。技术分析主要是根据股票过去的价格变动情况来预测未来的走势，常用的技术分析方法包括趋势分析、形态分析(反转形态、整理形态)、指标分析(移动平均线、相对强弱指标)等。通过技术分析，人们可以更有效地选择买入点和卖出点。

技术分析中的道氏理论说明的是一个长期的运动趋势，股价在短期内可能偏离这一趋

势。形态分析的意义是在趋势即将发生变化之前，在它酝酿变动的时期就将可能的变动方向识别出来，从而提高预测的准确性。形态分析可分为反转形态和整理形态。反转形态意味着趋势可能要发生反转，整理形态表明市场可能只是暂时做一段时间的调整，之后趋势仍会继续。

移动平均线是连续若干天收盘价的算术平均值，其中，天数是算术平均值的参数。当市场处于上升时期，移动平均值将低于当前价格；当市场处于下降时期，移动平均值常常高于当前价格。

当市场价格从下向上穿过移动平均线时，说明市场已由下跌转为上升趋势，是买入信号；反之当价格从上向下穿过移动平均线时，则是卖出信号。

相对强弱指标反映出在证券市场上供需双方的相对强弱程度，其定义如下：

$$RSI = 100 - 100/(1+RS)$$

式中：RS——T 日内上涨收盘价的平均值除以下降收盘价的平均值。

T 日内上涨收盘价的平均值是指 T 日内上涨的收盘价的上涨幅度相加，再以所得的总和除以日数；同理可定义下降收盘价的平均值。

在实际运用中，会将 RSI 分成四个区域，然后根据所得的 RSI 值进行操作，如表 12-1 所示。

表 12-1　RSI 值的操作

RSI 值	强弱程度	买入或卖出信号
RSI>80	极强	卖出
50<RSI<80	强	买入
20<RSI<50	弱	卖出
RSI>20	极弱	买入

在实际分析中，人们常常将基本面分析和技术分析结合使用。

思 考 题

1．今年底，如果 A 公司的股票预期股利为 0.6 元/股，且预期股利以每年 10%的速度增长，而 A 公司股票每年应得的收益率为 12%，那么其内在价值为多少？

2．某公司股票当前的市场价格为 18 元，根据财务报表可以预计该公司的每股盈利为 2 元。公司的 ROE 为 10%，且在短期内保持不变。公司的政策为固定派发盈利的 40%为股利给股东。当前市场上无风险利率是 7%，市场的投资回报期望为 12%，此公司的 β 值为 1.2。请对此公司的股票进行估值，并提出操作建议。

3．已知无风险收益率为 8%，市场资产组合的期望收益率为 15%，β 值为 1.2，股息支付率为 40%，所宣布的最近一次的每股盈利为 8 美元。股息刚刚发放，预计每年都有分红。预计 XY 公司所有再投资的股权收益率都是 20%。

（1）求该公司的内在价值。

（2）如果公司当前股票的市价是 80 美元，预计一年后市价等于内在价值，求持有 XY

公司股票一年后的收益。

4. 某公司的股息每股每年增长 5%。

(1) 如果今年年终分红是每股 800 元，市场资本化率为每年 10%，利用股息贴现模型计算当前公司的股价。

(2) 如果预期每股盈利为 1200 元，未来投资机会的股权收益率是多少？

(3) 市场为每股增长机会开出什么价格(例如计算超过市场资本化率的未来投资的股权收益率)？

5. 某公司的股权收益率(ROE)为 16%，再投资率为 40%，如果预计该公司明年的每股盈利为 2 美元，则其股价应为多少？假定市场资本化率为 12%。预测 MF 公司股票 3 年后的股价为多少？

6. 市场普遍认为某电子公司的股权收益率(ROE)为 9%，$\beta=1.25$，传统的再投资率为 2/3，公司计划仍保持这一水平。今年的每股盈利为 6 美元。年终分红刚刚支付完毕。绝大多数人都预计明年的市场收益率为 14%，目前国库券的收益率为 6%。

(1) 此电子公司的股票售价应是多少？

(2) 计算市盈率。

(3) 计算增长机会的现值。

(4) 假定投资者通过调研，确信 ANL 公司将随时宣布将再投资率降至 1/3。分析该公司股票的内在价值。假定市场并不清楚公司的这一决策，分析 V_0 是大于 P_0 还是小于 P_0，并分析两者不等的原因。

第 13 章 期权合约及其策略

【本章精粹】

本章介绍期权合约概念、分类、价格、影响期权价格的因素、到期期权定价、到期期权的盈亏、期权交易策略等内容。

13.1 期权合约概念与分类

13.1.1 期权合约的概念

期权又称为选择权,是指投资者(持有者)在未来特定时间内,按某一事先约定的价格(执行价格),买进或卖出一定数量的特定标的资产的权利。在期权交易时,购买期权的一方称作买方,出售期权的一方则叫作卖方;买方即是权利的受让人,卖方则是必须履行买方行使权利的义务人。

(1) 期权的这种权利对买方是一种权利,对卖方是一种义务,权利与义务不对等。
(2) 期权买方赋予买进或卖出标的资产的权利,但不负有必须买进或卖出的义务。
(3) 期权卖方只有义务,无不履行的权利。

13.1.2 期权的分类

1. 按标的资产的买卖不同划分

按标的资产的买卖不同,可将期权分为看涨期权和看跌期权。

看涨期权是指赋予期权合约的买方在未来某一特定时期以交易双方约定的价格买入标的资产的权利,简称买权。

例如,ABC 公司的股票 9 月份的看涨期权就赋予其持有者在到期日或之前的任何时间以 90 元的价格购买一股 ABC 股票的权利。期权持有者不一定要行使期权,只有当购买的标的资产的市场价格超过执行价格时才会执行期权合约。当市值确实超过执行价格时,期权持有者要么卖掉该期权,要么执行该期权,从而获得利润,否则,就为零,不再有价值。

看跌期权,指赋予期权合约的买方在未来某一特定时期以交易双方约定的价格卖出标的资产的权利,简称卖权。

我们可以把期权理解为保险。但我们购买保险的时候需要支付保险费,获得了一个权利。当未来标的资产的价值低于保额的时候,可以获得补偿,例如,我为我 10 万元的新车购买了汽车保险,支付保费 3000 元,保额为 10 万元,我获得了一个权利,如果我的车价值下跌,如因为碰撞使车的价值跌为 8 万元,保险公司赔付我 2 万元;如果我的车价值跌为 0,如我把车开到海里去了,保险公司赔付我 10 万元。因此,保险合同实际上是一个看跌期权。

2. 按期权行使的有效期不同划分

按期权行使的有效期不同,可将期权分为欧式期权和美式期权。

欧式期权是指买方只能在期权到期日才能执行期权(即行使买进或卖出标的资产的权利)。

美式期权是指买方可以在期权到期日以前的任意时刻执行期权,这样就增加了期权执行者的灵活性。

另外,还有亚式期权、百慕大期权、障碍期权等。

亚式期权是指可以按到期日之前的平均价格进行清算的期权。这是一种路径依赖型期权，由于执行价是平均价，所以不容易受到操纵，因而受到投资者的青睐。

百慕大期权(Bermudan)是一种欧式期权和美式期权的混合期权。这种期权的持有者只能在期权到期日前的一个或多个指定交易日行权。它与美式期权的区别在于美式期权行权日不固定，是任意时刻。例如，一份权利期间还有 1 年的 Bermudan 看涨期权，其标的资产价格是 80 美元，行权价格是 100 美元，年红利率是 0，无风险利率是 20%，年波动率是 25%，潜在行权时间分别是 3 个月，6 个月，9 个月。

障碍期权的收益取决于标的资产价格在一段特定时间内是否达到某一特定水平。这种特定水平称为障碍。障碍期权可分为敲出障碍期权和敲入障碍期权两类。敲出障碍期权是当标的资产价格达到一定障碍 H 时自动作废的期权；敲入障碍期权是当标的资产价格达到一定障碍 H 时才开始存在的期权。

在敲出障碍看涨期权情况下，障碍一般低于行权价格($H<X$)，这类期权有时称为下降敲出障碍期权；在敲出障碍看跌期权情况下，障碍一般高于行权价格($H>X$)，这类期权一般称为上升敲出障碍期权。在敲入障碍看涨期权情况下($H<X$)，当标的资产碰到障碍 H 时才存在的看涨期权，称为下降敲入障碍期权；在敲入看跌情况下($H>X$)，当标的资产碰到障碍 H 时才存在的看跌期权，称为上升敲入障碍期权。

亚式期权、百慕大期权、障碍期权等这些期权比标准的欧式期权和美式期权更加复杂，所以叫"奇异期权"或"第二代期权"，奇异期权通常是为了满足特殊需求而开发的。很多金融机构热衷于开发和推销奇异期权，它们通常在场外交易或附加在债券中以增加对市场的吸引力。

13.2 期 权 价 格

由于期权买卖双方权利与义务不平等，产生了期权价格。期权价格简称"权价"，也称"权利金""权酬""期权手续费"等，是期权买卖双方在达成期权交易时，由买方向卖方支付的购买该项期权的金额。

期权的购买价格称为期权金，它表示如果执行期权有利，买方为获得执行的权利而付出的代价。

当投资者执行期权能产生利润时，称此期权为实值期权；当执行期权无利可图时，称此期权为虚值期权；当执行价格等于标的资产市场价格时，称此期权为两平期权。

期权的购买价格由内在价值和时间价值组成。

内在价值是指如果立即行权获得的收益。看涨期权内在价值是标的资产现价和执行价之差。如某看涨期权执行价为 100 元，股票价格为 107 元，那么内在价值就是 7 元。看跌期权内在价值是执行价和标的资产现价之差。

时间价值是指期权价格高于内在价值的部分。期权时间价值就是期权价格减去内在价值。如前例，如果期权价值为 8 元，那么该期权时间价值为 1 元。

13.3 影响期权价格的因素

影响期权价格的因素主要有如下几点。

1. 标的资产价格

这是指期权合约所涉及的标的资产价格。在期权敲定价格一定时，期权价格高低很大程度上由标的物价格决定。对于权证而言，权证对应的股票价格即为标的资产的价格。

2. 执行价格

对于看涨期权，敲定价格越低，则期权被执行的可能性越大，期权价格越高；反之，期权价格越低，但不可能为负值。而对于看跌期权，敲定价格越高，则期权被执行可能性越大，期权价格也越高。

3. 标的资产的价格波动率

无论是多头期权还是空头期权，期货价格的波动性越大，则执行的可能性就越大，期权价格也越高；反之，期权价格就越低。

4. 到期时间

到期时间越长，无论是空头期权还是多头期权，执行的可能性越大，期权价格就越高，期权时间价值越大；反之，执行的可能性越小，期权的时间价值越小。

5. 无风险利率

对于看涨期权而言，利率越高，期权被执行的可能性越大，期权价格越高；反之，短期利率越低，期权价格也相对下降。

另外，公司股息支付政策也影响期权价值。高额股息会减缓股价的增长，股价的抑制降低了看涨期权的潜在收益，从而降低其价值。

将上面的描述总结如表 13-1 所示。

表 13-1 5+1 个因素对期权价格的影响

因　素	看涨期权价值的变化	看跌期权价值的变化	特　征
标的资产价格	+	−	标的资产的价格越高，看涨期权的内在价值越大，标的资产的价格越高，看跌期权的内在价值越小
执行价格	−	+	执行价格越低，则看涨期权被执行的可能性越大，期权价格越高；执行价格越高，则看跌期权被执行的可能性越大，期权价格越高
标的资产的价格波动率	+	+	期货价格的波动性越大，则执行的可能性就越大，期权价格也越高
到期时间	+	+	到期时间越长，执行的可能性越大，期权价格就越高，期权的时间价值就越大
无风险利率	+	−	利率越高，期权被执行的可能性越大，期权价格越高
股利(对股票期权而言)	−	+	分红付息等将使基础资产的价格下降，而协定价格并不进行相应调整。因此，在期权有效期内，基础资产产生收益将使看涨期权价格下降

13.4 到期期权定价

为了讨论期权的价格，我们使用股票期权。一个标准的股票期权合约给购买者在到期之前任何以执行价格购买或出售 100 股基本股票的权利。假设在时期 t，

股票价格　　　St
现价　　　　　S_0　　　$(t=0)$
执行价格　　　X
到期时间　　　T　　　　$(t \leq T)$

那么买权的今天价格用 C_0。

买权的到期真实值(固有值、内在价值)为

$$C_T = \max(S_T - X, 0)$$

例如，买权的执行价格为 100 美元，如果股票在买权到期时的价格小于 100 美元，如 80 美元，那么

$$C_T = \max(80 - 100, 0) = 0 (美元)$$

如果这时股价超过 100 美元，如 130 美元，那么

$$C_T = \max(130 - 100, 0) = 30 (美元)$$

类似地，卖权的到期真实值(固有值)为

$$P_T = \max(X - S_T, 0)$$

这两种情形可用图 13-1 所示。

图 13-1　到期期权价值

从图 13-1 可见，期权的价格几乎不会比固有值小，总是超过其固有值。理由是市场的套利者(企图寻求证券价格的差异赚取无风险收益的投资者)持续地以差异控制期权价格，购买期权或执行期权，以此赚取无风险收益。

13.5 到期期权的盈亏

由于期权价格在到期时会发生变动，因而购买期权的买方和出售期权的卖方都需要研

究期权的盈亏。

假设在初期买权和卖权的价格分别为 C_0, P_0，到期盈亏分别为 π_C, π_P，那么买权和卖权的到期盈亏分别为

$$\pi_C = C_T - C_0 = \max(S_T - X - C_0, -C_0)$$
$$\pi_P = P_T - P_0 = \max(X - S_T - P_0, -P_0)$$

例如，买权的执行价格为 100 美元，初期买权价格为 10 美元。如果到期股价为 115 美元，那么

$$\pi_C = \max(S_T - X - C_0, -C_0) = \max(115 - 100 - 10, -10) = 5 \text{（美元）}$$

图 13-2 中表示期权买卖双方的到期盈余，图 13-2(1)和图 13-2(3)、图 13-2(2)和图 13-2(4)两组分别是购买和出售买权、购买和出售卖权的情况。

图 13-2　期权买卖双方的到期盈余

从图 13-2(1)中可以看出，股价 S_T 在小于执行价格 X 时，投资者最多损失买权最初的购买价格 C_0。当股价超过执行价格时损失开始减少，直到超过执行价格与买权的最初价格 C_0 之和时开始有盈余，超过越多，盈余越大。

从图 13-2(2)中可以看出，股价 S_T 在小于执行价格 E 与最初卖权价格 P_0 之差时，投资者有盈余，当股价超过执行价格 E 与最初卖权价格 P_0 之差时，投资者遭到损失。当股价超过执行价格时，损失达到最初的卖权价格 P_0，而且投资者最多损失 P_0。

图 13-2(3)和图 13-2(4)分别可看作是图 13-1(1)和图 13-2(2)的镜像，图 13-2(3)中当股价超过执行价格后的损失是无限的，图 13-2(4)中当股价超过执行价格后的盈利是有限的。

13.6 期权交易策略

13.6.1 保护性看跌期权

假如你想投资某种股票,却不愿承担超过一定水平的潜在风险,而全部购买股票看起来是有风险的,因为理论上可能会损失全部投资,这时你可以考虑既投资股票,又购买该股票的看跌期权。如表 13-2 所示。

表 13-2 到期时保护性看跌期权的内在价值

	$S_T \leq X$	$S_T > X$
投资股票	S_T	S_T
购买看跌期权的内在价值	$X - S_T$	0
总计	X	S_T

到期时期权的价值计算如下:

$$Y = S_T + \max(0, X - S_T) = \begin{cases} X & S_T \leq X \\ S_T & S_T > X \end{cases}$$

13.6.2 抛补的看涨期权

这是指买进股票的同时卖出它的看涨期权,如表 13-3 所示。

表 13-3 到期时抛补的看涨期权的内在价值

	$S_T \leq X$	$S_T > X$
买进股票	S_T	S_T
出售看涨期权的内在价值	0	$-(S_T - X)$
总计	S_T	X

到期时期权的价值计算如下:

$$Y = S_T - \max(0, S_T - X) = \begin{cases} S_T & S_T \leq X \\ X & S_T > X \end{cases}$$

13.6.3 对敲策略

同时买进具有相同执行价格与到期时间的同一种股票的看涨期权和看跌期权,就可以建立一个对敲策略。如表 13-4 所示。

表 13-4 到期时对敲的内在价值

	$S_T \leq X$	$S_T > X$
买进看涨期权的收益	0	$S_T - X$
买进看跌期权的收益	$X - S_T$	0
总计	$X - S_T$	$S_T - X$

对敲的内在价值计算如下:

$$Y = \max(0, S_T - X) + \max(0, X - S_T) = \begin{cases} S_T - X & S_T > X \\ X - S_T & S_T \leq X \end{cases}$$

13.6.4 期权价差策略

这是指不同执行价格或到期时间的两个或两个以上看涨期权(或看跌期权)的组合。有些期权是多头,有些期权是空头。货币期权价差是同时买入与卖出具有不同执行价格的期权,而时间价差是同时买入与卖出不同到期日的期权。

考虑一种货币期权价差,其中买入的看涨期权的执行价格为 X_1,而同时卖出相同时间而执行价格为 X_2 的看涨期权。如表 13-5 所示。

表 13-5 到期时牛市期权价差的内在价值

	$S_T \leq X_1$	$X_1 < S_T \leq X_2$	$S_T > X_2$
买进执行价格为 X_1 的看涨期权的收益	0	$S_T - X_1$	$S_T - X_1$
卖出执行价格为 X_2 的看涨期权的收益	-0	-0	$-(S_T - X_2)$
总计	0	$S_T - X_1$	$X_2 - X_1$

这里需要区别三种情况:①低价区,即 S_T 比 X_1 与 X_2 都低;②中间区,即 S_T 在 X_1 与 X_2 之间;③高价区,即 S_T 比 X_1 与 X_2 都高。这种策略被称为牛市期权价差,因为当股票价格升高时,其收益要么增加要么不受影响。牛市期权价差的投资者从股价升高中获利。牛市期权价差产生的一个原因是投资者认为某一期权的价值相对于其他期权来说被高估了。例如,如果某投资者认为,与 $X=110$ 美元的看涨期权相比,另一个 $X=100$ 美元的看涨期权很便宜,那么即便他并不看好这种股票,他也可能做期权价差。这种期权价差策略用公式表示如下:

$$Y = \max(0, S_T - X_1) - \max(0, S_T - X_2) = \begin{cases} X_2 - X_1 & S_T \geq X_2 \\ S_T - X & X_1 < S_T < X_2 \\ 0 & S_T \leq X_1 \end{cases}$$

13.6.5 双限期权策略

双限期权策略即把资产组合的价值限定在上下两个界限内。

双限期权适合于一定财富目标但不愿承担一定限度风险的投资者。

例如,你想购买价值 220000 美元的房子,但你只有 200000 美元,你不愿承担超过 20000 美元的损失,你可以通过如下步骤建立双限期:①购买 2000 股股票,每股 100 美元;②购买 2000 个看跌期权(20 份期权合约),执行价格为 90 美元;③卖出 2000 个看涨期权,执行价格为 110 美元。这样,你不必承担大于 20000 美元的损失,却得到了获得 200000 美元的资本利得的机会。

以每股为基础的收益表如表 13-6 所示。

表 13-6　以每股为基础的收益表

	$S_T \leqslant 90$	$90 < S_T \leqslant 110$	$S_T > 110$
买入股份	S_T	S_T	S_T
买进执行价格为 90 美元的看跌期权的收益	$90 - S_T$	0	0
卖出执行价格为 110 美元的看涨期权的收益	-0	-0	$-(S_T - 110)$
总计	90	S_T	110

双限期权提供了一个 90×2000=180000 美元的最小支付额(代表最大损失为 20000 美元)，以及一个 220000 美元的最大支付额(即房屋成本)。

思 考 题

1．简述期权的策略。

2．假设执行价格为 30 美元和 40 美元的股票看跌期权的价格分别为 4 美元和 10 美元。怎样使用这两种期权构建牛市价差期权和熊市价差期权，用表格表示两个价差期权的利润额收益。

第 14 章 Black-Scholes 期权定价及其 Python 应用

【本章精粹】

本章将讨论欧式看涨-看跌期权定价 Black-Scholes 模型导出及其计算过程，运用 Python 简化其计算，并将进一步研究 Black-Scholes 期权定价公式在股票风险度量中的应用，即根据期权的定价反过来对股票价格的波动性进行度量。

14.1 Black-Scholes 期权定价公式的推导

首先，本节将介绍 Black-Scholes 期权定价模型的推导过程。

14.1.1 标准布朗运动(维纳过程)

在介绍维纳过程之前，先简单介绍一下马尔科夫过程。马尔科夫过程是一种特殊的随机过程，在该过程中，变量的变化仅依赖于该变量前一瞬间的状态。当变量遵从马尔科夫过程时，变量在相邻时间内变化的方差具有可加性，但标准差不具有可加性。马尔科夫过程的重要特征是，变量的随机变化是独立同分布的。

维纳过程是马尔科夫过程的特殊形式。如果变量服从维纳过程，则该变量的期望值为 0，方差为 1。股票价格模型通常用维纳过程表达。在物理学中，这种过程也称为布朗运动。

如果变量 $z=z(t)$ 服从维纳过程，则其增量 Δz 必须满足下列两个条件：

(1) Δz 与 Δt 之间满足关系

$$\Delta z = \varepsilon \sqrt{\Delta t} \tag{14-1}$$

式中：ε——服从标准正态分布中抽取的一个随机值，即 $\varepsilon \sim N(0,1)$。

(2) 在两个不同的时间间隔 Δt，Δz 的值相互独立。

条件(1)表示标准布朗运动的增量服从期望值为 0，方差为 $\sqrt{\Delta t}$ 的正态分布，条件(2)表示变量 $z=z(t)$ 服从马尔科夫过程。

由式(14-1)可知，当 $\Delta t \to 0$ 时，Δz 的微分形式为

$$dz_t = \varepsilon \sqrt{dt} \tag{14-2}$$

14.1.2 一般布朗运动(维纳过程)

变量 x 服从一般维纳过程的定义如下：

$$dx = adt + bdz \tag{14-3}$$

式中：dx——随机变量 x 的瞬间变量；

a——一般维纳过程的预期漂移率，表示随机变量 x 的瞬间变量期望值(每单位时间 Δt)；

b——波动率，表示随机变量 x 的瞬间变量标准差(每单位时间 Δt)。

式(14-3)由两项组成，如果不考虑 bdz，则有

$$dx = adt \text{ 或 } x = x_0 + at$$

其中 x_0 为 x 在 0 时刻的值，经过 t 时刻后，x 的增加值为 at。

如果仅考虑 bdz，则有

$$dx = bdz$$

bdz 可以看作是附加在变量 x 轨迹上的噪声或者波动，这些噪声或波动是维纳过程的 b 倍。

将 adt 与 bdz 一并来考虑，则有

$$dx = adt + bdz$$

经过时间增量 Δt 之后，x 的增量值为

$$\Delta x = a\Delta t + b\Delta z$$

将式(14-1)代入，有

$$\Delta x = a\Delta t + b\varepsilon\sqrt{\Delta t}$$

如前所述，ε 为服从标准正态分布中抽取的一个随机值，因此 Δx 服从正态分布，其均值为 $a\Delta t$，方差为 $b^2\Delta t$，标准差为 $b\sqrt{\Delta t}$。

类似上述讨论，我们可以得出任意时间 t 后，x 值的变化也服从均值是 at，方差为 b^2t，标准差为 $b\sqrt{t}$ 的正态分布。

14.1.3 伊藤过程和伊藤引理

如果上面的随机过程中的 a 与 b 是 x 和 t 的函数，则可得伊藤过程

$$\mathrm{d}x = a(x,t)\mathrm{d}t + b(x,t)\mathrm{d}z$$

定理 1（伊藤引理）：设 $\mathrm{d}x = a(x,t)\mathrm{d}t + b(x,t)\mathrm{d}z$，其中 $\mathrm{d}z$ 是维纳过程，设 $G = G(x,t)$ 是 x 二次连续可微函数。则 $G(x,t)$ 遵从如下方程：

$$\mathrm{d}G = \left(\frac{\partial G}{\partial x}a + \frac{\partial G}{\partial t} + \frac{1}{2}\frac{\partial^2 G}{\partial x^2}b^2\right)\mathrm{d}t + \frac{\partial G}{\partial x}b\mathrm{d}z \tag{14-4}$$

证明：由二元函数的 Taylor 展式

$$\mathrm{d}G = \frac{\partial G}{\partial x}\Delta x + \frac{\partial G}{\partial t}\Delta t + \frac{1}{2}\frac{\partial^2 G}{\partial x^2}\Delta x^2 + \frac{\partial^2 G}{\partial x\partial t}\Delta x\Delta t + \frac{1}{2}\frac{\partial^2 G}{\partial t^2}\Delta t^2 + \cdots \tag{14-5}$$

因为

$$\Delta x = a(x,t)\Delta t + b(x,t)\varepsilon\sqrt{\Delta t} \tag{14-6}$$

所以有

$$\Delta x^2 = b^2\varepsilon^2\Delta t + c(\Delta t) \tag{14-7}$$

$$\Delta x\Delta t = a(x,t)\Delta t^2 + b(x,t)\varepsilon\sqrt{(\Delta t)^3} = o(\Delta t) \tag{14-8}$$

把式(14-6)、式(14-7)、式(14-8)代入式(14-5)，得到

$$\Delta G = \frac{\partial G}{\partial x}\Delta x + \frac{\partial G}{\partial t}\Delta t + \frac{1}{2}\frac{\partial^2 G}{\partial x^2}b^2\Delta t + o(\Delta t)$$

令 $\Delta t \to 0$，得

$$\mathrm{d}G = \frac{\partial G}{\partial x}\mathrm{d}x + \frac{\partial G}{\partial t}\mathrm{d}t + \frac{1}{2}\frac{\partial^2 G}{\partial x^2}b^2\mathrm{d}t \tag{14-9}$$

再将 $\mathrm{d}x = a(x,t)\mathrm{d}t + b(x,t)\mathrm{d}z$ 代入式(14-9)，得

$$\mathrm{d}G = \left(\frac{\partial G}{\partial x}a + \frac{\partial G}{\partial t} + \frac{1}{2}\frac{\partial^2 G}{\partial x^2}b^2\right)\mathrm{d}t + \frac{\partial G}{\partial x}b\mathrm{d}z$$

即式(14-4)成立。

由伊藤引理可知，如果 x,t 服从伊藤过程，则 x,t 的函数 G 也遵从伊藤过程，不过漂移率和波动率分别为：

$$\frac{\partial G}{\partial x}a + \frac{\partial G}{\partial t} + \frac{1}{2}\frac{\partial^2 G}{\partial x^2}b^2 \text{ 和 } \left(\frac{\partial G}{\partial x}b\right)^2$$

14.1.4 不支付红利股票价格的行为过程

股票价格 S_t 被认为是一个几何布朗运动：
$$S_t = f(x_T) = S_0 e^{x_T} = S_0 \exp(aT + bz_T)$$

式中，$x_T = aT + bz_T$ 是一个几何布朗运动。因为 $f(x) = S_0 e^x$，所以：
$$\partial f / \partial t = 0, \quad \partial f / \partial x = S_0 e^x = S_t, \quad \partial^2 f / \partial x^2 = S_0 e^x = S_t$$

应用式(14-4)：
$$\mathrm{d}S_t = (\partial f / \partial t + a \times \partial f / \partial x + 1/2 b^2 \partial^2 f / \partial x^2)\mathrm{d}t + b \times \partial f / \partial x \times \mathrm{d}z_t$$
$$= (a + 0.5b^2)S_t \mathrm{d}t + bS_t \mathrm{d}z_t$$

对上式两端积分，我们得到
$$\ln \frac{S_T}{S_0} = (a + 0.5b^2)T + bz_t$$

设 $a = \mu S_T, b = \sigma S_T$，上公式变为：
$$\ln \frac{S_T}{S_0} = (\mu S_T + 0.5\sigma^2 S_T^2)T + \sigma S_T z_t$$

对 $f(x) = \ln S_T$，我们有：
$$\partial f / \partial t = 0, \quad \partial f / \partial x = 1/S_T, \quad \partial^2 f / \partial x^2 = -1/S_T^2$$

再次利用式(14-4)：
$$\mathrm{d} \ln S_t = (\partial f / \partial t + \mu S_T \times \partial f / \partial x + 1/2\sigma^2 S_T^2 \times \partial^2 f / \partial x^2)\mathrm{d}t + \sigma S_T \times \partial f / \partial x \times \mathrm{d}z_t$$
$$= \left(\frac{1}{S_T}\mu S_T - \frac{1}{S_T^2}\sigma^2 S_T^2\right)\mathrm{d}t + \frac{1}{S_T}\sigma S_T \mathrm{d}z_t$$
$$= (\mu - 0.5\sigma^2)\mathrm{d}t + \sigma \mathrm{d}z_t$$

对上式两端积分，得：
$$S_T = S_0 \exp(\mu T - 0.5\sigma^2 T + \sigma \times z_T) \tag{14-10}$$

上式即为股票价格过程。

把上式改为
$$S_T = S_t \exp(\mu \tau - 0.5\sigma^2 \tau + \sigma \times z_\tau), \tau = T - t$$

利用 $\varepsilon = \mathrm{d}z_\tau / \sqrt{\tau}$，将 $\mathrm{d}z_t$ 转化为标准正态变量，其中 $\varepsilon \sim N(0,1)$，上式变为：
$$S_T = S_t \exp(\mu \tau - 0.5\sigma^2 \tau + \sigma \times \varepsilon \sqrt{\tau}) \tag{14-11}$$

上式的离散形式为：
$$S_{t+\Delta t} = S_t \exp(\mu \tau - 0.5\sigma^2 \tau + \sigma \times \varepsilon \sqrt{\Delta t})$$

14.1.5 Black-Scholes 欧式看涨期权定价模型的导出

S_0 表示股票的当前价格，X 表示期权执行价格，T 表示(看涨或看跌)期权的到期期限，r_t 表示无风险利率(与期权执行期限相同的无风险资产的连续复利的年收益率)，σ 表示股票连续复利的年收益率的标准差，$N(d)$ 表示对应的标准正态分布值(即标准正态分布 d 的概率)，

第 14 章 Black-Scholes 期权定价及其 Python 应用

e 表示自然对数的底，ln 表示自然对数函数。股票在到期日之前不支付股息。收益率服从正态分布。

期望价值定价方法又称为风险中性定价方法，风险中性是指投资者是风险中性的，投资者认为股票的预期收益率或漂移率等于无风险利率，即 $\mu = r_f$。在这样的风险中性的假设下，股票的几何布朗运动模型，由式(14-10)变为：

$$S_T = S_0 \exp[(r_f - 0.5\sigma^2)T + \sigma \times \varepsilon\sqrt{T}]$$

上述方程被称为修正的几何布朗运动。

下面将利用修正的股票价格的几何布朗运动，对欧式看涨期权定价，其中到期时间为 T，执行价格为 X，期权多头的最终报酬是 $(S_T - X)^+ = \max\{S_T - X, 0\}$；对欧式看跌期权定价，其中到期时间为 T，执行价格为 X，期权多头的最终报酬是 $(X - S_T)^+ = \max\{X - S_T, 0\}$ 因此

$$C = e^{-r_f T} E[(S_T - X)^+]$$
$$P = e^{-r_f T} E[(X - S_T)^+]$$

这里我们只讨论看涨期权 $C = e^{-r_f T} E\{(S_0 \exp[(r_f - 0.5\sigma^2)T + \sigma \times \varepsilon\sqrt{T}] - X)^+\}$

从而

$$C = \frac{e^{-r_f T}}{\sqrt{2\pi}} \int_{-\infty}^{+\infty} \{S_0 \exp[(r_f - 0.5\sigma^2)T + \sigma \times \varepsilon\sqrt{T}] - X\}^+ e^{-\varepsilon^2/2} d\varepsilon \quad (14-12)$$

通过积分的一些基本规则，我们将计算期望值。

推导过程如下：

首先计算式(14-12)括号中的表达式。当 $S_0 \exp[(r_f - 0.5\sigma^2)T + \sigma \times \varepsilon\sqrt{T}] - X > 0$ 成立时，括号中的表达式非零。那么，通过解 $S_0 \exp[(r_f - 0.5\sigma^2)T + \sigma \times a\sqrt{T}] - X = 0$，可得 a 值为

$$a = \frac{\ln(X/S_0) - (r_f - 0.5\sigma^2)T}{\sigma\sqrt{T}}$$

我们把积分 $C = \frac{e^{-r_f T}}{\sqrt{2\pi}} \int_{a}^{+\infty} \{S_0 \exp[(r_f - 0.5\sigma^2)T + \sigma \times \varepsilon\sqrt{T}] - X\}^+ e^{-\varepsilon^2/2} d\varepsilon$ 分为两部分。

第一部分为

$$\frac{1}{\sqrt{2\pi}} \int_{a}^{\infty} -X e^{-\varepsilon^2/2} d\varepsilon = -X[1 - N(a)] = -XN(-a)$$

第二部分为

$$C = \frac{1}{\sqrt{2\pi}} \int_{a}^{+\infty} S_0 \exp[(r_f - 0.5\sigma^2)T + \sigma \times \varepsilon\sqrt{T}] e^{-\varepsilon^2/2} d\varepsilon$$
$$= \frac{1}{\sqrt{2\pi}} S_0 \exp[(r_f - 0.5\sigma^2)T] \int_{a}^{\infty} \exp[-(\varepsilon^2/2 - \sigma\sqrt{T}\varepsilon)] d\varepsilon$$

为得到最终的积分，我们采用凑平方的数学方法：

$$\varepsilon^2/2 - \sigma\sqrt{T}\varepsilon = \varepsilon^2/2 - \sigma\sqrt{T}\varepsilon + \sigma^2 T/2 - \sigma^2 T/2 = (\varepsilon - \sigma\sqrt{T})^2/2 - \sigma^2 T/2$$

则

$$\frac{1}{\sqrt{2\pi}} \int_{a}^{\infty} \exp[-(\varepsilon^2/2 - \sigma\sqrt{T}\varepsilon)] d\varepsilon = \frac{1}{\sqrt{2\pi}} \int_{a}^{\infty} \exp[-(\varepsilon - \sigma\sqrt{T})^2/2 + \sigma^2 T/2)] d\varepsilon$$

下面进行变量替换，令 $y = \varepsilon - \sigma\sqrt{T}$，积分变为

$$\exp(\sigma^2 T/2)\frac{1}{\sqrt{2\pi}}\int_{a-\sigma\sqrt{T}}^{\infty}\exp(-y^2/2)\mathrm{d}y = \exp(\sigma^2 T/2)[1-N(a-\sigma\sqrt{T})]$$

将第二部分中的 $\exp(\sigma^2 T/2)$ 简约，经过进一步变化，得

$$S_0 \exp(-r_f T) N[-(a-\sigma\sqrt{T})]$$

根据上面的推导，我们将第一部分和第二部分的结果代入式(14-12)，得

$$C = \exp(-r_f T) E[(S_T - X)^+] = \exp(-r_f T) S_0 N[-(a-\sigma\sqrt{T})] - \exp(-r_f T) X N(-a)$$
$$= S_0 N[-(a-\sigma\sqrt{T})] - X\exp(-r_f T) N(-a)$$

由于 $a = \dfrac{\ln(X/S_0) - (r_f - 0.5\sigma^2)T}{\sigma\sqrt{T}}$，即 $-a = \dfrac{\ln(S_0/X) + (r_f - 0.5\sigma^2)T}{\sigma\sqrt{T}}$

同时 $-(a-\sigma\sqrt{T}) = \dfrac{\ln(S_0/X) + (r_f + 0.5\sigma^2)T}{\sigma\sqrt{T}}$

令 $d_2 = -a = d_1 - \sigma\sqrt{T}, d_1 = -(a-\sigma\sqrt{T}) = \dfrac{\ln(S_0/X) + (r_f + 0.5\sigma^2)T}{\sigma\sqrt{T}}$

则 $C = S_0 N(d_1) - X\exp(-r_f T) N(d_2)$

下面介绍另一种简洁的推导方法。

考虑以标的资产的看涨期权，其执行价格为 X，现在我们期望到期时 $S_T > X$，$S_T \leqslant X$ 的概率如下：

$$p = \mathrm{Pr}ob(S_T > X), 1-p = \mathrm{Pr}ob(S_T \leqslant X) \tag{14-13}$$

前面介绍一个欧式看涨期权到期的价格：

$$C_T = E[\max(S_T - X, 0] \tag{14-14}$$

贴现到现在，可表示为：

$$C_0 = \mathrm{e}^{-r_f T} E[\max(S_T - X, 0] \tag{14-15}$$

将式(14-13)代入式(14-14)、式(14-15)得到：

$$C_0 = p\mathrm{e}^{-r_f T} E[S_T - X] + (1-p) \times 0 = p\mathrm{e}^{-r_f T} E[S_T | S_T > X] - p\mathrm{e}^{-r_f T} X$$

由 Hull(2006)的计算可知：

$$p = \mathrm{Pr}ob(S_T > X) = N\left[\frac{\ln(S_0/X) + (r_f - 0.5\sigma^2)T}{\sigma\sqrt{T}}\right] = N(d_2)$$

其中 $d_2 = \dfrac{\ln(S_0/X) + (r_f - 0.5\sigma^2)T}{\sigma\sqrt{T}}$

$$p \times E[S_T | S_T > X] = S_0 \mathrm{e}^{r_f T} N\left[\frac{\ln(S_0/X) + (r_f + 0.5\sigma^2)T}{\sigma\sqrt{T}}\right] = S_0 \mathrm{e}^{r_f T} N(d_1)$$

其中的 $d_1 = \dfrac{\ln(S_0/X) + (r_f + 0.5\sigma^2)T}{\sigma\sqrt{T}}$

因此：

$$C_0 = \mathrm{e}^{-r_f T} pE[S_T | S_T > X] - p\mathrm{e}^{-r_f T} X = \mathrm{e}^{-r_f T} S_0 \mathrm{e}^{r_f T} N(d_1) - N(d_2)\mathrm{e}^{-r_f T} X$$
$$= S_0 N(d_1) - X\mathrm{e}^{-r_f T} N(d_2)$$

在知道看涨期权的值之后，也可利用平价公式求出看跌期权。

类似可得 $P = X\exp(-r_f T)N(-d_2) - S_0 N(-d_1)$

要注意的是，上面的 Black-Scholes 期权定价公式是建立在下面假设的基础之上。
(1) 股票价格行为服从对数正态分布模式；
(2) 在期权有效期内，无风险利率和金融资产收益变量是恒定的；
(3) 市场无摩擦，即不存在税收和交易成本；
(4) 金融资产在期权有效期内无红利及其他所得(该假设后被放弃)；
(5) 该期权是欧式期权，即在期权到期前不可实施；
(6) 不存在无风险套利机会；
(7) 证券交易是持续的；
(8) 投资者能够以无风险利率借贷。

因此，Black-Scholes 期权定价公式是特定的假设条件、金融学原理和数学计算三部分的有机结合。

14.2 Black-Scholes 期权定价模型的 Python 应用

根据 $C = S_0 N(d_1) - X\exp(-r_f T)N(d_2)$ 和 $P = X\exp(-r_f T)N(-d_2) - S_0 N(-d_1)$，我们编写 Black-Scholes 期权定价模型看涨、看跌期权的 Python 函数如下：

```
def bscall_option(S,X,rf,sigma,T):
 d1=(log(S/X)+(rf+0.5*sigma**2)*T)/(sigma*sqrt(T))
 d2=d1-sigma*sqrt(T)
 C=S*norm.cdf(d1)-X*exp(-rf*T)*norm.cdf(d2)
 return C

def bsput_option(S,X,rf,sigma,T):
 d1=(log(S/X)+(rf+0.5*sigma**2)*T)/(sigma*sqrt(T))
 d2=d1-sigma*sqrt(T)
 P=X*exp(-rf*T)*norm.cdf(-d2)- S*norm.cdf(-d1)
 return P
```

例1：股票当前价格 S=25 元，执行价格 X=25 元，无风险年利率 r_f=8%，股票的波动率 σ=30%，期权到期期限 T=0.5 年，计算对应的欧式看涨期权和看跌期权的价格。

解：本例中，S=25 元，X=25 元，r_f=0.08，σ=0.30，T=0.5 年

因此，Python 函数调用如下：

```
from numpy import *
from scipy.stats import norm
S=25;X=25;rf=0.08;sigma=0.30;T=0.5
bscall_option(S,X,rf,sigma,T)
```

得到如下结果：

```
Out[11]: 2.5970352516548232
bsput_option(S,X,rf,sigma,T)
```

得到如下结果：

```
Out[12]: 1.6167712304629021
```

例2：假设政府在以招标形式转让土地的有偿使用权。有一投资商想要购买一块荒地用

于开发城市居民区,那么投资商究竟应该投标多少金额呢?进一步假设投资商估计要在这片荒地上投入 10 亿元进行基础设施开发,然后按照现有可比性的相同住宅的现价,估计用 2 年时间将基础设施建成后,这片土地的价值为 15 亿元。并且投资测算出当前市场对未来土地价格预期的波动率是 0.3,同期无风险利率是 5%。

解:如果用净现值法求解的话,可能会选择这样的计算公式:

$$NPV = -10 + 15e^{-0.05 \times 2} = 3.57(亿元)$$

这里 S=15.0;X=10.0;r_f=0.05;σ=0.30;T=2.0。即未来的预期价格是 15 亿元,当前的投入是 10 亿元,然后利用净现值法得出 3.57 亿元的估计。这种方法忽略了土地承载的许多不确定因素,如果按这个估计进行投标有可能竞标失败。因为投资商忽略了自己可能由于这些不确定性而获得高额回报的机会。

如果投资商把投标想象成为一个实物看涨期权,这个期权运行。投资商在 2 年(T)后,以 10 亿元(执行价格 X)的代价,获得一片价值 15 亿元(标的价格 S)的土地资产,期间的无风险利率 r_f 是 5%,波动率 σ 是 0.3,那么

```
S=15.0;X=10.0;rf=0.05;sigma=0.30;T=2.0
bscall_option(S,X,rf,sigma,T)
Out[17]: 6.2296231513946774
```

从上可以得出该片土地的价值是 6.23 亿元,大于净现值法预测的 3.57 亿元的结果。投资商可以按照这个价格进行投标。

这里投资商之所以能用高于净现值的价格去投标,原因在于这项资产的波动率。波动率意味着投资商买下这片土地,2 年后土地的价值有可能高于预期的 15 亿元,因而他就能够获得更高的利益。当然,如果市场上其他的投标人也预测到 0.3 水平的波动率,他们也可能报出 6.23 亿元的投标价格。如果最后有人以高于这个价格获得这片土地,那么说明他判断未来土地价格的波动率高于市场上 0.3 的水平。

这个案例说明,只要某项资产的价格受特定的不确定性因素的影响,就可以应用实物期权对这项资产进行定价。定价时要明确找出影响其价格不确定性的来源,而不要简单地观察该项资产的历史价格波动;同时应用 Black-Scholes 公式对实物期权进行定价时,一定要选取一个和待估资产承受相同不确定性的"复制资产",然后在金融市场上,观察该"复制资产"的波动率。我们已经知道对于期权的投资者来说,一旦拥有了某项资产的期权,那么该项资产的不确定性越强,投资人手中的期权就越有价值。

14.3 红利对欧式期权价格影响的 Python 应用

在本节中,我们将讨论在权利期间内股票支付已知红利的情况,只讨论支付已知红利股票的欧式期权定价。

在将有红利支付的条件下,股票价格由支付已知红利现值和股票价格两部分决定。红利的发生将使股票价格在除息日下降,下降幅度为所支付红利的现值。在有红利将要发生时,只要用股票价格减去在期权有效期间所有红利按照无风险利率贴现的现值,Black-Scholes 欧式期权定价公式仍然有用。

定理 2(支付已知红利股票的 Black-Scholes 欧式期权定价公式):设到期时刻为 T,行权

第 14 章　Black-Scholes 期权定价及其 Python 应用

价格为 X，已知红利的现值是 V，则标的资产价格 S 满足几何布朗运动的股票欧式看涨期权的价格为：

$$C = (S_0 - V)N(d_1) - X\exp(-r_f T)N(d_2)$$

$$d_1 = \frac{\ln[(S_0 - V)/X] + (r_f + 0.5\sigma^2)T}{\sigma\sqrt{T}}, \quad d_2 = d_1 - \sigma\sqrt{T}$$

根据欧式看涨期权和看跌期权之间的平价关系，容易得出相应的欧式看跌期权的定价公式：

$$P = X\exp(-r_f T)N(-d_2) - (S_0 - V)N(-d_1)$$

其中的 d_1, d_2 与看涨期权价格中的相同。

编写支付已知红利股票的欧式看涨期权定价 R 函数如下：

```
def divbscall_option(S,X,rf,div,divt,sigma,T):
  d1=(log(S/X)+(rf+0.5*sigma**2)*T)/(sigma*sqrt(T))
  d2=d1-sigma*sqrt(T)
  V=sum(div*exp(-rf*divt))
  C=(S-V)*norm.cdf(d1)-X*exp(-rf*T)*norm.cdf(d2)
  return C
def divbsput_option(S,X,rf,div,divt,sigma,T):
  d1=(log(S/X)+(rf+0.5*sigma**2)*T)/(sigma*sqrt(T))
  d2=d1-sigma*sqrt(T)
  V=sum(div*exp(-rf*divt))
  P=X*exp(-rf*T)*norm.cdf(-d2)-(S-V)*norm.cdf(-d1)
  return P
```

例 3：考虑到期时间还有 6 个月的股票欧式看涨期权和看跌期权。标的股票在 2 个月和 5 个月后各有一个除息日，每个除息日的红利期望值为 0.50 美元。已知当前股票价格为 40 美元，行权价格是 40 美元，股票年波动率为 30%，无风险利率为 9%。试求两种期权的价格。

解：本例中，$S=40$，$X=40$，$r_f=0.09$，$\sigma=0.30$，$T=0.5$

$$D_1 = 0.50, t_1 = 2/12 = 0.1667, \quad D_2 = 0.50, t_2 = 5/12 = 0.4167$$

因此

$$V = D_1\exp(-r_f t_1) + D_2\exp(-r_f t_2) = 0.5\exp(-0.09 \times 0.1667) + 0.5\exp(-0.09 \times 0.4167)$$

$$d_1 = \frac{\ln[(S_0 - V)/X] + (r_f + 0.5\sigma^2)T}{\sigma\sqrt{T}} = \frac{\ln[(40 - V)/40] + (0.09 + 0.5 \times 0.3^2) \times 0.5}{0.3\sqrt{0.5}}$$

$$d_2 = d_1 - 0.3\sqrt{0.5}$$

$$C = (S_0 - V)N(d_1) - X\exp(-r_f T)N(d_2) = (40 - V)N(d_1) - 40\exp(-0.09 \times 0.5)N(d_2)$$

因此，Python 函数调用如下：

```
import pandas as pd
from numpy import *
from scipy.stats import norm
S=40.0;X=40.0;rf=0.09;sigma=0.30;T=0.5
div= pd.Series([0.5,0.5])
divt= pd.Series([0.1667,0.4167])
divbscall_option(S,X,rf,div,divt,sigma,T)
```

得到如下结果：

```
Out[5]: 3.6496126142078218
divbsput_option(S,X,rf,div,divt,sigma,T)
```

得到如下结果:
```
Out[11]: 2.8636621437386083
```

14.4 风险对冲的 Python 应用

风险对冲是指通过投资或购买与标的资产收益波动负相关的某种资产或衍生证券,来冲销标的资产潜在损失的一种策略。在进行风险对冲时经常用到的定量参数有:Delta,Gamma,Vega,Theta,Rho。这些参数一般是某些变量变化对另外一些变量变化的比率,反映了一些变量对另外一些变量的相对变化。根据这些参数的变化适时调整尺寸,可在一定程度上达到风险对冲的目的。本节我们不去讨论对冲策略的实施,而仅介绍上述对冲参数的概念和 Python 函数的计算函数。

1. Delta 对冲

Delta 定义为在其他变量不变的条件下期权价格变化 ΔC 与标的资产价格变化 ΔS 的比率,即

$$\text{Delta} = \frac{\Delta C}{\Delta S}$$

Delta 随着标的资产价格的变化和时间推移而不断变化,因此,在运用 Delta 对冲风险时,需要定期调整对冲头寸,否则就要承担头寸暴露的风险。

不支付红利的股票欧式看涨期权的 Delta 为

$$\text{Delta} = N(d_1)$$

根据该式,在对一个欧式看涨期权的空头进行 Delta 对冲时,在任何时候需要同时持有数量为 $N(d_1)$ 的标的资产多头。类似地,对一个欧式看涨期权的多头进行 Delta 对冲,在任何时候需要同时持有数量为 $N(d_1)$ 的标的资产空头。

不支付红利的股票欧式看跌期权的 Delta 为

$$\text{Delta} = N(d_1) - 1$$

根据该式,Delta 为负值,这意味着看跌期权的多头应该利用标的资产的多头头寸来对冲风险,看跌期权的空头应该利用标的资产的空头头寸来对冲风险。

2. Gamma 对冲

Gamma 反映了期权标的资产价格变动对期权 Delta 变动的影响程度,即

$$\text{Gamma} = \frac{\partial \text{Delta}}{\partial S}$$

Gamma 的大小反映了为保持 Delta 中性而需要调整的头寸。Delta 中性是指 Delta 等于 0 的状态。由于标的资产和衍生证券可以是多头和空头,所以 Delta 可以大于 0,也可以小于 0。如果组合内标的资产和衍生证券数量匹配适当,整个组合的 Delta 等于 0。然而 Delta 并非固定不变,随着标的资产价格或者权利区间的变化,Delta 也在变化。因此,进行风险对冲时就必须不断随着 Delta 的变化来调整头寸,以保持 Delta 中性。在这种调整中,Gamma 就是一种有用的指标,因为 Gamma 的大小正好反映了为保持 Delta 中性而需要调整的头寸。

第 14 章　Black-Scholes 期权定价及其 Python 应用

不支付红利的股票欧式看涨期权和看跌期权的 Gamma 均为

$$\text{Gamma} = \frac{n(d_1)}{\sigma S \sqrt{T}}$$

3. Vega 对冲

Vega 定义为在其他变量保持不变的条件下期权价格 C 变化对标的资产价格波动率 σ 变化的比率，即

$$\text{Vega} = \frac{\partial C}{\partial \sigma}$$

标的资产价格波动对期权价格有着重大影响。在其他条件一定的条件下，波动率越大，期权价格越高；波动率越小，期权价格越低。在对冲风险过程中，Vega 是一个重要指标。Black-Scholes 期权定价公式假定标的资产价格波动率为已知常数，这一假定是不符合实际的。所以，在实际交易过程中，投资者要面临着波动率变动的风险，为了避免这种风险，必须缩小期权的 Vega，把波动率变化可能造成的损失降低到最小。

不支付红利的股票欧式看涨期权和看跌期权的 Vega 均为

$$\text{Vega} = S N(d_1) \sqrt{T}$$

4. Theta 对冲

Theta 定义为在其他变量不变时期权价格的变化相对于权力期间变化的比率，即

$$\text{Theta} = \frac{\partial C}{\partial T}$$

Theta 一般是负值，它反映可期权价格随着权力期间的减少而逐渐衰减的程度。因此，我们不可能用对冲的方法消除时间变化对期权价格的影响。

不支付红利的欧式看涨期权的 Theta 为

$$\text{Theta} = \frac{\partial C}{\partial T} = -S n(d_1) \frac{1}{2} \sigma \frac{1}{\sqrt{T}} - r_f X \exp(-r_f T) N(d_2)$$

式中 $n(d_1) = \frac{1}{\sqrt{2\pi}} \exp(-x^2/2)$

不支付红利的欧式看跌期权的 Theta 为

$$\text{Theta} = \frac{\partial P}{\partial T} = -S n(d_1) \frac{1}{2} \sigma \frac{1}{\sqrt{T}} + r_f X \exp(-r_f T) N(-d_2)$$

5. Rho 对冲

Rho 定义为在其他变量不变时期权价格 C 变化对利率 r_f 变化之间的比率，即

$$\text{Rho} \frac{\partial C}{\partial r_f}$$

Rho 反映了利率变化对期权价格的影响程度，因此在利率变动比较频繁的时期，Rho 将是一个重要的敏感指标。由于利率变动对看涨期权的价格有正的影响，对看跌期权的价格有负的影响，所以看涨期权的 Rho 值一般大于 0，而看跌期权的 Rho 一般小于 0。

不支付红利的欧式看涨期权的 Rho 为

$$\text{Rho} = X T \exp(-r_f T) N(d_2)$$

不支付红利的欧式看跌期权的 Rho 为

$$Rho = XT \exp(-r_f T) N(-d_2)$$

编写不支付红利的欧式看涨期权的对冲参数 Python 函数如下：

```
def dc_Delta(S,X,rf,sigma,T):
  Ts=sqrt(T)
  d1=(log(S/X)+(rf+0.5*sigma**2)*T)/(sigma*sqrt(T))
  d2=d1-sigma*Ts
  nd1=1/(sqrt(2.0*3.1415926))*exp(-d1**2.0/2.0)
  Delta=norm.cdf(d1)
  return Delta

def dc_Gamma(S,X,rf,sigma,T):
  Ts=sqrt(T)
  d1=(log(S/X)+(rf+0.5*sigma**2)*T)/(sigma*sqrt(T))
  d2=d1-sigma*Ts
  nd1=1/(sqrt(2.0*3.1415926))*exp(-d1**2.0/2.0)
  Gamma=nd1/(S*sigma*Ts)
  return Gamma

def dc_Vega(S,X,rf,sigma,T):
  Ts=sqrt(T)
  d1=(log(S/X)+(rf+0.5*sigma**2)*T)/(sigma*sqrt(T))
  d2=d1-sigma*Ts
  nd1=1/(sqrt(2.0*3.1415926))*exp(-d1**2.0/2.0)
  Vega=S*Ts*nd1
  return Vega

def dc_Theta(S,X,rf,sigma,T):
  Ts=sqrt(T)
  d1=(log(S/X)+(rf+0.5*sigma**2)*T)/(sigma*sqrt(T))
  d2=d1-sigma*Ts
  nd1=1/(sqrt(2.0*3.1415926))*exp(-d1**2.0/2.0)
  Theta=-(S*sigma*nd1)/(2.0*Ts)-rf*X*exp(-rf*T)*norm.cdf(d2)
  return Theta

def dc_Rho(S,X,rf,sigma,T):
  Ts=sqrt(T)
  d1=(log(S/X)+(rf+0.5*sigma**2)*T)/(sigma*sqrt(T))
  d2=d1-sigma*Ts
  nd1=1/(sqrt(2.0*3.1415926))*exp(-d1**2.0/2.0)
  Rho=X*T*exp(-rf*T)*norm.cdf(d2)
  return Rho
```

例 4：考虑一个不支付红利股票的欧式看涨期权，其标的资产价格是 50 美元，行权价格是 50 美元，无风险年利率是 10%，年波动率是 30%，权力期间还有 6 个月。试求其相应的对冲参数。

解：本例中，S=50，X=50，r_f=0.10，σ=0.3，T=0.5，则

$$d_1 = \frac{\ln(S_0/X)+(r_f+0.5\sigma^2)T}{\sigma\sqrt{T}} = \frac{\ln(50/50)+(0.10+0.5\times 0.3^2)\times 0.5}{0.3\sqrt{0.5}}$$

$$d_2 = d_1 - 0.3\sqrt{0.5}$$

对冲参数计算如下：

$$\text{Delta} = N(d_1)$$

$$\text{Gamma} = \frac{N(d_1)}{\sigma S \sqrt{T}} = \frac{N(d_1)}{0.3 \times 50 \sqrt{0.5}}$$

$$\text{Theta} = -Sn(d_1)\frac{1}{2}\sigma\frac{1}{\sqrt{T}} - r_f X \exp(-r_f T) N(d_2)$$

$$= -50n(d_1)\frac{1}{2}0.3\frac{1}{\sqrt{0.5}} - 0.1 \times 50 \exp(-0.1 \times 0.5) N(d_2)$$

$$\text{Vega} = SN(d_1)\sqrt{T} = 50 \times N(d_1)\sqrt{0.5}$$

$$\text{Rho} = XT \exp(-r_f T) N(d_2) = 50 \times 0.5 \times \exp(-0.1 \times 0.5) N(d_2)$$

Python 函数函数调用如下：

```
import pandas as pd
from numpy import *
from scipy.stats import norm
S=50.0;X=50.0;rf=0.10;sigma=0.3;T=0.5
Res1=dc_Delta(S,X,rf,sigma,T)
print "Delta:";Res1
```

得到如下结果：

```
Out[32]: 0.63373735779722085
Res2=dc_Gamma(S,X,rf,sigma,T)
print "Gamma:";Res2
```

得到如下结果：

```
Out[33]: 0.035478872047177437
Res3=dc_Vega(S,X,rf,sigma,T)
print "Vega:";Res3
```

得到如下结果：

```
Out[34]: 13.304577017691539
Res4=dc_Theta(S,X,rf,sigma,T)
print "Theta:";Res4
```

得到如下结果：

```
Out[35]: -6.6147349016931951
Res5=dc_Rho(S,X,rf,sigma,T)
print "Rho:";Res5
```

得到如下结果：

```
Out[36]: 13.116808981928667
```

14.5 隐含波动率的 Python 应用

作为 Black-Scholes 欧式期权定价公式最重要的参数，波动率 σ 是标的资产本身的波动率。我们更关心的是当时的报价所反映的市场对波动率的估计，这个估计的波动率称为隐含波动率(Implied Volatility)。这里的过程实际上是在 Black-Scholes 欧式期权定价公式中，假设另外 4 个参数确定，期权价格已知，反过来求 σ。

```
#设有关参数
spot = 2.45
strike = 2.50
maturity = 0.25
r = 0.05
vol = 0.25
#基于Black-Scholes公式的期权定价公式
from math import log, sqrt, exp
from scipy.stats import norm
def call_option_pricer(spot, strike, maturity, r, vol):
    d1 = (log(spot/strike) + (r + 0.5 * vol *vol) * maturity) / vol / sqrt(maturity)
    d2 = d1 - vol * sqrt(maturity)
    price = spot * norm.cdf(d1) - strike * exp(-r*maturity) * norm.cdf(d2)
    return price
```

对于欧式看涨期权而言，其价格为对应波动率的单调递增函数，所以这个求解过程是稳定可行的。一般来说我们可以类似于试错法来实现。在 scipy 中已经有很多高效的算法可以为我们所用，例如 Brent 算法。

1. Brent 算法

```
from scipy.optimize import brentq
#目标函数,目标价格由target确定
class cost_function:
    def __init__(self, target):
        self.targetValue = target
    def __call__(self, x):
        return call_option_pricer(spot, strike, maturity, r, x) - self.targetValue
#假设我们使用vol初值作为目标
target = call_option_pricer(spot, strike, maturity, r, vol)
cost_sampel = cost_function(target)
#使用Brent算法求解
impliedVol = brentq(cost_sampel, 0.01, 0.5)
print u'真实波动率: %.2f' % (vol*100,) + '%'
print u'隐含波动率: %.2f' % (impliedVol*100,) + '%'
```

2. 使用循环

$S=40$，$X=40$，$T=0.5$，$r=0.05$，$c=3.30$

当计算得到看涨期权价格和给定看涨期权价格之间的绝对值小于我们设定的一个临界值，如 1 分钱，即 $|c-3.3|<0.01$ 时，就停止计算

```
def impvol(S,X,T,r,c):
  from scipy import log,exp,sqrt,stats
  for i in range(200):
     sigma=0.005*(1+i)
     d1=(log(S/X)+(r+sigma*sigma/2.0)*T)/(sigma*sqrt(T))
     d2=d1-sigma*sqrt(T)
     diff=c-(S*stats.norm.cdf(d1)-X*exp(-r*T)*stats.norm.cdf(d2))
     if abs(diff)<=0.01:
        return i,sigma,diff
impvol(40,40,0.5,0.05,3.3)
Out[24]: (49, 0.25, -0.004006079737288282)
```

3. 二分法

对于更高精度的估计及提高效率，需要应用二分法。

```
def bin_s(x,obj,min=1,max=None):
  if max is None:
    max=len(x)-1
  while min<=max:
    mid=(min+max)/2
    midval=x[mid]
    if midval<obj:
      min=mid+1
    elif midval>obj:
      max=mid-1
```

思 考 题

股票当前价格 S=25 元，执行价格 X=25 元，无风险年利率 r_f=8%，股票的波动率 σ=30%，期权到期期限 T=0.5 年，用 Black-Scholes 期权定价模型计算对应的欧式看涨期权和看跌期权的价格。

第 15 章 二项式期权定价及其 Python 应用

【本章精粹】

本章介绍二项式期权定价模型及其 Python 语言应用。二项式的基本原理是：假设变量运动只有向上和向下两个方向，且假设在整个考察期内，标的变量每次向上或向下的概率和幅度不变。将考察期分为若干阶段，根据标的变量的历史波动率模拟标的变量在整个考察期内所有可能的发展路径，并由后向前以倒推的形式走过所有结点，同时用贴现法得到在 0 时刻的价格。如果存在提前行权的问题，必须在二叉树的每个结点处检查在这一点行权是否比下一个结点上更有利，然后重复上述过程。

15.1 二项式法的单期欧式看涨期权定价

假设：

(1) 市场为无摩擦的完美市场，即市场投资没有交易成本。这意味着不支付赋税，没有买卖价差(Bid-Ask Spread)、没有经纪商佣金(Brokerage Commission)、信息对称等。

(2) 投资者是价格的接受者，投资者的交易行为不能显著地影响价格。

(3) 允许以无风险利率借入和贷出资金。

(4) 允许完全使用卖空所得款项。

(5) 未来股票的价格将是两种可能值中的一种。

为了建立好二项式期权定价模型，我们先假定存在一个时期，在此期间股票价格能够从现行价格上升或下降。

下面用实例来说明二项式期权定价模型的定价方法。

1. 单一时期内的买权定价

假设股票今天($t=0$)的价格是 100 美元，一年后($t=1$)将分别以 120 美元或 90 美元出售，就是 1 年后股价上升 20%或下降 10%。期权的执行价格为 110 美元。年无风险利率为 8%，投资者可以这个利率放款(购买这些利率 8%的债券)或借款(卖空这些债券)。如图 15-1 所示。

图 15-1 买权价格

图 15-1 表示股票买权的二项式期权定价模型。现在股价为 100 美元，1 年后股价有两种状态：上升 20%后，股价记作 uS，为 120 美元，下降 10%后，股价记作 dS，为 90 美元，执行价格为 110 美元。根据前面的介绍，股票买权的到期价格分别为 10 美元和 0，那么在 $t=0$ 时买权的真实值(内在价值) $C_0 = $?

为了给这个买权定价，我们可以用这个股票和无风险债券的投资组合来模拟买权的价值。这个投资组合在没有套利机会时等于这个买权的价格；相反，如果存在套利机会，投资者可以购买两种资产中较便宜的一种，出售较贵的另一种，而得到获利的机会。然而，这只能在很短的时间出现。这个投资组合不仅给出了买权的定价方法，而且还提供了一种对冲(套期保值)的方法。

假设投资者购买 N 股股票且投资 B_0 在无风险债券上，那么投资组合今天的值为

$$C_0 = N \times S_0 + B_0 \tag{15-1}$$

等式左端表示组合今天的值，等式右端表示模拟买权的值，它们相等。

1 年后股价上升 20%，为 120 美元，买权价格为 10 美元；1 年后股价下降 10%，股价为 90 美元，买权价格为 0 美元。无风险债券为 $B(1+8\%)$，因此可得

$$120N + 1.08B_0 = 10 \tag{15-2}$$
$$90N + 1.08B_0 = 0 \tag{15-3}$$

从式(15-2)、式(15-3)可以看出，1 年后，无论股价如何变动并影响无风险资产的投资，它都是 $1.08B$。由式(15-2)、式(15-3)可得

$$N = 10/(120-90) = 0.3333$$

和

$$B_0 = -0.3333 \times 90/1.08 = -27.78 \,(美元)$$

B_0 的负值表示以无风险利率借 27.78 美元或卖空这种债券。将 N 和 B_0 的值代入式(15-1)，今天($t=0$)的买权值为

$$C_0 = N \times S_0 + B_0 = 0.3333 \times 100 - 27.78 = 5.55 \,(美元)$$

如果今天的买权价格高于或低于 5.55 美元，即买权价格被高估或低估，这时投资者会采取什么行动呢？假设现在买权价格为 10 美元，投资者将以 10 美元出售这个买权，同时购买 0.3333 股股票且以无风险利率借 27.78 美元，那么在 $t=0$ 时投资者有净盈利

$$10 - (0.3333 \times 100 - 27.78) = 4.45 \,(美元)$$

在年底，即 $t=T=1$，投资者的净盈余如表 15-1 所示。

表 15-1 投资者的净盈余

组合成分	上升状态利润	下降状态利润
出售买权	−10	0
股票投资	0.3333×120=40	0.3333×90=30
贷款偿付	−27.78×1.08=−30	−27.08×1.08=−30
净盈余	0	0

这就是说，无论股票的最终价格如何，净利润是零。投资者使用这种策略没有风险损失。只要买权定价在 10 美元，投资者现在都能得到不用付任何成本的盈利 4.45 美元。显然，这不是均衡状态，买权价格最终要调整到已知现在股价为 100 美元时的 5.55 美元。

如果买权 3 美元出售，这时它被低估，投资者将购买一个买权，卖空 0.3333 股股票且以无风险利率借 27.78 美元，那么在 $t=0$ 时投资者有净盈利

$$0.3333 \times 100 - 27.78 - 3 = 2.55 \,(美元)$$

在年底，即 $t=T=1$，投资者的净盈余如表 15-2 所示。

表 15-2 投资者的净盈余

组合成分	上升状态利润	下降状态利润
买权投资	10	0
偿付卖空股票	−0.3333×120=−40	−0.3333×90=−30
无风险投资	27.78×1.08=30	27.08×1.08=30
净盈余	0	0

因此，净利润是零。投资者使用这种策略，无论股价最终是多少都没有风险损失。只要买权价格为 3 美元，投资者就可获得不需付任何成本的盈利 2.55 美元。因为这不是均衡状态，买权价格最终要调整到 5.55 美元。

2．对冲比

使用股票和无风险债券的投资组合模拟股票的买权。如前面的介绍，借 27.78 美元且购买 0.3333 股股票，现在考虑股价变化的影响。因为 0.3333 股股票包含在投资组合中，那么股票每变化 1 美元，投资组合变化 0.3333 美元。由于买权和投资组合以相同价格出售，因此价格也随股价每变化 1 美元变化 0.3333 美元。这里 0.3333 是股票股份额 N，把它定义为期权对冲比，即

$$0.3333 = \frac{10-0}{120-90}$$

一般地，期权对冲比 h 可定义为

$$h = \frac{C_u - C_d}{uS_0 - dS_0} \tag{15-4}$$

式中：C_u, C_d——分别表示期权上升和下降状态的最终价格；

uS_0, dS_0——分别表示股票上升和下降状态的最终价格。

因此对冲比是期权与股票的上升状态和下降状态的最终价格之差的比，即基本资产变化 1 美元时期权的改变量。

用投资组合模拟买权，必须是购买 h 股股票，同时卖空债券或无风险借款。这个金额的现值是

$$B_0 = (C_d - h \times dS_0)/(1+r) \tag{15-5}$$

式中：r——年无风险利率。

因此，$t=0$ 时的买权值是

$$C_0 = hS_0 + B_0 \tag{15-6}$$

买权值 C_0 等于对冲比与现在股价乘积与无风险借款之和。式(15-6)是式(15-1)的另一种解释。

将式(15-4)、式(15-5)代入式(15-6)，整理可得 $C_0 = \dfrac{(1+r_f - d)C_u + [u - (1+r_f)]C_d}{(1+r_f)(u-d)}$

令 $p = \dfrac{1+r_f - d}{u-d}$，则 $1-p = \dfrac{u-(1+r_f)}{u-d}$

所以 $C_0 = [pC_u + (1-p)C_d]/(1+r_f)$

15.2 两期与多期的二项式看涨期权定价

股票价格在 1 年后不可能只有两个价格，我们可推广到多个价格的情形。现在，把 1 年分成两个时期，各 6 个月。如图 15-2 所示，在第 1 个时期($t=0.5T$)，假设价格可能上涨 20% 或下跌 10%，两个价格分别为 120 美元或 90 美元。在第二个时期($t=T$)，价格可能还上涨 20% 或下跌 10%，因此，价格分别为 144 美元、108 美元和 81 美元。仍假设买权的执行价格为 110 美元，年无风险利率为 8%，那么今天的期权价格是多少？

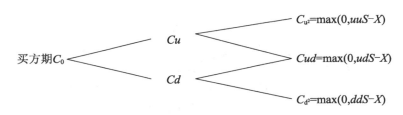

图 15-2 两个时期的买权价格

从图 15-2 中可知，只要能得到 $t=0.5T$ 的买权价格 C_u，就可推出 C_0，可根据式(15-4)、式(15-5)、式(15-6)按顺序倒推出来。

首先，$C_d = 0$，因为年底股票价格低于 6 个月后的价格，或 6 个月后价格低于现在的价格。投资者认为没有价值，所以，不愿付任何价格购买。

其次，6 个月后，C_u 的对冲比为

$$h_{0.5T} = \frac{34-0}{144-108} = 0.9444$$

$$B_{0.5T} = -0.9444 \times 108 / 1.04 = -98.08$$

那么 6 个月后的买权值为

$$C_u = 0.9444 \times 120 - 98.08 = 15.25$$

最后，今天($t=0$)的对冲比为

$$h_0 = \frac{15.25-0}{120-90} = 0.5084$$

$$B_0 = -0.5084 \times 100 / 1.04 = -48.89$$

那么，今天的买权值为

$$C_0 = 0.5084 \times 100 - 48.89 = 1.95$$

对于上面的计算过程，我们可得到更为一般的式子，从第 2 期末到第 1 期末，有

$$C_u = \frac{pC_{uu} + (1-p)C_{ud}}{1+r_f}, \quad C_d = \frac{pC_{ud} + (1-p)C_{dd}}{1+r_f}$$

再从第 1 期末倒推到期初，我们有

$$C_0 = \frac{p^2 C_{uu} + 2p(1-p)C_{ud} + (1-p)^2 C_{dd}}{(1+r_f)^2}$$

这些步骤可以推广到可能有 $n(n \geq 2)$ 个股票价格的情形。只要把时期细分即可。如图 15-3 所示。

图 15-3 多期买权价格

例如，初始价格为 100 美元，股票价格上涨或下跌的可能性相同，三个时期内股票价格可能增加 20%或减少 10%，我们能从以下的计算中得出股票价格的概率分布。三时期内股票价格的变动有 8 种组合：uuu，uud，udu，duu，udd，dud，ddu，ddd。每种都有 1/8 的可能性。因此，股价在最后期末的概率分布如表 15-3 所示。

表 15-3 期末的概率分布

事件	概率	股票价格
3 升	1/8	100×1.2^3
2 升 1 降	3/8	$100 \times 1.2^2 \times 0.9$
1 升 2 降	3/8	$100 \times 1.2 \times 0.9^2$
3 降	1/8	100×0.9^3

多次利用前面介绍的对冲比，二项式看涨期权价格就是所有这些概率与到期期权价格的加权和。

一般地，我们设在 n 期内股价上升 i 次(从而下降 $n-i$ 次)，则最终股价为 $S_n = u^i d^{n-i} S_0$，

从而在 $i=n$ 的期权的价值为

$$\max(u^i d^{n-i} S_0 - X, 0)$$

一个有二项分布的随机变量，取 u 的概率为 p，取 d 的概率为 $1-p$，则取值 $u^i d^{n-i} S_0$ 的概率为

$$\frac{n!}{i! \times (n-i)!} p^i (1-p)^{n-i}$$

式中：p——风险中性概率。

由于 n 可取 $0,1,2,\cdots,n$，所以期权的期望价值为

$$\sum_{i=0}^{n} \frac{n!}{i! \times (n-i)!} p^i (1-p)^{n-i} \max(u^i d^{n-i} S_0 - X, 0)$$

在 n 期的情形下，每一步朝后移动一期，最终得出均衡期权价格 C_0。因此，多期二项式定价模型为

$$C_0 = \frac{1}{(1+r)^n} \sum_{i=0}^{n} \frac{n!}{i! \times (n-i)!} p^i (1-p)^{n-i} \max(u^i d^{n-i} S_0 - X, 0) \tag{15-7}$$

15.3 二项式看跌期权定价与平价原理

15.3.1 二项式看跌期权定价

同样，可以使用二项式来评估卖权的真实值，如图 15-4 所示，图中股票的执行价格为 110 美元，年无风险利率为 8%，那么今天的卖权值是多少呢？可以用式(15-4)、式(15-5)、式(15-6)解决。

图 15-4　看跌期权定价

卖权的对冲比

$$h_P = \frac{0-20}{120-90} = -0.6667 \text{ 股}$$

这个负值表示股价上升时卖权有较低的价格。

无风险投资额

$$B_0 = (20 + 0.6667 \times 90) / 1.08 = 74.07 (美元)$$

因此今天的卖权值

$$P_0 = -0.6667 \times 100 + 74.07 = 7.40 (美元)$$

它可以看作是卖空 0.6667 股股票且投资无风险债券 74.07 美元的净成本。

15.3.2 平价原理

有相同执行价格和到期日的欧式买权和卖权的对冲比有下列关系：

$$h_C - 1 = h_P$$

式中：h_C, h_P——分别表示买权和卖权的对冲比。

从上面的例子我们看到买权、卖权的执行价格为 110 美元，到期期限为 1 年，买权对冲比为 0.3333，卖权对冲比为-0.6667，即

$$0.3333 - 1 = -0.6667$$

现在使用上面的例子，比较两种买权和卖权的投资策略。

策略(1)：购买一个卖权和一股股票，这种策略叫作保护性策略的卖权购入。

策略(2)：购买一个买权并且以执行价格的现值金额投资无风险资产。

如表 15-4 所示。

表 15-4 期权策略

期权策略	最初成本($t=0$)	到期值($t=1$)	
购买一个卖权 购买一股股票	$P_0 + S_0 = 7.40 + 100$ $= 107.40$	$S_T \leq X$ 执行卖权的 110 美元	$S_T > X$ 放弃卖权，投资者的股票值为 S_T
购买一个买权 投资无风险资产 的现值	$C_0 + X / (1+r)$ $= 5.55 + 110 / 1.08$ $= 107.40$	放弃买权，由无风险投资得 110 美元	执行买权，投资者的股票值为 S_T

如果股票在到期日出售，价格低于执行价格，两种策略都有现金利润 X；相反，如果价格高于执行价格，投资者在两种策略中都持有一股股票，价格都超过 X，有相同的盈利。均衡中，它们有相同的成本

$$P_0 + S_0 = C_0 + X / e^{rT} \tag{15-8}$$

式中：P_0, S_0, C_0——分别表示 $t=0$ 时的股价、卖权值和买权值；

X / e^{rT}——执行价格的现值(使用复利)。

这个等式叫作卖权买权平价原理。在表 15-4 中这两种策略的成本都是 107.40 美元。

15.4 二项式法的解析式与计算步骤

1. 解析式

假设一个不支付红利股票的美式看跌期权的权力期间被分成 N 个长度为 Δt 的小时间

段。设 f_{ij} 为 $i\Delta t$ 时刻股票价格为 $Su^j d^{i-j}(0 \leqslant i \leqslant N, 0 \leqslant j \leqslant i)$ 时的期权价格，也称为结点(i,j)的期权价格。由于美式看跌期权在到期日的价格为 $\max(X-S_T,0)$，所以

$$f_{ij} = \max(0, X - Su^j d^{i-j}, 0), j=0,1,\cdots,N \tag{15-9}$$

假设在 $i\Delta t$ 时刻从结点(i,j)向 $(i+1)\Delta t$ 时刻的结点$(i+1,j+1)$移动的概率是 P；在 $i\Delta t$ 时刻从结点(i,j)向 $(i+1)\Delta t$ 时刻的结点$(i+1,j)$移动的概率是 $1-P$。

若不提前行权，在风险中性世界里期权的价格为

$$f_{ij} = e^{-r\Delta t}[Pf_{i+1,j+1} + (1-P)f_{i+1,j}], 0 \leqslant i \leqslant N-1, 0 \leqslant j \leqslant i \tag{15-10}$$

考虑提前行权时，式中 f_{ij} 必须与看跌期权的内在价值进行比较，因此有：

$$f_{ij} = \max\{X - Su^j d^{i-j}, e^{-r\Delta t}[Pf_{i+1,j+1} + (1-P)f_{i+1,j}]\} \tag{15-11}$$

注意：因为计算是从 T 时刻倒推来计算期权价格的，所以 $i\Delta t$ 时刻的期权价格不仅反映了在 $i\Delta t$ 时刻提前行权对期权价格的影响，也反映了在以后的时间里提前行权对期权价格的影响。

2．计算步骤

根据上述二项式法的基本原理和二项式法的解析式，我们给出如下计算衍生证券价格的步骤：

(1) 将衍生证券的有效期分成 N 步等间隔时间段，每步步长 Δt。这样我们需要考虑 $N+1$ 个时间点：$0, \Delta t, 2\Delta t, \cdots, T$。

(2) 计算二项式的参数 P，u 和 d。

(3) 构建二叉树。

(4) 通过二叉树倒推计算期权的价格。

注意：如果是美式期权，我们要在二叉树形图的每个结点检查在这一结点行权是否更有利。

15.5 二项式法的无收益资产欧式期权定价 Python 应用

由 公 式 $C_0 = \dfrac{1}{(1+r)^n} \sum\limits_{i=0}^{n} \dfrac{n!}{i! \times (n-i)!} p^i (1-p)^{n-i} \max(u^i d^{n-i} S_0 - X, 0)$ 和 平 价 公 式 $P_0 + S_0 = C_0 + X/e^{rT}$ 可知，n 期欧式看涨、看跌期权价格的二项式计算公式如下：

$$\text{买权价格} = \sum_{i=0}^{n} \binom{n}{i} q_u^i q_d^{n-i} \max(S_0 u^i d^{n-i} - X, 0)$$

$$\text{卖权价格} = \sum_{i=0}^{n} \binom{n}{i} q_u^i q_d^{n-i} \max(X - S_0 u^i d^{n-i}, 0)$$

为了定义该公式的 Python 语言，应考虑更一般的情形：假设股票的当前价格为 S，股票在 1 年内的价格波动率为 σ，无风险债券的年利率为 r(VBA 语言中表示为 r_f)，股票期权的执行期限 T，执行价格为 X，将时间区间平分为 n 份，看作 n 个时间周期，在每个时间周期内股票可能上涨也可能下跌，幅度分别记为 u 和 d，则结合二项式期权定价公式，在每个阶段中上涨和下降的状态价格具有如下描述：

$$\Delta t = T/n, R = e^{r\Delta t} \approx 1 + r\Delta t$$
$$u = e^{\sigma\sqrt{\Delta t}}, d = e^{-\sigma\sqrt{\Delta t}}$$
$$q_u = \frac{R-d}{R(u-d)}, q_d = 1/R - q_u$$

为什么 $u = e^{\sigma\sqrt{\Delta t}}, d = e^{-\sigma\sqrt{\Delta t}}$?

设股价初期价格为 S，如果投资无风险资产，经过 Δt 时间后价值为 $Se^{r\Delta t}$，股票收益期望应为

$$Se^{r\Delta t} = pSu + (1-p)Sd$$

即
$$e^{r\Delta t} = pu + (1-p)d \tag{15-12}$$

如果标的资产服从一般的布朗运动，即 $\Delta S = S\mu\Delta t + S\sigma\sqrt{\Delta t} \times \varepsilon$，$\varepsilon$ 是服从标准正态分布的一个随机变量。

经过 Δt 后，其方差为 $S^2\sigma^2\Delta t$，必须和离散模型中的资产方差相等，离散资产方差根据公式 $D(X) = E(X^2) - [E(X)]^2$，这样有

$$S^2\sigma^2\Delta t = pS^2u^2 + (1-p)S^2d^2 - S^2[pu + (1-p)d]^2$$
$$\sigma^2\Delta t = pu^2 + (1-p)d^2 - [pu + (1-p)d]^2 \tag{15-13}$$

选择 u,d 满足下面关系
$$u = 1/d \tag{15-14}$$

由式(15-12)可以解出： $p = \dfrac{e^{r\Delta t} - d}{u - d}$

根据式(15-14)，令 $u = e^{\sigma\sqrt{\Delta t}}$，$d = e^{-\sigma\sqrt{\Delta t}}$。

将以上 p、u、d 代入(15-13)的右边，可得：

$$pu^2 + (1-p)d^2 - [pu + (1-p)d]^2 = e^{r\Delta t}(e^{\sigma\sqrt{\Delta t}} + e^{-\sigma\sqrt{\Delta t}}) - 1 - e^{2r\Delta t} \tag{15-15}$$

当 $\Delta t \to 0$ 时，有

$$e^{\sigma\sqrt{\Delta t}} \approx 1 + \sigma\sqrt{\Delta t} + 1/2\sigma^2\Delta t,\ e^{-\sigma\sqrt{\Delta t}} \approx 1 - \sigma\sqrt{\Delta t} + 1/2\sigma^2\Delta t$$
$$e^{r\Delta t} \approx 1 + r\Delta t,\ e^{2r\Delta t} \approx 1 + 2r\Delta t$$

将上面四式子代入式(15-13)中右边得：$\sigma^2\Delta t + r\sigma^2(\Delta t)^2$

当 $\Delta t \to 0$ 时，$r\sigma^2(\Delta t)^2 \to 0$，所以有式(15-13)左边等于右边。

这种表达方法保证了当 $\Delta t \to 0 (n \to \infty)$ 时，股票收益的分布接近于正态分布。

欧式期权定价可直接由 Black-Scholes 期权定价公式给出，但是为了说明如何开发二项式 Python 语言函数并将二项式的计算结果与 Black-Scholes 期权定价公式给出的结果进行比较，所以采用此二项式法。

二项式法欧式看涨期权定价的 Python 语言函数设计如下：

```
def binary_tree_european_call_option_pricing(S,X,r,sigma,times,steps):
    R=math.exp(r*(times/steps))
    R_reciprocal=1.0/R
    u=math.exp(sigma*math.sqrt(times/steps))
    d=1.0/u
    u_square=u**2
    p_up=(R-d)/(u-d)
    p_down=1-p_up
    prices= np.zeros(steps+1)
```

第 15 章　二项式期权定价及其 Python 应用

```
call_values= np.zeros(steps+1)
prices[0]=S*d**(steps)
for i in range(1,(steps+1)):
  prices[i]=u_square*prices[i-1]
for i in range(0,steps+1):
  call_values[i]=max(0,prices[i]-X)
for j in range(steps,0,-1):
  for i in range(0,j):
    call_values[i]=(p_up*call_values[i+1]+p_down*call_values[i])*R_reciprocal
return call_values[0]
```

以上仅给出了欧式看涨期权定价的二项式法的 Python 语言函数，欧式看跌期权定价的二项式法类似，由读者自己完成。

例1：考虑一个标的资产价格是 100 美元，行权价格是 100 美元，年波动率 σ 为 25%，无风险年利率是 2.5%，权利期间还有 1 年的欧式看涨期权。分别用 Black-Scholes 期权定价公式和二项式法计算期权的价格，并将两者的计算结果进行比较。

解：在本例中，$S=100$，$X=100$，$r=0.025$，$\sigma=0.25$，$T-t=1.0$。本例的计算步骤如下：

(1) 设定时间步数和时间步长。我们将 $T-t$ 分成 100 等份，步长为

$$\Delta t = (T-t)/N = 1/100$$

(2) 计算二项式的相关参数

$$u = e^{\sigma\sqrt{\Delta t}} = e^{0.25\sqrt{\Delta t}}, \quad d = e^{-\sigma\sqrt{\Delta t}} = e^{-0.25\sqrt{\Delta t}}$$

$$a = e^{r\Delta t} = e^{0.025\times\Delta t}, \quad P = \frac{a-d}{u-d} = \frac{e^{0.025\times\Delta t} - e^{-0.25\sqrt{\Delta t}}}{e^{0.25\sqrt{\Delta t}} - e^{-0.25\sqrt{\Delta t}}}$$

(3) 构建二叉树。

(4) 通过二叉树倒推计算期权的价格。

二项式法计算欧式看涨期权的 Python 语言函数调用如下：

```
from numpy import *
import numpy as np
S=100.0;X=100.0;r=0.025;sigma=0.25;times=1.0;steps=100
res1=binary_tree_european_call_option_pricing(S,X,r,sigma,times,steps)
res1
Out[43]: 11.083521101164466
```

我们调用 Black-Scholes 期权定价公式 Python 语言函数，并将上述计算结果与这里的 Black-Scholes 期权定价 Python 语言函数计算结果进行比较。

Black-Scholes 期权定价公式的 Python 语言函数如下：

```
def bscall_option(S,X,rf,sigma,T):
  d1=(log(S/X)+(rf+0.5*sigma**2)*T)/(sigma*sqrt(T))
  d2=d1-sigma*sqrt(T)
  C=S*norm.cdf(d1)-X*exp(-rf*T)*norm.cdf(d2)
  return C
```

Black-Scholes 期权定价公式的 Python 语言函数调用如下：

```
from scipy.stats import norm
S=100.0;X=100.0;r=0.025;sigma=0.25;T=1.0
bscall_option(S,X,r,sigma,T)
```

得到如下结果：

Out[17]: 11.108170269826189

可见上面两种计算方法的结果接近。

15.6 二项式法的无收益资产美式期权定价 Python 应用

美式期权定价存在着提前行权的问题，因此要在上述欧式期权定价 Python 语言函数的基础上增加检查提前行权的语句。下面是考虑到提前行权问题后而给出的 Python 语言函数。

```python
def binary_tree_American_call_option_pricing(S,X,r,sigma,times,steps):
    R=exp(r*(times/steps))
    R_reciprocal=1/R
    u=exp(sigma*sqrt(times/steps))
    d=1.0/u
    u_square=u**2
    p_up=(R-d)/(u-d)
    p_down=1-p_up
    prices= np.zeros(steps+1)
    prices[0]=S*d**(steps)
    for i in range(1,steps+1):
        prices[i]=u_square*prices[i-1]
    call_values= np.zeros(steps+1)
    for i in range(0,steps+1):
        call_values[i]=max(0,prices[i]-X)   ##检查是否行权
    for j in range(steps,0,-1):
        for i in range(0,j):
            call_values[i]=(p_up*call_values[i+1]+p_down*call_values[i])*R_reciprocal
            prices[i]=d*prices[i+1]
            call_values[i]=max(call_values[i],prices[i]-X)
    return call_values[0]

def binary_tree_American_put_option_pricing(S,X,r,sigma,times,steps):
    R=exp(r*(times/steps))
    R_reciprocal=1.0/R
    u=exp(sigma*sqrt(times/steps))
    d=1.0/u
    u_square=u**2
    p_up=(R-d)/(u-d)
    p_down=1-p_up
    prices=np.zeros(steps+1)
    prices[0]=S*d**(steps)
    for i in range(1,(steps+1)):
        prices[i]=u_square*prices[i-1]
    put_values=np.zeros(steps+1)
    for i in range(0,steps+1):
        put_values[i]=max(0,X-prices[i])   ##检查是否行权
    for j in range(steps,0,-1):
        for i in range(0,j):
            put_values[i]=(p_up*put_values[i+1]+p_down*put_values[i])*R_reciprocal
            prices[i]=d*prices[i+1]
            put_values[i]=max(put_values[i],X-prices[i])
    return put_values[0]
```

例 2：考虑一个标的资产价格是 100 美元，行权价格是 100 美元，年波动率 σ 为 25%，

无风险年利率是 10%，权利期间还有 1 年的美式看涨期权和看跌期权。用二项式法计算两者的价格。

解：在本例中，$S=100$，$X=100$，$r=0.1$，$\sigma=0.25$，$T-t=1.0$。根据二项式法的基本原理，我们按照如下步骤计算期权的价格。

(1) 设定时间步数和时间步长。我们将 $T-t$ 分成 100 等份，步长为
$$\Delta t = (T-t)/N = 1/100$$

(2) 计算二项式的相关参数
$$u = e^{\sigma\sqrt{\Delta t}} = e^{0.25\sqrt{\Delta t}}, d = e^{-\sigma\sqrt{\Delta t}} = e^{-0.25\sqrt{\Delta t}}$$
$$a = e^{r\Delta t} = e^{0.1\times\Delta t}, P = \frac{a-d}{u-d} = \frac{e^{0.1\times\Delta t} - e^{-0.25\sqrt{\Delta t}}}{e^{0.25\sqrt{\Delta t}} - e^{-0.25\sqrt{\Delta t}}}$$

(3) 构建二叉树。
(4) 通过二叉树倒推计算期权的价格。

注意：由于是美式期权，故需要在每个结点检查是否行权。

二项式法计算美式看涨期权的 Python 语言函数调用如下：

```
from numpy import *
import numpy as np
S=100.0;X=100.0;r=0.1;sigma=0.25;times=1.0;steps=100
res1=binary_tree_American_call_option_pricing(S,X,r,sigma,times,steps)
res1
Out[65]: 14.950509715369073
##这是二项式法求美式看涨期权价格
res2=binary_tree_American_put_option_pricing(S,X,r,sigma,times,steps)
res2
Out[67]: 6.5469118610416226
##这是二项式法求美式看跌期权价格
```

15.7 二项式法的支付连续红利率美式期权定价 Python 应用

引入二项式的重要目的之一是解决美式期权定价问题。有了上面的美式期权定价的 Python 语言函数设计基础，支付连续红利率的美式期权定价的 Python 语言函数设计就十分简单了。支付连续红利率是指标的资产在期权有限期的每个时刻都支付红利率。我们只要将上面 Python 语言函数中的参数 $a = e^{r\Delta t}$ 改为 $a = e^{(r-y)\Delta t}$ 即可给出美式期权定价的 Python 语言函数。

```
##支付连续红利率美式看涨期权定价
def
binary_tree_Div_American_call_option_pricing(S,X,r,y,sigma,times,steps):
    R=exp(r*(times/steps))
    R_reciprocal=1/R
    u=exp(sigma*sqrt(times/steps))
    d=1.0/u
    u_square=u**2
    #p_up=(R-d)/(u-d)
    p_up=(exp((r-y)*(times/steps))-d)/(u-d)
```

```
    p_down=1-p_up
    prices= np.zeros(steps+1)
    prices[0]=S*d**(steps)
    for i in range(1,steps+1):
      prices[i]=u_square*prices[i-1]
    call_values= np.zeros(steps+1)
    for i in range(1,steps+1):
      call_values[i]=max(0,prices[i]-X)    ##检查是否行权
    for j in range(steps,0,-1):
      for i in range(0,j):
        call_values[i]=(p_up*call_values[i+1]+p_down*call_values[i])*R_reciprocal
        prices[i]=d*prices[i+1]
        call_values[i]=max(call_values[i],prices[i]-X)
    return call_values[0]
##支付连续红利率美式看跌期权定价
def binary_tree_Div_American_put_option_pricing(S,X,r,y,sigma,times,steps):
    R=exp(r*(times/steps))
    R_reciprocal=1.0/R
    u=exp(sigma*sqrt(times/steps))
    d=1.0/u
    u_square=u**2
    #p_up=(R-d)/(u-d)
    p_up=(exp((r-y)*(times/steps))-d)/(u-d)
    p_down=1-p_up
    prices=np.zeros(steps+1)
    prices[0]=S*d**(steps)
    for i in range(1,steps+1):
      prices[i]=u_square*prices[i-1]
    put_values=np.zeros(steps+1)
    for i in range(0,steps+1):
      put_values[i]=max(0,X-prices[i])    ##检查是否行权
    for j in range(steps,0,-1):
      for i in range(0,j):
        put_values[i]=(p_up*put_values[i+1]+p_down*put_values[i])*R_reciprocal
        prices[i]=d*prices[i+1]
        put_values[i]=max(put_values[i],X-prices[i])
    return put_values[0]
```

例3：考虑标的资产价格是 100 美元，行权价格是 100 美元，年波动率 σ 为 25%，无风险年利率是 10%，权利期间还有 1 年，连续红利率是 8% 的美式看涨期权和看跌期权。用二项式法计算两者的价格。

解：在本例中，$S=100$，$X=100$，$r=0.1$，$y=0.08$，$\sigma=0.25$，$T-t=1.0$。根据二项式法的基本原理，我们按照如下步骤计算期权的价格。

(1) 设定时间步数和时间步长。我们将 $T-t$ 分成 100 等份，步长为
$$\Delta t = (T-t)/N = 1/100$$

(2) 计算二项式的相关参数
$$u = e^{\sigma\sqrt{\Delta t}} = e^{0.25\sqrt{\Delta t}}, \quad d = e^{-\sigma\sqrt{\Delta t}} = e^{-0.25\sqrt{\Delta t}}$$
$$a = e^{(r-y)\Delta t} = e^{(0.1-0.08)\times\Delta t}, \quad P = \frac{a-d}{u-d} = \frac{e^{(0.1-0.08)\times\Delta t} - e^{-0.25\sqrt{\Delta t}}}{e^{0.25\sqrt{\Delta t}} - e^{-0.25\sqrt{\Delta t}}}$$

(3) 构建二叉树。

(4) 通过二叉树倒推计算期权的价格。

注意：由于是美式期权，故需要在每个结点检查是否行权。

二项式法计算美式看涨期权的 Python 语言函数调用如下：

```
from numpy import *
import numpy as np
S=100.0;X=100.0;r=0.1;y=0.08;sigma=0.25;times=1.0;steps=100
res1=binary_tree_Div_American_call_option_pricing(S,X,r,y,sigma,times,steps)
res1
```
Out[71]: 10.078227709901869
```
res2=binary_tree_Div_American_put_option_pricing(S,X,r,y,sigma,times,steps)
res2
```
Out[74]: 8.5900236386492494

15.8 应用二项式期权定价模型进行项目投资决策的 Python 应用

我们知道，企业进行实物资产项目投资时，最基本的分析方法是净现值法。这要求先预报投资后各年的现金流序列 $\hat{C}_1, \hat{C}_2, \cdots, \hat{C}_N$，然后确定适当的资本机会成本，即折现率 r，计算该项目的现值 $PV = \sum_{i=1}^{N} \frac{\hat{C}_i}{(1+r)^i}$，如果资本支出的现值为 $Cost$，那么该项目的净现值为：

$$NPV = -Cost + PV$$

净现值准则告诉我们：若 $NPV > 0$，则该项目上马；若 $NPV \leqslant 0$，则该项目不上马。

我们现在提出一个项目投资，相当于创造了一个以项目资产为标的资产的看涨期权，执行价格为资本投入的现值 $Cost$，标的资产的价格为该项目的现值 PV，PV 具有不确定性。如果现在就决定该项目是上马还是不上马，相当于看涨期权的执行日就是现在，因此该看涨期权的价值为：$V_{CT} = \max\{0, PV - Cost\} = \max\{0, NPV\}$，但如果不必马上做出投资决策，而是在今后 T 年内再做出投资决策，那么该投资项目就相当于执行期为 T 年的美式看涨期权，这显然比现在就做出项目决策有更大的价值。

这个看涨期权的标的资产，即项目资产是支付"红利"的，这里的"红利"就是项目上马后产生的现金流。该项目上马意味着提早得到现金流，但要投入资本 $Cost$；晚上马则意味着损失现金流，但可赢得投入资本 $Cost$ 的利息。如果是好项目，晚上马会造成损失；如果是坏项目，晚上马或不上马会带来收益。权衡利弊得失，求出最优上马时间(或不上马)是管理者的任务，因为可以等待，管理者就有机会捕捉最有利的时机，增加收益，避免损失。

我们知道，无"红利"的美式看涨期权是不会提前执行的。有"红利"的也不会总是提前执行。但如果"红利"数额很大，会使其拥有者在"红利"支付前执行看涨期权。财务经理在投资决策时也会采取相同的行动：当投资项目的预报现金流充分大，他们会马上投资，抓住这些现金流；当预报的现金流比较小时，他们会倾向于继续保持其看涨期权，而不是马上投资，甚至 $NPV > 0$ 时也是如此。这说明，为什么经理们有时对 $NPV > 0$ 的项目也犹豫不决(因为在 NPV 接近于 0 时，持有看涨期权会给企业增加最大的价值)。

例 4：假设一个项目当前的现值为 100 万元，假设它每年的经营存在两种可能，一种是按当年的现值以 8%增长，另一种可能是按当年的现值以 6%负增长。如果允许在项目投资 2 年后，投资者可以 90 万元的价格卖掉这个项目。假设无风险利率为 5%。那么卖掉这个项目的权利的价值是多少呢？

解：这是一个典型的实物期权，2年后项目的计算如图 15-5 所示。

图 15-5 二项式定价方法对实物期权的图解

其中风险中性概率的计算是

$$p = \frac{e^{r(T-t)} - d}{u - d} = \frac{e^{0.05 \times 1} - 0.94}{1.08 - 0.94} = 0.786, \quad 1 - p = 1 - 0.786 = 0.214$$

则这个权利的价值为

$$Pu = [pPuu + (1-p)Pud]e^{-r\Delta t} = 0$$
$$Pd = [pPud + (1-p)Pdd]e^{-r\Delta t} = (0.786 \times 0 + 0.214 \times 1.64)e^{-0.05 \times 1} = 0.334(万元)$$
$$P = [pPu + (1-p)Pd]e^{-r\Delta t} = (0.786 \times 0 + 0.214 \times 0.334)e^{-0.05 \times 1} = 0.064(万元)$$

所以卖掉这个项目的权利价值为 0.064 万元。

这里，Python 的函数调用如下：

```
from numpy import *
import numpy as np
X=90;S=100;r=0.05;times=2;steps=2;sigma=0.07;y=0.0
res2=binary_tree_Div_American_put_option_pricing(S,X,r,y,sigma,times,steps)
res2
Out[8]: 0.063695510997497359
```

思 考 题

1. 股票当前价格 S=25 元，执行价格 X=25 元，无风险年利率 r=8%，股票的波动率 σ=30%，期权到期期限 T=0.5 年，用二项式期权定价模型计算对应的欧式看涨期权和看跌期权的价格。

2. 你要估计一个看涨期权的价值：执行价为 100 美元，为期一年。标的股票不支付股息，现价为 100 美元。你认为价格涨至 120 美元或跌至 80 美元的可能性均为 50%，无风险利率为 10%。用两状态股价模型计算该看涨期权的价值。

第 16 章　期货合约定价、套期保值及其 Python 应用

【本章精粹】

本章将介绍期货合约概念、要素、交易制度、类型、定价、套期保值及其计算方法、最优套期保值策略的 Python 应用等内容。

16.1　期货合约概念及其要素

期货合约是买方和卖方的一个协议，双方同意在未来的某一时期以事先商定的价格买入或卖出一定数量某种商品或金融资产。双方同意的价格叫作期货价格。交货日期叫作交割日期。买卖双方必须承担合约规定的条件和买卖的义务，如不能履约，即以违约论处。

简单地说，期货合约就是一个标准化的订货合同。例如，你在上午 10 点打电话订购一份盒饭，饭店同意 12 点给你送去，收你 10 元，这就是一个期货合约。它涉及五个要素：未来交易时间：12 点；买方和卖方：你和饭店；标的资产：盒饭；价格：10 元；数量：1 份。

下面对这个期货合约的几个要素简单解释一下。

标的资产：盒饭，合约中用于交易的资产，或叫基础资产。

交割价格：10 元，合约中规定的未来买卖标的资产的价格。如果信息是对称的，合约双方对未来的预期相同，则合约的价值等于 0。合约价值为 0 的交割价格称为远期价格(无须成本)。一般，期货价格是跟标的资产的现货价格相连的理论价格，它与合约中的交割价格并不相等。随着时间的推移，理论价格有可能改变，而合约实际价格(交割价格)不变，因此合约价值不为 0，其大小取决于标的资产价格的具体情况。

标的数量：1 份。

买方和卖方：合约中规定在未来买入标的资产的一方称为买方(多头)，合约中规定在未来卖出标的资产的一方称为卖方(空头)。

未来交易时间：12 点，在到期时间交割，空头持有者交付标的资产给多头持有者，多头持有者支付等于交割价格的现金。

远期与期货的主要区别：期货是标准化的，没有违约风险，有保证金要求和盯市制度，受政府监督多；远期是非标准化的，期货在交易所交易，而远期在场外交易，有违约风险，无保证金要求和盯市制度，受政府监督少。

通常只有大机构才能进行远期合约交易，如政府、中央银行、投资银行、商业银行、大企业等。

16.2　期货合约交易制度

1．期货交易的结算所

在每一个期货交易所中，期货合约都是标准化了的，而且交易所都有自己的结算所。这两个条件保证了二级市场期货交易的进行。在场外交易市场中，由于合约不标准化，而且没有结算所，因此期货的二手交易无法进行。

结算所的主要功能是：结算合约，保证合约的履行。结算所在买卖方中充当中介，对于每个买者来说，它是卖方，对于每个卖者来说，它是买方。买卖双方下达各自的指令可以被看作是和结算所进行交易。尽管买卖双方互不认识，互不了解，但在这种情况下也不必担心违约的风险，因而期货的二手交易得以顺利进行。

第 16 章 期货合约定价、套期保值及其 Python 应用

结算所的另一个功能是便利投资者在交割日期之前随时可以将期货合约脱手，解单出套。

2．期货交易的保证金

在期货市场内，投资者第一次进行交易时，交易所的结算所规定投资者必须存入少量资金，叫作初始交易保证金，其数额由结算所规定，国际上一般在 3%～8%，我国是 5%。交易所除了初始保证金外，还有最低保证金的要求，这是为保证合约的履行而规定投资者账户中必须维持的保证金的最低数额。

期货保证金与证券的保证金不同：股票的保证金是投资者的自有资金占其全部股票价格的比例，其余资金是借来的，其目的是为借款作担保。期货保证金是一种信用保证，保证在投资者出现亏损时不会给经纪公司或结算所造成损失。保证金率一般是 5%～10%。

3．逐日盯市制度

期货交易中一方的盈利必然来源于另一方的亏损。当亏损方在交易所保证金账户中的资金不能承担其亏损时，交易所作为成交合约的担保者，必须代为承担这部分亏损，以保证盈利者能及时得到全部盈利。这样，亏损方便向交易所拖欠了债务。为了防止这种负债现象的发生，我们采用逐日盯市制度，即每日无负债结算制度。

4．市场结构

美国主要的期货交易所有 12 个。大约有 80 种不同商品或金融资产的期货合约在这些交易所中交易。

芝加哥期货交易所是世界上最大的期货交易所，其次是芝加哥商品交易所。

与证券交易所一样，期货交易所也采用会员制，只有交易所的会员公司才可以进行交易。

我国的期货交易所有 4 个，它们分别是：中国金融期货交易所(上海)、郑州商品交易所、大连商品交易所、上海期货交易所(主要是做有色金属和橡胶等交易)。

16.3 期货合约的类型

期货合约主要有商品期货和金融期货，下面分别介绍。

16.3.1 商品期货合约

期货合约的期限常常有 3 个月、6 个月、9 个月和 12 个月。到了交割月份期货合约停止交易，实行结算；在某些情况下，商品资产实现交割(就是期货合同到期了，要按合同上规定履行职责，卖出方要交出货来，买方要付出全部货款的行为，即钱货两清，买方付钱，卖方付货。期货开仓就是签订买卖合约，交割(平仓)就是兑现(执行)买卖合约(就是期货变现货了，合约到期了，你把钱补齐给人家，人家给货)。交割期货合约有两种方法：一是在交割日期前用同样数量的合约进行补偿，原合约的买主卖掉同样数量的同种期货合约，卖主买进同样数量的同种期货合约；另一种方法是等到交割日，买卖双方按既定的价格交割商品资产。表 16-1 给出了国外几种有代表性期货合约的具体内容。

表 16-1　国外几种有代表性期货合约的具体内容

期货名称	合约月份	交易时间(美国东部时间)	交易规格	最小价格变动	每日涨跌限制	交易所
小麦	3, 5, 7, 9, 12	10:30am～2:15pm	5000 蒲式耳/手	0.25 美分/蒲式耳，即 12.5 美元	20 美分/蒲式耳，即 1000 美元	芝加哥交易委员会(CBT)
11 号糖(国际糖)	1, 3, 5, 7, 10	10:00am～1:45pm	112000 磅/手	0.25 美分/磅，即 11.2 美元	0.50 美分/磅，即 560 美元	咖啡、糖和可可交易所(CSCE)
原油	所有月份	9:45am～3:10pm	1000 桶/手(42000 加仑)	1 美分/桶(10 美元)	1 美元/桶(1000 美元)	纽约商品交易所

表 16-2 给出了国内几种有代表性期货合约的具体内容。

表 16-2　国内几种有代表性期货合约的具体内容

期货名称	合约月份	交易时间	交易单位	最小价格变动	每日涨跌限制	交易所
铝	所有月份	9:00am～11:30am 1:30pm～3:00pm	5 吨/手	10 元/吨	不超过上一交易日结算价的 3%上下	上海期货交易所
小麦	1, 3, 5, 7, 9, 11	9:00am～11:30am 1:30pm～3:00pm	10 吨/手	1 元/吨	不超过上一交易日结算价的 3%上下	郑州期货交易所
黄大豆	1, 3, 5, 7, 9, 11	9:00am～11:30am 1:30pm～3:00pm	10 吨/手	1 元/吨	不超过上一交易日结算价的 3%上下	大连期货交易所

表 16-3 是上海期货交易所商品期货的黄金期货标准合约。

表 16-3　上海期货交易所黄金期货交易

交易品种	黄金
交易单位	1000 克/手
报价单位	元(人民币)/克
最小变动价位	0.01 元/克
每日价格最大波动限制	不超过上一交易日结算价 ±5%
合约交割月份	1～12 月
交易时间	上午 9:00～11:30；下午 1:300～3:00
最后交割日	合约交割月份的 15 日(遇法定假日顺延)

第16章 期货合约定价、套期保值及其Python应用

续表

交割等级	金含量小于99.95%的国产金锭及交易所认可的伦敦金银市场协会(LBMA)认定的合格供货商或精炼厂生产的标准金锭
交割地点	交易所指定交割金库
交易保证金	合约价值的5%
交割方式	实物交割
交易代码	AU
上市交易所	上海期货交易所

16.3.2 金融期货合约

除了上面所述的商品期货外,还有金融期货,如利率期货、股指期货和外汇期货等。

与商品期货合约类似,金融期货也是买卖双方的一个协议,同意在未来的某一时间,按事先商定的价格买入或卖出某种金融资产,常见的有政府长期公债、短期公债、银行大额存单等。

最常见的利率期货如CBT(芝加哥交易委员会)的政府长期公债和CME(芝加哥商品交易所)的短期公债。利率期货是标准化、规范化了的期货合约,如CBT的常见长期公债期货合约要求以面息8%、面值100000美元的美国联邦政府长期债券交割。合约规定的交割月份为3月、6月、9月和12月,交割日可以交割月份的任何一天,由卖方决定,一般在交割月份的倒数第8天交易所就停止对这一期货合约的交易。

股指期货交易始于1982年,主要的股指期货为S&P500指数期货。S&P500股票指数是根据美国500家公司的股票的市场价格加权平均得到的一个价格指数。指数期货的合约也都是标准化、规范化了的合约。S&P500指数期货有四个到期月份:3月、6月、9月和12月。它不要求也无法进行具体的交割,而是用现金结算,合约的面值为500美元乘以指数即股指期货的价格。

部分金融期货如表16-4所示。

表16-4 国内外几种有代表性期货合约的具体内容

期货名称	合约月份	交易时间(美国东部时间)	交易规格	最小价格变动	每日涨跌限制	交易所
长期公债 T-Bond	3,6,9,12	7:00am~10:30pm 8:20am~3:00pm	100000美元	1/32美分 31.25美元	96/32美分 3000美元	芝加哥交易委员会CBT
S&P股票指数	3,6,9,12	9:30am~4:15pm	500美元×指数	25美元/0.05 500美元	前3分钟上下限制为5点;前30分钟限制下降12点;任何1小时限制下降20点;任何方向总限制30点	芝加哥商品交易所的指数和期权分部

续表

期货名称	合约月份	交易时间(美国东部时间)	交易规格	最小价格变动	每日涨跌限制	交易所
沪深300股指期货	见有关条款					中国金融期货交易所(上海)

期货交易是以小博大，如 S&P500 股票指数期货的交易保证金为 22050 美元(一般是期货价格的 5%～10%)。如某日收盘时该指数是 449.22 点，则当天一张期货合约的价格为 500×449.22=224610。这里保证金仅为 9.8%(22050=224610×9.8%)，可见以小博大。

表 16-5 是金融期货的外汇期货标准合约。

表 16-5 外汇期货标准合约

交易单位	62500 英镑
最小变动价位	0.0002 英镑(每张合约最小价格变动 12.50 英镑)
合约月份	1、3、4、6、7、9、10、12 和现货月份
交易时间	上午 7:20～下午 2:00(芝加哥时间)，到期合约最后交易日交易截止时间为上午 9:16，市场在假日或假日之前将提前收盘，具体细节与交易所联系
交割日期	合约月份的第三个星期三
交易场所	芝加哥商业交易所(CME)

外汇期货合约也是标准化了的合约，它表示买卖双方承担在未来一定时间内以既定的汇率交换两种货币的义务。外汇期货有 9 个到期月份：1 月、3 月、4 月、6 月、7 月、9 月、10 月、12 月和当月。交割日一般是在交割月的第三个星期三，而到期的期货合约的交易应在交割日的 2 天前停止。

16.4 期货合约定价及其 Python 应用

16.4.1 期货合约价格实例

期货合约价格的一般公式为

$$FP = S_0(1+r_f)^T + PV(持有成本) - PV(持有收益)$$

我们通过一个例子来解释上述公式。例如，A 想在一年后要一只老母鸡，为了规避老母鸡的价格风险，A 与 B 签订了一份老母鸡的期货合约，约定一年后 A 支付 B 一笔钱(期货价格)，B 支付给 A 一只老母鸡。现在的问题是，老母鸡的期货价格应该定位多少？我们从 B 的角度考虑，B 愿意一年后以多少钱把老母鸡卖给 A？假设 B 现在买了一只小母鸡回来养，打算一年后，小母鸡就能变成老母鸡，可以卖给 A。小母鸡的现货价格为每只 20 元，那么是否养一年后也已 20 元把老母鸡卖给 A？大家会说，当然不可能了，因为一年内，鸡有养殖成本(鸡的食宿费用，疫苗费用等)，假设为 10 元，那么这 10 元的持有成本当然应向 A 索取，即老母鸡的期货价格应该定为 30 元。同样，持有小母鸡可能会有收益，假如小母鸡一年内生了 10 只鸡蛋，卖了 3 元钱，那么这 3 元的持有收益应在期货价格中扣除，即老母鸡的期货价格应该定为 27 元。

金属或农产品的期货一般有持有成本，金融产品的期货一般没有持有成本。

金融产品的期货通常有持有收益，如利息、股息等，我们叫货币性收益。

金属或农产品的期货通常没有货币性收益，其持有收益称为非货币性收益。

非货币性收益主要是指便利性收益，如持有标的资产(母鸡)比持有期货(母鸡)更方便。如来了客户，可用母鸡招待客人，但母鸡期货不能用来招待客人。

短期美国国债通常是零息债券，没有持有成本，也没有持有收益，所有去定价公式是：

$$FP = S_0(1+r_f)^T$$

以上述老母鸡的例子来说，B 花 20 元购买小母鸡来养，一年以后交割给 A。若 B 没有跟 A 签订协议，则不用花这 20 元。这 20 元可以用来做无风险投资，获取无风险收益率的利息，这利息也是机会成本。

16.4.2 金融期货合约定价

金融期货是协议双方约定在将来某个交易日按照约定的条件(包括价格、交割地点、交割方式)买入或者卖出一定标准数量某种金融资产的协议。按照标的资产来划分，金融期货又可分为外汇期货、股指期货和利率期货等。

1. 外汇期货定价

外汇期货是以汇率为标的资产的期货。S 为以美元表示的 1 单位外汇的即期价格，K 是期货的交割价格，r 是本国利率，r_f 是外汇的无风险利率(外汇投资者能够获得货币发行国的无风险利率)，则外汇期货的价值和价格可通过构造两个组合给出：

组合 A：一个价值为 f 的期货合约多头加上一笔数额为 $Ke^{-r(T-t)}$ 的现金。

组合 B：一笔金额为 $Se^{r_f(T-t)}$ 的外汇。

上述两个组合在到期日 T 都将等于 1 单位的外汇，所以在任意时刻 t，两者的价值应该相等：$f + Ke^{-r(T-t)} = Se^{r_f(T-t)}$，因此：$f = Se^{r_f(T-t)} - Ke^{-r(T-t)}$。

期货的价格 F 就是使得上式中 $f=0$ 的 K 值，因而有：

$$F = Se^{(r-r_f)(T-t)}$$

编写外汇期货合约的价值和价格 Python 函数如下：

```
##外汇期货合约的价值
def whqhvalue(S,r,K,rf,time):
  f=S*exp(-rf*time)-K*exp(-r*time)
  return f
##外汇期货合约的价格
def whqhprice(S,r,rf,time):
  F=S*exp((r-rf)*time)
  return F
```

例 1：考虑一外汇期货合约，其标的资产价格是 100 元，交割价格是 99 元，本国无风险年利率是 10%，外汇的无风险年利率是 0.2%，到期时间是 6 个月，求该外汇期货合约的价值及价格。

解：这里 S=100，K=99，r=0.1，r_f=0.002，$T-t$=0.5。

$$f = Se^{-r_f(T-t)} - Ke^{-r(T-t)} = 100e^{-0.002\times 0.5} - 99e^{-0.10\times 0.5} \text{（元）}$$

其价格为

$$F = Se^{(r-r_f)(T-t)} = 25e^{(0.1-0.002)\times 0.5} \text{（元）}$$

函数调用如下：

```
S=100;K=99;r=0.1;rf=0.002;time=0.5
res1=whqhvalue(S,r,K,rf,time)
print "res1=",res1
res1= 5.72833695777
res2=whqhprice(S,r,rf,time)
print "res2=",res2
res2= 105.022035074
```

2. 股指期货定价

股指期货是以某种股票价格指数为标的资产的期货合约。股票价格指数可以看成是支付已知红利率的证券(这里证券是构成指数的股票组合)，证券所付红利率就是该组合持有者所得到的红利率。假设红利率是连续支付的，则股指期货的价格为

$$F = Se^{(r-q)(T-t)}$$

式中：F——股指期货的价格；

　　　S——指数现值；

　　　q——已知红利率；

　　　r——无风险利率；

　　　$T-t$——股指期货期间。

```
##股指期货合约的价格
def gzqhprice(S,r,q,time):
    F=S*exp((r-q)*time)
    return F
```

例2：考虑一个3个月期的股指期货。假设用来计算指数的股票的红利率为每年3%，指数现值是400，连续复利的无风险利率是每年8%，试计算股指期货的理论价格。

解：这里 S=400，q=0.03，r=0.08，$T-t$=3/12=0.25，因此：

$$F = Se^{(r-q)(T-t)} = 400 \times e^{0.05\times 0.25}$$

函数调用如下：

```
S=400;r=0.08;q=0.03;time=0.25
res=gzqhprice(S,r,q,time)
print "res=",res
res= 405.031380616
```

3. 利率期货定价

利率期货是依赖于利率水平变化的期货合约。最普遍的利率期货有中长期国债期货、短期国债期货和欧洲美元期货。考虑到欧洲美元期货定价与短期国债期货定价类似，所以这里仅讨论前两者。

(1) 中长期国债期货定价。

中长期国债期货的标的资产是中长期国债。中长期国债期货可以看成是其标的资产支

第 16 章　期货合约定价、套期保值及其 Python 应用

付已知现金收益的期货,故中长期国债期货的价格为

$$F = (S - I)e^{r(T-t)}$$

编写求中长期国债期货的价格的 Python 语言函数如下:

```
##中长期国债期货定价
def zcqzqh(S,I,r,time):
  F=(S-I)*exp(r*time)
  return F
```

例 3:考虑一个中长期国债期货,标的资产价格是 121.98 元,期货在有效期内的利息现值是 5.803 元,无风险利率是 10%,距离到期日时间是 2 年,试求该期货的价格。

解:这里 S=121.98,I=5.803,r=0.1,T-t=2,因此

$$F = (S - I)e^{r(T-t)} = (121.98 - 5.803)e^{0.1\times 2}$$

Python 函数调用如下:

```
S=121.98;I=5.803;r=0.1;time=2
res=zcqzqh(S,I,r,time)
print "res=",res
res= 141.898908235
```

(2) 短期国债期货定价。

短期国债期货是以短期国债作为标的资产的期货。短期国债也称为贴现债券,在其存在期间一般不支付利息,在到期日投资者收到债券的面值。短期国债期货涉及的概念较多,例如即期利率、远期利率等,但这些不是我们讨论的重点,我们关心的仅是短期国债期货的定价问题。假定现在是 0 时刻,期货的到期期限是 T 年,作为标的资产的短期国债的面值是 V,到期期限为 T'(T' 与 T 之间相差 90 天),无风险连续复利率分别为 r 和 r'。根据上述假设,短期国债面值 V 的现值是

$$V' = Ve^{-r'T'}$$

短期国债不支付利息,所以 $F = Se^{r(T-t)}$,该短期国债期货的价格为

$$F = Ve^{-r'T'}e^{rT} = Ve^{rT-r'T'}$$

若定义

$$\hat{r} = \frac{r'T' - rT}{T' - T} \text{(这里的 } \hat{r} \text{ 为远期利率)}$$

则有

$$F = Ve^{-r'T'}e^{rT} = Ve^{\hat{r}(T'-T)}$$

编写求短期国债期货的价格的 Python 语言函数如下:

```
##短期国债期货合约的价格
def dqgzqhprice(V,r1,r2,t1,t2):
  r=(r2*t2-r1*t1)/(t2-t1)
  F=V*exp(-r*(t2-t1)/365)
  return F
```

例 4:假设 140 天期的年利率是 8%,230 天期年利率是 8.25%,两者都使用连续复利,试求 140 天期、面值是 100 元的短期国债期货的价格。

解:这里 $T' = 230, r' = 0.0825, T = 140, r = 0.08, V = 100$,因此:

$$\hat{r} = \frac{r'T' - rT}{T' - T} = \frac{0.0825 \times 230 - 0.08 \times 140}{230 - 140}$$

$$F = Ve^{\hat{r}(T'-T)} = 100e^{\hat{r}[(230-140)/365]}$$

Python 语言函数调用如下:

```
t2=230;t1=140;r2=0.0825;r1=0.08;V=100
res=dqgzqhprice(V,r1,r2,t1,t2)
print "res=",res
res= 97.8923901948
```

16.5 期货合约的套期保值

1. 商品期货的套期保值

套期保值就是利用远期、期货、期权、互换等金融衍生品的头寸对冲现货头寸来避免或减少风险。本节我们主要讨论期货的套期保值策略及其优化模型的计算。

期货的套期保值就是买进(或卖出)与现货数量相等但交易方向相反的期货合约,以期在未来某一时间再通过平仓获利来抵偿因现货市场价格变动带来的实际价格风险。

例如,4月1日小麦现货价格为1蒲式耳2美元,同时一张5000蒲式耳的6个月的期货合约(9月1日交割)的期货价格为每蒲式耳2.5美元;到了7月1日,小麦现货价格跌为1.6美元,同时期货价格为2.1美元。这可能是由于市场上小麦供应较多,因而现货价格和期货价格同时下跌。

在这种情况下,生产者如果在现货市场先买后卖,就可以在期货市场上先卖后买,以后者的盈利弥补前者的损失。具体说,面粉厂主在买卖小麦现货的同时,在期货市场先卖20张小麦期货合约(共100000蒲式耳),3个月后再买20张同样的合约。描述如表16-6所示。

表 16-6 面粉厂主的盈亏(a)

现货市场	期货市场
4月1日,市场价2.00美元/蒲式耳 计划销售量:100000蒲式耳	4月1日,卖出单价2.50美元/蒲式耳 合约数量100000蒲式耳
7月1日,实际销售量:100000蒲式耳 平均销售单价1.60美元/蒲式耳	7月1日,买入平仓数量:100000蒲式耳 平仓单价2.10美元/蒲式耳
现货销售亏损:每蒲式耳0.4美元	期货平仓赢利:每蒲式耳0.4美元

这里,盈亏相抵,叫作完全对冲。

假如现货市场价格与面粉厂预期完全相反,比如上涨到2.40美元;同时期货合约上涨到2.8美元,那么面粉厂的盈亏就不能完全抵消。描述如表16-7所示。

表 16-7 面粉厂主的盈亏(b)

现货市场	期货市场
4月1日,100000蒲式耳,市单价2.00美元	4月1日,买100000蒲式耳,单价2.50美元
7月1日,买100000蒲式耳,单价2.40美元	7月1日,卖100000蒲式耳,单价2.80美元
现货亏损:每蒲式耳0.4美元	期货赢利:每蒲式耳0.3美元

第 16 章 期货合约定价、套期保值及其 Python 应用

这里面粉厂每蒲式耳亏损 0.1 美元，叫作不完全对冲。面粉厂若预见到了期货价格的上涨而不做对冲，他可以盈利每蒲式耳 0.30 美元，但实际上是很难的，不做对冲的生产者往往损失惨重。

卖对冲用来防止资产的未来现货价格下跌。对冲者出售期货合约，把价格风险转给期货合约的买主。上例中的面粉厂就是做卖对冲。相反，买对冲用来防止资产的未来现货价格上涨。对冲者购买期货合约，把价格风险转给期货合约的卖主。

基差：做对冲，要了解基差的变化。对冲的盈亏决定于现货价格和期货价格的关系。两者之差叫作基差，即现货价格减去期货价格的差。一般，越接近期货交割的月份，现货价格与期货价格之差越小。

基差的大小决定对冲者的盈亏。看下面的两个例子。假定 8 月 30 日小麦现货价格每蒲式耳 2.00 美元；同时 12 月到期的小麦期货价格每蒲式耳 2.10 美元(基差为-10)。到了 9 月 30 日，小麦现货价 2.10 美元，期货价格上升为 2.15 美元。现在做一个卖对冲，对冲者的盈亏。描述如表 16-8 所示。

表 16-8 基差的大小决定对冲者的盈亏

现货市场	期货市场	基 差
买 100000 蒲式耳，市场单价 2.00 美元	卖 100000 蒲式耳，单价 2.10 美元	-10
卖 100000 蒲式耳，单价 2.10 美元	买 100000 蒲式耳，单价 2.15 美元	-5
盈利：每蒲式耳 0.1 美元	亏损：每蒲式耳 0.05 美元	

这里基差绝对值缩小，由-10 变到-5，对冲者获利，每蒲式耳获利 0.05 美元。再假定 9 月 30 日期货价格是 2.25 美元，那么对冲的盈亏描述如表 16-9 所示。

表 16-9 基差绝对值缩小

现货市场	期货市场	基 差
卖 100000 蒲式耳，市场单价 2.00 美元	买 100000 蒲式耳，单价 2.10 美元	-10
买 100000 蒲式耳，单价 2.10 美元	卖 100000 蒲式耳，单价 2.25 美元	-15
亏损：每蒲式耳 0.1 美元	盈利：每蒲式耳 0.15 美元	

基差绝对值扩大，由-10 到-15，对冲者亏损，每蒲式耳盈利 0.05 美元。

由此看出，级差绝对值缩小时，我们可以用卖对冲获取利润，而级差绝对值扩大时，我们可以用买对冲获取利润。人们可以根据现货价格和期货价格的记录计算出以往基差的变化，以作为对冲时的参考。

对不同交割期的期货合约的选择也会影响对冲的结果。描述如表 16-10 和表 16-11 所示。

表 16-10 9 月份期货合约对冲的结果

现货市场	9 月份期货合约	基 差
买 100000 蒲式耳，市场单价 2.00 美元	卖 100000 蒲式耳，单价 2.10 美元	-10
卖 100000 蒲式耳，单价 2.05 美元	买 100000 蒲式耳，单价 2.20 美元	-15
盈利：每蒲式耳 0.05 美元	亏损：每蒲式耳 0.10 美元	

表 16-11　12 月份期货合约对冲的结果

现货市场	12 月份期货合约	基　差
买 100000 蒲式耳，市场单价 2.00 美元	卖 100000 蒲式耳，单价 2.20 美元	−20
卖 100000 蒲式耳，单价 2.05 美元	买 100000 蒲式耳，单价 2.25 美元	−20
盈利：每蒲式耳 0.05 美元	亏损：每蒲式耳 0.05 美元	

可见 9 月份做对冲不及 12 月份做对冲好，因此选择在 12 月份做对冲是正确的，这时盈亏正好抵消。所以做对冲时一定要把握好时机，选择合适的期货合约，认真研究基差的变化规律，只有这样才能达到降低风险的目的。

2. 利率期货的套期保值

利率期货是指协议双方同意在约定的未来某日按约定条件买卖一定数量的某种短期信用工具的可转让标准化合约，主要包括长期国债、中期国债、国库券、政府住宅抵押证券等。我们知道，债券的价值由市场利率来决定，根据标的资产的期限的长短，利率期货有短期利率期货和长期利率期货。在短期利率期货中，最有代表性的是 3 个月的美国短期国库券期货；在长期利率期货中，最有代表性的是美国长期国债期货和 10 年期美国中期国债期货。

下面通过一个例子来说明利率期货的套期保值。

美国的一家投资基金公司拥有总面值为 1000 万美元的美国长期国债，在 9 月的现货市场上，该债券每 10 万美元面值的市场价格为 9.80 万美元。该公司担心今后数月内利率可能大幅调高，受此影响，债券的价格可能会下跌。于是，公司决定在期货市场上做卖出套期保值交易。假定公司以每张 8.4 万美元的价格卖出 100 张 12 月债券期货合约。

正如所料，11 月由于利率上升，债券的现货价值下跌至 910 万美元。但是由于公司已在期货市场做了卖出套期保值交易，因而得以按 770 万美元的价格水平对冲掉手中的空盘，并用期货获利部分弥补了因现货市场价格下跌对本公司造成的损失。损益的结果如表 16-12 所示。

表 16-12　利率期货的交易结果(卖出套期保值的损益情况)

时　间	现货市场	期货市场
9 月	持有 1000 万美元的长期国债，市场价格 980 万美元	按总值 840 万美元卖出 10 张 12 月的长期国债期货合约
11 月	长期国债的市场价格跌至 910 万美元	按总值 770 万美元买进 10 张 12 月的长期国债期货合约
	亏损：70 万美元	获利：70 万美元

3. 外汇期货的套期保值

外汇期货是指协议双方同意在未来某一时期，按照到期日外汇现货市场价格买卖一定标准数量的某种外汇的可转让标准化合约，主要有美元、英镑、日元、加拿大元等。

下面通过一个例子来说明外汇期货的套期保值。

一家位于美国的 A 公司向位于英国的 B 公司借款 10000 万英镑，期限为 3 个月，借款与还款都用美元支付。B 公司考虑到 3 个月后英镑和美元汇率变化可能给本公司造成较大的

第 16 章　期货合约定价、套期保值及其 Python 应用

损失，于是决定用买入套期保值方法进行套期保值。

在外汇现货市场，B 公司先将 10000 万英镑兑成美元借给 A 公司，3 个月后 A 公司用美元还款给 B 公司，B 公司再将美元换成英镑。在外汇期货市场，B 公司在外汇期货市场买入英镑期货合约，3 个月后卖出平仓。期货合约交易的具体过程如表 16-13 所示。

表 16-13　B 公司买入套期保值的损益

时间	现货市场	期货市场
5 月 7 日	1 英镑=1.880 美元 卖出 10000 万英镑得到 18800 万美元	1 英镑=1.885 美元 买入英镑期货合约 10000 万英镑，付出 18850 万美元
8 月 7 日	1 英镑=1.900 美元 买入 10000 万英镑付出 19000 万美元	1 英镑=1.906 美元 卖出英镑期货合约 10000 万英镑，得到 19060 万美元
	亏损：200 万美元	获利：210 万美元
结果	净利润：210−200=10 万美元	

4．股指期货的套期保值

股票指数期货是指协议双方同意在将来某一时期按约定的价格买卖股票指数的可转让标准化合约。最有代表性的是美国的标准普尔 500 股票指数，我国有沪深 300 股票指数。标准化的股票指数期货主要包括：交易地点、每份合约的金额、交割月份、最后交易日、报价、每日限价、价格形式等七个内容。

如标准普尔 500 股指期货的内容有：

交易地点：芝加哥商品交易所；每份合约的金额为：指数×500；交割越月份：3、6、9、12 月；最后交易日：最终结算价确定日前的一个工作日；报价：标准普尔 500 指数每点价值 500 美元；最小变动价位：0.05 个指数点，合 25 美元；最大价格波动不得高于或低于上一交易日结算 5 个指数点，合 2500 美元，按最终结算价进行现金交割，最终结算价由合约交割月份第三个星期五的标准普尔股指构成的股票市场的开盘价所决定。

股票市场上存在系统风险和非系统风险。非系统风险可以通过建立投资组合加以分散，对于系统风险则可以运用股指期货的套期保值功能来规避。

下面通过一个例子来说明股票指数期货的套期保值。

某投资基金主要在美国股市投资，9 月 2 日其收益率已经达到 17%。鉴于后市不明朗，股市下跌的可能性较大，为了将这个成绩保持到 12 月底，公司决定这个成绩(17%的收益率)利用 S&P500 股票指数期货合约进行套期保值。

基金组合价值 3.5 亿美元，与 S&P500 股票指数的 β 值为 0.95。已知 9 月 2 日的 S&P500 股票指数为 1370，而 12 月到期的期货合约为 1400 点。

因此，需要卖出股指期货合约数：350000000×0.95 / (1400×500) = 475 份

到了 12 月 2 日，S&P500 股票指数跌到 1233 点，而指数期货跌到 1260，均为 10%，但组合价值跌 9.5%，即损失 3.5×0.095 = 0.3325 (亿)。

基金经理买进 475 份指数期货合约进行平仓，获利(1400−1260)×500×475 = 0.3325 (亿)。

这个策略保证了组合在市场下跌时基金的价值没有损失。

期货投资者除了使用上面最常用的套期保值策略外，还有套利和投机策略。套利策略就是同时买进和卖出两张不同种类的期货合约。交易者买进自认为价格被市场低估的合约，同时卖出价格被市场高估的合约。如果价格的变动方向与当初的预测相一致，那么交易者可从两合约价格间的关系变动中获利；反之，交易者就有损失。其收益稳定，风险相对小。这种策略有利于将扭曲的市场价格拉回到正常水平，增强市场的流动性。投机就是交易者根据市场动向的判断，利用市场价格的波动进行买卖，从中获得利润的交易行为。投机的目的就是获得价差利润，但是有风险。投机交易主要有长线投资和短线投机。投机交易增强了市场的流动性，承担了套期保值交易转移的风险。

16.6　期货合约的套期保值计算方法

套期保值可分为空头套期保值、多头套期保值、直接套期保值和交叉套期保值等。

空头套期保值就是持有空头头寸的套期保值。例如，某公司现有 3 个月后到期的价值 100 万元的大豆期货，目前的大豆价格 2500 元/吨。公司担心在 3 个月后大豆价格会下跌到 2400 元/吨，那么，该公司就可以在期货市场上安排协议价格为 2500 元/吨的总价值 100 万元的 3 个月期期货空头头寸，即该公司在 3 个月后期货合约到期日按 2500 元/吨的价格出售这批价值 100 万元的大豆。显然，如果到期日大豆的价格低于 2500 元/吨，公司就会获利，而如果到期日大豆的价格高于 2500 元/吨，公司就会亏损。

多头套期保值就是持有多头头寸的套期保值。例如，在上例中，公司担心在 3 个月后大豆价格会上涨到 2600 元/吨，那么，该公司就可以在期货市场上安排协议价格为 2500 元/吨的总价值 100 万元的 3 个月期期货多头头寸，即该公司在 3 个月后期货合约到期日按 2500 元/吨的价格购买这批价值 100 万元的大豆。显然，如果到期日大豆的价格高于 2500 元/吨，公司就会获利，而如果到期日大豆的价格低于 2500 元/吨，公司就会亏损。

直接套期保值就是用相同资产的期货对该资产的现货进行套期保值。

交叉套期保值就是用不同资产的期货对某资产的现货进行套期保值。

在 16.5 中，我们讨论了完全对冲，而在实际操作中，这种完美对冲是很难的。现实世界中的对冲策略并不一定完美：首先，我们想要对冲的资产与交易所的期货合约中的资产并不一定完全相同，也就是当我们无法在交易所找到与手中资产完全相同的合约时，往往会利用价格波动相近的资产合约进行对冲，然而这样做会降低套期保值的有效性。其次，资产的到期日与合约的到期日难以精确匹配。资产的持有者可能不确定对冲策略的具体时限，从而难以选择合适的期货合约。对冲只能大体抵消现货市场中价格波动的风险，但不能使风险完全消失，主要原因是存在"基差"这个因素。

基差是指某一特定商品在某一特定时点的现货价格与该商品在期货市场的期货价格之差，即：

$$基差=现货价格-期货价格$$

基差可以是正，也可以是负数。

在存在基差风险的情况下，一个公司或个人如何最大限度地对冲现货市场的价格风险呢？这与对冲的目标有关。下面介绍风险最小化对冲策略。

假定 S_1 为 t_1 时刻的现货的价格；S_2 为 t_2 时刻的现货的价格；F_1 为 t_1 时刻的期货的价格；F_2 为 t_2 时刻的期货的价格；h 为套期保值比率(即一个单位的现货资产需要的期货合约的数量)。

令 $\Delta S = S_2 - S_1$；$\Delta F = F_2 - F_1$

对于一个空头对冲者来说，在 t_1 时刻持有现货多头(买进)和期货空头(卖出)，在 t_2 时刻出售现货资产，同时进行期货平仓。在此期间，对冲者头寸的价值变化为 $\Delta S - h\Delta F$；相反，对于一个多头对冲者来说，在此期间，对冲者头寸的价值变化为 $h\Delta F - \Delta S$。令 σ_S 是 ΔS 的标准差，σ_F 是 ΔF 的标准差，ρ 是 ΔS 和 ΔF 的相关系数，则

$$\rho = \mathrm{cov}(\Delta S, \Delta F) / (\sigma_S \sigma_F)$$

式中：$\mathrm{cov}(\Delta S, \Delta F)$——$\Delta S$ 和 ΔF 的协方差。

若用 σ^2 表示对冲头寸价值变化的方差，则

$$\begin{aligned}\sigma^2 &= E[(\Delta S - h\Delta F) - E(\Delta S - h\Delta F)]^2 \\ &= E\{\Delta S - E(\Delta S) - h[\Delta F - E(\Delta F)]\}^2 \\ &= E[\Delta S - E(\Delta S)]^2 + h^2 E[\Delta F - E(\Delta F)]^2 - 2hE\{[\Delta S - E(\Delta S)][\Delta F - E(\Delta F)]\} \\ &= \sigma_S^2 + h^2 \sigma_F^2 - 2h\rho\sigma_S\sigma_F\end{aligned}$$

上式中 ρ, σ_S, σ_F 是常数，因此 σ^2 是 h 的函数。

现在考虑当 h 为何值时，价格变化的方差最小？

对上式求 σ^2 关于 h 的导数，可得：

$$\frac{\mathrm{d}\sigma^2}{\mathrm{d}h} = 2h\sigma_F^2 - 2\rho\sigma_S\sigma_F$$

令 $\frac{\mathrm{d}\sigma^2}{\mathrm{d}h} = 0$，可得：

$$h = \rho\sigma_S / \sigma_F = \mathrm{cov} / \sigma_F^2$$

由上可见，最优对冲比率等于 ΔS 和 ΔF 之间的相关系数乘以 ΔS 的标准差与 ΔF 的标准差的比率。若 $\rho = 1$，$\sigma_S = \sigma_F$，则最佳的套期保值比率为 1。当 $\rho = 1$，$h = \sigma_S / \sigma_F$，则有方差 $\sigma^2 = 0$。也就是说，这时完全消除了价格风险，做到了完美对冲。

16.7 最优套期保值策略的 Python 应用

最优套期保值策略，就是要确定最优套期保值比。在下面的内容中，我们仅介绍直接套期保值，也就是采用同种资产的期货进行套期保值时的最优套期保值策略问题。

1. 空头套期保值的利润和方差

在空头套期保值的情况下，其利润的期望值和方差的计算公式分别如下所示

$$r = (S_t - S_0) - h(F_{t,T} - F_{0,T})$$

$$\sigma^2 = \sigma_S^2 + h^2 \sigma_F^2 - 2h\,\mathrm{cov}(S, F)$$

式中：r——空头套期保值情况下的投资的利润期望值；

σ^2——空头套期保值情况下的投资的方差；

h——空头套期保值情况下的套期保值比；

σ_S^2——现货价格变动的方差；

σ_F^2——期货价格变动的方差；

$\text{cov}(S,F)$——现货价格变动与期货价格变动之比的协方差。

而最优空头套期保值策略就是确定最优套期保值比，使套期保值的风险(方差)最小或使利润最大。

编写 Python 语言函数如下：

```
def ktttb(svar,fvar,cov,s0,st,f0,ft):
  h=cov/fvar
  r=st-s0-h*(ft-f0)
  var=svar+h*h*fvar-2.0*h*cov
  print "最优空头套期保值比:",h
  print "套期保值的利润:",r
  return var
```

2．多头套期保值的利润和方差

在多头套期保值的情况下，其方差的计算公式与空头情况下相同，而利润的期望值计算公式如下所示

$$r = (S_0 - S_t) + h(F_{t,T} - F_{0,T})$$

编写 Python 语言函数如下：

```
def dtttb(svar,fvar,cov,s0,st,f0,ft):
  h=cov/fvar
  r=s0-st+h*(ft-f0)
  print "最优多头套期保值比:",h
  print "套期保值的利润:",r
  var= svar+h*h*fvar-2.0*h*cov
  return var
```

3．计算实例

例 5：已知某资产在过去 20 天内的现货价格和 3 个月到期的期货价格如表 16-14 所示，现用同种资产的期货对该资产进行套期保值。

表 16-14　某资产的现货价格和期货价格

日期	1	2	3	4	5	6	7	8	9	10
现货价格	40	39.82	40.17	40.59	40.77	40.99	40.8	40.3	40.03	40.01
期货价格	42	42.04	42.14	42.32	42.45	42.37	42.35	42.54	42.62	42.42
日期	11	12	13	14	15	16	17	18	19	20
现货价格	40.07	40.19	40.48	40.74	40.52	40.13	40.35	40.27	40.46	40.23
期货价格	42.27	42.34	42.22	42.39	42.42	42.33	42.27	42.23	42.34	42.46

第 16 章 期货合约定价、套期保值及其 Python 应用

以上表的数据为例，试计算多头套期保值的最优套期保值比。

解：输入现货的方差为 0.0992，期货的方差为 0.0231，它们的协方差为 0.0142，现要计算现货的期初价格为 40 元、即期价格为 40.23 元、期货期初价格为 42 元、即期价格为 42.46 元的多头套期保值的最优套期保值比，即最低风险(方差)下的套期保值比。

在本例中 σ_S^2=0.0992，σ_F^2=0.0231，cov(S,F)=0.0142，S_0=40，S_t=40.23，$F_{0,T}$=42，$F_{t,T}$=42.46

因此，Python 语言函数调用如下：

```
svar=0.0992;fvar=0.0231;cov=0.0142;s0=40.0;st=40.23;f0=42.0;ft=42.46
res=dtttb(svar,fvar,cov,s0,st,f0,ft)
print "多头套期保值的方差:",res
```

得到如下结果：
最优多头套期保值比：0.614718614719
套期保值的利润：0.0527705627706
多头套期保值的方差：0.090470995671

思 考 题

1. 考虑一外汇期货合约，其标的资产价格是 100 元，交割价格是 96 元，本国无风险年利率是 8%，外汇的无风险年利率是 0.5%，到期时间是 6 个月，求该外汇期货合约的价值及价格。

2. 考虑一个 3 个月期的股指期货。假设用来计算指数的股票的红利率为每年 4%，指数现值是 500，连续复利的无风险利率是每年 10%，试计算股指期货价格。

3. 已知某资产在过去 20 天内的现货价格和 3 个月到期的期货价格如表 16-15 所示，现用同种资产的期货对该资产进行套期保值。以表 16-15 的数据为例，试计算空头套期保值的最优套期保值比。

表 16-15 某资产的现货价格和期货价格

日期	1	2	3	4	5	6	7	8	9	10
现货价格	40	39.82	40.17	40.59	40.77	40.99	40.8	40.3	40.03	40.01
期货价格	42	42.04	42.14	42.32	42.45	42.37	42.35	42.54	42.62	42.42
日期	11	12	13	14	15	16	17	18	19	20
现货价格	40.07	40.19	40.48	40.74	40.52	40.13	40.35	40.27	40.46	40.23
期货价格	42.27	42.34	42.22	42.39	42.42	42.33	42.27	42.23	42.34	42.46

第 17 章　投资组合管理与策略

【本章精粹】

本章将介绍投资组合绩效评价、单因素整体绩效评价模型、选股和择时能力的衡量、投资组合策略、积极投资组合管理、投资组合管理步骤和投资政策陈述、T 先生的战略性资产配置案例等内容。

17.1 投资组合绩效评价

资本资产定价模型(CAPM)理论能够用于评价一项投资组合的绩效，事实上在目前的实践中，CAPM体系被广泛用来评价许多机构投资组合(如养老金及信托基金)。我们通过一系列假想的例子来阐述这种方法，目的是运用这些绩效评估来解释CAPM。

例1：ABC基金10年来的收益率如表17-1所示。我们下面运用均值-方差投资组合理论与CAPM来评价这一基金的绩效，看它是不是一个可以推荐的好基金？它对于精明的均值方差投资者而言能否充当单一基金的角色？

表17-1 收益率数据

年份	收益率(%)		
	ABC	S&P	T-BILLS
1	14	12	7
2	10	7	7.5
3	19	20	7
4	−8	−2	7.7
5	23	12	7.5
6	28	23	8.5
7	20	17	8.0
8	14	20	7.3
9	−9	−5	7
10	19	16	7.5
均值	13	12	7.5
标准差	12.39	9.43	0.48
Cov(ABC,S&P)	0.0107		
Beta	1.20375	1	
Jensen	0.00104	0	
Sharpe	0.44	0.47	
均值	13	12	7.5

步骤1：我们通过计算平均收益率、收益率的标准差(10个样本)开始分析。这些值是基于可用数据的估计值。

通常来讲，给定 $r_i, i=1,2,\cdots,n$，平均收益率为：$\hat{r} = \dfrac{1}{n}\sum_{i=1}^{n} r_i$。

这个统计量作为真实期望收益率 $\bar{r}$ 的估计。均方差为：$s^2 = \dfrac{1}{n-1}\sum (r_i - \hat{r})^2$。

均方差的平方根作为标准差的估计。

步骤2：其次，我们获得市场组合与无风险资产10年期内的有关数据，分别使用标准普尔 500 股票平均与 1 年期国债，它们的有关数据如表所示。同时通过使用估计量来计算 ABC 基金与 S&P500 之间的协方差。

$$\text{cov}(r, r_M) = \frac{1}{n-1} \sum_{i=1}^{n} (r_i - \hat{r})(r_{Mi} - \hat{r}_M)$$

然后利用 β 的标准公式计算：

$$\beta = \frac{\text{cov}(r, r_M)}{\text{var}(r_M)}$$

以上数据的获得可以进行下面有趣的分析。

步骤 3：我们写出如下公式：$\hat{r} - r_f = J + \beta(\hat{r}_M - r_f)$

这个公式与 CAPM 定价公式非常相似，只不过用测量的平均收益代替了期望收益，同时增加了一个误差项 J。这里的 J 代表詹森指数。

根据 CAPM 公式，当使用真实期望收益率时，J 的值应该等于零。因此，J 近似度量了 ABC 基金的实际表现偏离理论零值的程度。可以推测当 J 为正值时，ABC 基金实际表现比预测要好。

詹森指数可以通过证券市场线来说明，对于基金而言，我们发现 $J>0$，因此我们可以得出结论：本例中的基金是一个业绩优秀的基金。

注意：ABC 是一只好的基金，但不能说明它是有效的。

步骤 4：为了度量 ABC 基金的有效性，我们必须观察相对于资本市场线该基金在何处跌落，只有在资本市场线上的投资组合才是有效的。通过如下公式进行考察：

$$\hat{r} - r_f = S\sigma$$

S 为 $\hat{r} - \sigma$ 平面上经过无风险资产点与 ABC 基金点的直线的斜率，S 表示夏普指数，基金的夏普指数为 $S=0.44$，这个值必须与相应的代表市场组合的 S&P 的夏普指数进行比较，发现的 S&P 的夏普指数为 0.47。因此基金在可用数据所揭示的范围内不是有效的。

我们得出的结论是基金可能值得在一个投资组合中持有，但它自身不是十分有效的。因此为获得有效性，我们需要以其他资产或基金补充到该基金中去或者为得到有效性，投资者可以投资于一个更广泛基础的基金。

17.2 单因素整体绩效评价模型

虽然马柯维茨理论模型为精确测量证券投资基金的风险和收益提供了良好的手段，但是这一模型涉及计算所有资产的协方差矩阵，面对上百种可选择的资产，模型的复杂性制约了其在实际中的应用。因此，证券分析家企图建立比较实用的评估基金整体绩效的模型，使其得到广泛的应用。以 Treynor、Sharpe 及 Jensen 的三个指数模型为代表，大大简化了基金整体绩效评估的复杂性，称为单因素整体绩效评价模型。单因素模型都是以 CAPM 理论为研究基础的。目前，这三种评估模型在发达国家资本市场中的运用最为流行。

17.2.1 Jensen 测度

Jensen 测度是建立在 CAPM 测算基础上的资产组合的平均收益，它用到了资产组合的

β 值和平均市场收益,其结果即为资产组合的 α 值。

Jensen 利用美国 1945—1964 年之间的 115 个基金年收益率资料以及 S&P500 计算的市场收益率进行了实证研究。计算公式为:

$$\alpha_i = r_{it} - [r_{ft} + \beta_i(r_{mt} - r_{ft})]$$

式中:α_i——Jensen 绩效指标;

r_{mt}——市场投资组合(或者基准投资组合)在 t 时期的收益率;

r_{it}——i 基金在 t 时期的收益率;

r_{ft}——t 时期的无风险收益率;

β_i——基金投资组合所承担的系统风险。

Jensen 指数为绝对绩效指标,表示基金的投资组合收益率与相同系统风险水平下市场投资组合收益率之间的差异,当其值大于 0 时,表示基金的绩效优于市场投资组合绩效。在基金和基金之间比较时,Jensen 指数越大越好。

Jensen 模型奠定了基金绩效评估的理论基础,也是至今为止使用最广泛的模型之一。但是,用 Jensen 指数评估基金整体绩效时隐含了一个假设,即基金的非系统风险已通过投资组合彻底地分散掉,因此,该模型只反映了收益率和系统风险因子之间的关系。如果基金并没有完全消除掉非系统风险,则 Jensen 指数可能给出错误信息。例如,A、B 两种基金具有相同的平均收益率和 β 系数,但基金 A 的非系统风险高于基金 B,按照该模型,两种基金有相同的 Jensen 指数,因而绩效相同。但实际上,基金 A 承担了比较多的非系统风险,因而 A 基金分散风险的能力弱于基金 B,基金 A 的绩效应该劣于基金 B。由于该模型只反映了收益率和系统风险的关系,因而基金经理的市场判断能力的存在就会使 β 值呈时变性,使基金绩效和市场投资组合绩效之间存在非线性关系,从而导致 Jensen 模型评估存在统计上的偏差。因此,Treynor 和 Mazuy 在模型中引入了二次回归项,Merton 和 Heriksson 也提出了双 β 值市场模型,并利用二次回归项和随机变量项对基金经理的选股能力与市场运用中的时间选择能力进行了进一步的研究。

17.2.2 Treynor 测度

Treynor 测度给出了单位风险的超额收益,但它用的是系统风险而不是全部风险。

Treynor 指数是以单位系统风险收益作为基金绩效评估指标的。Treynor 利用美国 1953—1962 年间 20 个基金(含共同基金、信托基金与退休基金)的年收益率资料,进行基金绩效评估的实证研究,计算公式为:

$$T_i = \frac{\overline{r_i} - r_f}{\beta_i}$$

式中:T_i——Treynor 绩效指标;

$\overline{r_i}$——i 基金在样本期内的平均收益率;

r_f——样本期内平均风险收益率;

$\overline{r_i} - r_f$——i 基金在样本期内的平均风险溢酬。

Treynor 指数表示的是基金承受每单位系数风险所获取风险收益的大小,其评估方法是首先计算样本期内各种基金和市场的 Treynor 指数,然后进行比较,较大的 Treynor 指数意味着较好的绩效。Treynor 指数评估方法同样隐含了非系统风险已全部被消除的假设，在这个假设前提下，因为 Treynor 指数是单位系统风险收益，因此它能反映基金经理的市场调整能力。不管市场是处于上升阶段还是下降阶段，较大的 Treynor 指数总是表示较好的绩效。这是 Treynor 指数比 Jensen 指数优越之处。但是如果非系统风险没有全部消除，则 Treynor 指数一样可能给出错误信息，这时 Treynor 指数模型同样不能评估基金经理分散和降低非系统风险的能力。

17.2.3 Sharpe 测度

Sharpe 测度是用资产组合的长期平均超额收益除以这个时期收益的标准差。它测度了对总波动性权衡的回报。

Sharpe 指数把资本市场线作为评估标准，是在对总风险进行调整的基础上的基金绩效评估方式。Sharpe 利用 1954~1963 年间 34 个开放式基金的年收益率资料进行绩效的实证研究，计算公式为：

$$S_i = \frac{\overline{r}_i - r_f}{\sigma_i}$$

式中：S_i——Sharpe 绩效指数；

σ_i——基金 i 收益率的标准差，即基金投资组合所承担的总风险。

当采用 Sharpe 指数评估模型时，同样首先计算市场上各种基金在样本期内的 Sharpe 指数，然后进行比较，较大的 Sharpe 指数表示较好的绩效。Sharpe 指数和 Treynor 指数一样，能够反映基金经理的市场调整能力。和 Treynor 指数不同的是，Treynor 指数只考虑系统风险，而 Sharpe 指数同时考虑了系统风险和非系统风险，即总风险。因此，Sharpe 指数还能够反映基金分散和降低非系统风险的能力。如果证券投资基金已分散了非系统风险，则 Sharpe 指数和 Treynor 指数的评估结果是一样的。

17.2.4 三种测度的比较

在以上三种模型的运用操作上，Sharpe 指数与 Treynor 指数均为相对绩效度量方法，而 Jensen 指数是一种在风险调整基础上的绝对绩效度量方法，表示在完全的风险水平情况下，基金经理对证券价格的准确判断能力。Treynor 指数和 Jensen 指数在对基金绩效评估时，均以 β 系数来测定风险，忽略了基金投资组合中所包含证券的数目(即基金投资组合的广度)，只考虑获得超额收益的大小(即基金投资组合的深度)。另外，当基金投资组合 β 系数处于不断变化的过程中时，Jensen 的 α 系数和 Treynor 比率都无法恰当地评价基金的表现。而在衡量基金投资组合的绩效时，基金投资组合的广度和深度都必须考虑。因此，就操作模型的选择上，Sharpe 指数模型和 Treynor 指数模型对基金绩效的评估较具客观性，Jensen 指数模型用来衡量基金实际收益的差异较好。对 Sharpe 指数和 Treynor 指数这两种模型的选择，要取决于所评估基金的类型。如果所评估的基金是属于充分分散投资的基金，投资组合的 β 值能更好地反映基金的风险，则 Treynor 指数模型是较好的选择；如果评估的基金是属于专门投资于某一行业的基金时，相应的风险指标为投资组合收益的标准差，此时运用 Sharpe 指数模型比较适宜。

17.2.5 估价比率(或信息比率)

由于 α 值代表特有风险的收益，因此用资产组合的 α 值除以非系统风险，我们称之为估价比率(a_p)。

$$\overline{r}_p = r_f + \beta(\overline{r}_m - r_f) \Rightarrow \overline{r}_p = r_f + \beta(\overline{r}_m - r_f) + e_p$$

$$a_p = \frac{\alpha_p}{\sigma(e_p)}$$

估价比率计算的是每单位非系统风险所带来的非常规收益，所有测度(指数)都是越大越好！

(1) 联系。

Sharpe 测度、Treynor 测度、估价比率是比率衡量法(单位风险收益率)，Jensen 测度是差收益率。

(2) 区别。

Sharpe 指数和 Treynor 指数对风险的计量不同，前者是以方差来衡量，包括所有的风险，后者只考虑市场风险(系统风险)。

Treynor 测度用的是系统风险而不是全部风险，因此，只有当被测量的资产是资产组合的一部分时，Treynor 测度才可以作为衡量业绩的合适指标。

β 值不会因为组合中所包含的证券数量的增加而降低，因此，当资产组合分散程度提高时，Treynor 测度可能并不会变大。

(3) 排序结论上不一致。

若资产组合完全分散化，则 Sharpe 测度与 Treynor 测度是一致的。

当分散程度较差的组合与分散程度较好的组合进行比较时，两个指标结果就不同。一个分散程度差的组合 Treynor 测度可能很好，但 Sharpe 指数很差。

17.2.6 M^2 测度

Sharpe 测度的缺点是：数值含义不容易解释。

S_p 等于 0.73 和 0.75 到底有什么区别？因此，最好能够以收益的形式来体现其差异，这就是 M^2 测度。

M^2 测度，即 Modiglianni 平方，它与 Sharpe 测度类似，也是基于全部风险的度量，但它解释为什么相对于不同的市场基准指数有不同的收益水平。

如图 17-1 所示。

$$M^2 = \overline{r}_{p*} - \overline{r}_m = s_p \sigma_m + r_f - \overline{r}_m = \frac{\sigma_m}{\sigma_p}(\overline{r}_p - r_f) - \overline{r}_m + r_f$$

基本思想：通过无风险利率的借贷(构造一个新的组合)，将被评价的组合的标准差调整到与基准指数相同的水平下，进而对基金相对于基准指数的表现作出考察。

M^2 实际上是两个收益率之差，更容易为人所理解。M^2 测度与 Sharpe 测度的结论是一致的。

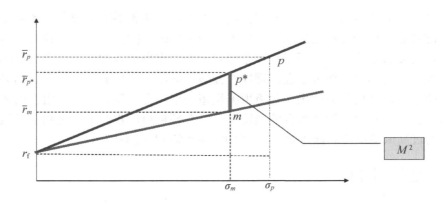

图 17-1　M^2 测度

例 2：资产组合 P 和 M，无风险利率为 6%，有关数据如表 17-2 所示。

表 17-2　资产组合 P 与市场组合 M 的风险收益数据

项　目	资产组合 P	市场组合 M
平均收益率(%)	35	28
β 值	1.2	1
标准差(%)	42	30
非系统风险(%)	18	0

求 P 与 M 的 Sharpe 测度、M^2 测度、α 测度、Treynor 测度和估价比(或信息比)。

解：

Sharpe 测度为：SP=(35-6)/42=0.69，SM=(28-6)/30=0.733，所以组合 P 不如市场组合 M。P 具有 42%的标准差，而市场指数的标准差为 30%。

因此，调整的资产组合 P^* 应由 0.714×(30/42)份的 P 和 1-0.714=0.286 份的国库券组成，这样其标准差就为 30%。

P^* 的期望收益率为

$$(0.286×6\%)+(0.714×35\%)=26.7\%$$

比市场指数的平均收益率少 1.3%，所以该投资基金的 M^2 指标为-1.3%。

M^2 指标得到的结果与 Sharpe 测度是一致的。

在上例中，请计算 α 测度，Treynor 测度和估价比率，并得到结论。

$\alpha_P=35-[6+1.2×(28-6)]=2.6$，$\alpha_M=0$

$t_P=(35-6)/1.2=24.2$，$t_M=(28-6)/1.0=22$

$a_P=2.6/18=0.144$，$a_M=0$

17.3　选股能力和择时能力

影响基金业绩的因素有很多，国外已进行了大量的实证研究。Fama 认为，基金业绩可以通过基金的两种预测能力进行分析：一是"微观预测"能力，是指对于股票整体而言，预测个股价格走势的能力；二是"宏观预测"能力，是指预测整个股票市场总体价格走势的能力。前者通常称为证券选择能力，后者称为市场时机把握能力，即择时能力。证券选择能力的体现要看基金经理能否识别那些相对于整个市场而言被低估或者高估的股票；市场时机把握能力的体现则要看基金经理能否预测市场组合未来的实现情况。如果基金经理相信自己能够预测市场收益情况，他将根据期望的市场走势调整其投资组合的风险水平：在预期市场收益上升时增加该组合的风险水平，在预期市场收益下降时则降低该组合的风险水平，通过高风险资产和低风险资产的不断转换来战胜市场。

17.3.1 选股能力

Fama 于 1972 年提出了对风险调整回报率方法的详细分析框架，由此能得出对基金业绩比较详细的分解。图 17-2 是 Fama 对业绩进行分析的风险回报率整体框架图。纵轴表示回报率(%)，横轴表示风险度量，通常用 β 或 σ 表示。这两种不同的风险度量指标可以帮助我们从市场风险和总风险两个不同的角度评价基金的业绩。

图 17-2 业绩分解

在图 17-2 中的斜线是证券市场线，这条直线为评价所实现的回报率是否与所面临的风险相匹配提供了一个评价的基准。根据 Fama 的模型框架，我们假设市场回报率为 9%，无风险率是 2%。

在上述分析框架中，我们来考察基金 A 的业绩。假设基金 A 的坐标为(8%,0.67)，即该基金实现的回报率为 8%，而其面临的市场风险是 0.67。根据证券市场线的定义，我们可以知道在基金处于市场风险水平 A 时，投资者所期望获得的回报率为 6.7%。而这一期望回报率有两部分组成，即无风险利率 r_f=2%，风险溢价 4.7%。基金实际获得的回报率为 8%，比期望值高 1.3%。我们将这一回报率称为股票选择回报率。

17.3.2 股票选择

我们也可以从给定与风险水平相联系的一般回报水平的角度来检验股票选择的好坏，以及对基金总体业绩的影响。即

总超额回报率=选择回报率+风险回报率
$$r_A - r_f = (r_A - r_{\beta_A}) + (r_{\beta_A} - r_f)$$

我们将基金 A 的回报与风险代入上式可以得到：
$$8\% - 2\% = (8\% - 6.7\%) + (6.7\% - 2\%)$$
$$6\% = 1.3\% + 4.7\%$$

可以看出，对于基金经理而言，想要获得超过平均值的回报率，一般要舍弃一些分散性，通过承担更高风险的投资组合来获得高收益。使用上述的计算框架可以算出，当基金经理舍弃一些分散性而面临更高的风险时，他们应期望获得多少回报率。

我们仍选择图 17-2 中的数据，设市场基金的标准差 $\sigma_M = 21\%$，基金 A 的标准差 $\sigma_A = 15\%$，无风险利率及市场回报率如前所述。

使用总风险水平，我们可以计算基金 A 的一般回报率水平：
$$r_{\sigma A} = r_f + (r_M - r_f) \times \frac{\sigma_A}{\sigma_M} = 2\% + \frac{(9\% - 2\%) \times 15\%}{21\%} = 7\%$$

这里，7%的回报率与仅考虑市场风险时的回报率 6.7%之差，即为与可分散风险匹配的附件回报率，在本例中为 0.3%(=7%-6.7%)。这样，基金的净选择回报率就等于上述计算的总选择回报率减去可分散风险相匹配的附加回报率。在图 17-2 中，净选择回报率表现为 r_A 与 $r_{\sigma A}$ 之间的距离，可用公式表示为：

净选择回报率 $1\% = r_A - r_{\beta_A} - (r_{\sigma A} - r_{\beta_A}) = 1\% \leqslant 1.3\%$(选择回报率)

一般来讲，净选择回报率总是小于或等于总选择回报率，因为与可分散风险匹配的附加回报率总是非负的。只有当基金的投资组合是完全分散时，即投资组合与市场组合之间的拟合度等于 1 时，两者才能相等。通过比较基金的拟合度，我们马上就可以估算出基金的可分散风险有多大。当基金的拟合度比较高时，比如说等于或超过 0.95，相对来说基金的可分散风险比较低；当基金的拟合度比较低时，比如说等于或低于 0.90，基金的可分散风险比较高。究竟是用总选择回报率还是用净选择回报率作为评价基金业绩的准绳，取决于投资者从哪种角度评价投资经理的业绩，也就是从单一经理的角度还是从多个经理的角度评价投资经理的业绩。

17.3.3 择时能力

由资本资产定价模型可知，投资组合的预期回报率是其 β 值的线性函数，即
$$\overline{r}_P = \alpha_P + r_f + (\overline{r}_M - r_f)\beta_P + \varepsilon$$

因此，具有市场时机把握能力的投资者，会在预期市场行情上升时选择 β 值相对较大的投资组合；而当他预期市场行情下跌时，将选择 β 值相对较小的投资组合。这就意味着择时能力强的基金经理会在预期市场回报率高于无风险回报率时选择高 β 值的投资组合，因为这类投资组合比低 β 值的投资组合具有更高的预期回报率。相反，投资者在预期市场回报率低于无风险利率时，将选择低 β 值的投资组合。

1．T-M 模型

特雷诺和玛泽于 1966 年首次对基金经理的时机选择能力进行了计量分析。其基本思想

是判断基金经理能否准确预测市场的转折点，并进行相应的调整。通过正确地估计市场走势，投资经理也可以提高所管理基金的业绩。也就是说，他们需要根据专业知识和经验估计出什么时候出现牛市，什么时候出现熊市，并据此进行投资组合的定位，对权益部分与现金做出调整以适应市场：当投资经理预计市场将出现下滑趋势时，可以出售高风险的投资组合中权益部分的比例，并增持现金。反过来，如果投资者预计市场将出现上升趋势时，可以增持投资组合中的权益部分，并减小现金持有量，从而取得优秀业绩。简言之，择时能力强的投资者会选择如下策略：

(1) 当 $\bar{r}_M > r_f$ 时，持有高 β 值的投资组合，即提高投资组合中权益部分的比例。

(2) 当 $\bar{r}_M < r_f$ 时，持有低 β 值的投资组合，即降低投资组合中权益部分的比例。

因此，判断投资经理择时能力的强弱或上述策略操作的成功程度，是参考市场回报率来判断基金回报率的变化情况是否提高了基金的业绩。运用这种方法需要计算业绩评价时期内基金的一系列回报率以及市场指数回报率，并将它们画在散点图上。

下面考察美国某种基金在 1983 年结束的 10 年期内所有季度回报率以及同时期相应的标准普尔 500 指数回报率。首先来看散点图及根据散点图拟合出的一条表示该投资组合和市场指数之间关系的特征直线，如图 17-3 所示，然后在此基础上进行市场时机选择的分析。

图 17-3　基金回报率与市场回报率之间的关系

如果投资经理仅仅依赖股票选择操作来提高公司业绩，而不进行市场时机选择操作，那么投资组合的平均值是相当稳定的，并且相对于市场回报率的散布点将会表现出一种简单的线性关系。在图 17-3(a)中，散点图表明了基金经理未能准确判断出市场的变动趋势，仅是随时间变化而改变投资组合中的现金头寸或改变投资组合的值，而这仅仅是在图中拟合特征线的周围增加一个散点而已。而在图 17-3(b)中可以看到，投资组合的 β 值随着时间变化而改变，当市场明显处于上涨趋势时，基金的 β 值高于一般的 β 值，基金所持有的投资组合中权益部分的比例明显提高，基金的回报率上升得比其他情况更快；而当市场处于下跌趋势时，基金的 β 值低于一般的 β 值，即基金增持了现金，降低了权益部分的持有比例，基金回报率下降得比较慢。总体而言，无论市场回报率点高还是低，散布点都处于线性曲线的上方，由此会得到一个曲线型的散点图。为了更准确地描述这种关系，特雷诺和玛泽(1966)利用传统的二次项回归模型对上述简单的线性关系进行描述，下面引入一个二次项：

$$r_P - r_f = a + b(r_M - r_f) + c(r_M - r_f)^2 + \varepsilon$$

式中：r_P——基金的回报率；

r_f——无风险回报率；

r_M——市场指数回报率；

a,b,c——回归方程的参数值。

他们认为具备择时能力的基金经理应能预测市场走势，在多头时，通过提高投资组合的风险水平以获得较高的收益；在空头时则降低风险，因此特征线不再是固定斜率的直线，而是一条斜率会随市场状况改变的曲线。特雷诺和玛泽(1966)建立了二项随机变量模型，并将择时能力定义为：基金经理预测市场的收益与无风险收益间差异大小的能力，然后根据这种差异将资金有效率地配置于证券市场。具备择时能力的基金经理可以预先调整资金配置，以减少市场收益小于无风险收益时的损失。

我们可以利用二次回归来检验麦伦资本管理在1973—1990年间的业绩。该公司首先提出战术资产配置方法，并使用技术管理着超过 10 亿美元的几种投资组合，我们可以使用1973—1990 年的季度回报率数据进行二次回归。下面给出了回归的估计参数值，系数下括号内的数值是参数的标准误。

$$r_P - r_f = 0.067 + 0.56 \times (r_M - r_f) + 0.0125(r_M - r_f)^2$$
$$\qquad\qquad (0.542) \quad (0.05) \qquad\qquad (0.0035)$$

式中，二次项的参数(c 值)显著为正，其 t 值等于 3.6。这说明在所分析的时期，麦伦资本市场时机选择是成功的。相应地，所估计的值(截距值)并不明显地区别于 0，表明股票选择对于回报率没有明显增加和抵减作用。当该组织在货币市场工具和股票及债券的指数基金之间分配资产时，这一统计结论是可信的。这些被动类别的资产工具在组成上没有明显的证券选择回报率成分。方程的图形表明：沿着横轴向右移动时拟合曲线变得越来越陡，这一变化说明，相对于市场来说，当市场回报率提高时，基金回报率提高得更大，即存在放大作用；当市场回报率降低时，基金回报率降低的幅度要小一些，即存在缩小作用。这种曲线变化形态说明，投资经理正确地预测了市场的变化，并通过良好的市场时机选择取得了优秀的业绩。

2. H-M 模型

赫里克松和莫顿于1981年提出了另一种相似但更简单的方法：他们假设投资组合的β值只取两个值，同时引入一个带有虚拟变量的模型(简称 H-M 模型)。当市场走好时，β取较大值；当市场走弱时，β取较小值。即对投资组合所实现的回报率分别拟合两条特征线，投资组合的特征线，如图17-4所示。右侧的特征线是对市场走好时期($r_M > r_f$)进行拟合，而左侧的特征线是对市场走弱时期($r_M < r_f$)进行拟合。

成功的市场时机选择者为了提高基金业绩，应该在市场上升时提高β值，在市场下降时降低β值。市场上升时期的拟合特征线的斜率应大于市场下降时期的拟合特征线的斜率。在统计上，可在一般回归方程中加入一个虚拟变量来描述这种关系，即

$$r_P - r_f = a + b \times (r_M - r_f) + c \times (r_M - r_f) \times D + \varepsilon$$

其中，D 为虚拟变量，在市场走强的时期取零值，即 $r_M > r_f$ 时，回归方程退化为：
$$r_P - r_f = a + b \times (r_M - r_f)$$
此时，参数 b 就代表了基金总体的 β 值，正好对应图 17-4 中右半部分所表示的特征线。而左半部分则描绘了市场走弱时期，即 $r_M < r_f$ 时，$D = -1$ 时的特征线，此时的斜率变为 $b-c$，其方程形式为：
$$r_P - r_f = a + (b-c) \times (r_M - r_f)$$
对于成功的市场时机选择者，参数 c 应为正值，从而能确保市场下降时期的斜率明显低于市场上升时期的斜率 b。

在此，我们仍然使用麦伦资本管理 1973—1990 年的分季度数据，估计虚拟变量回归中的参数。系数下括号内的数值是参数的标准差。
$$r_P - r_f = -0.78 + 0.80 \times (r_M - r_f) + 0.52 \times (r_M - r_f) \times D$$
$$\quad\quad\quad (0.77) \quad (0.10) \quad\quad\quad\quad (0.17)$$

在上述回归结果中可以看到，截距值并不显著非零，说明没有证券选择在起作用，因为这里本来就不存在证券选择回报率问题。同时，参数 b 显著非零，并且为正，表明市场上升时斜率为 $b=0.80$。虚拟变量的参数 $c=0.52$ 且显著，表明在市场走弱时斜率为 $0.28(b-c)$，说明基金经理在相应的分析期内有较强的时机选择能力。我们用图 17-4 描绘上述结果，很明显，市场上升时期的直线斜率明显大于市场下降时期的直线斜率。变化的斜率表明投资经理有较强的择时能力：成功地估计了市场走势，在市场走强时通过承担风险提高了基金的收益，而在预计市场走弱时成功降低了投资组合的风险。

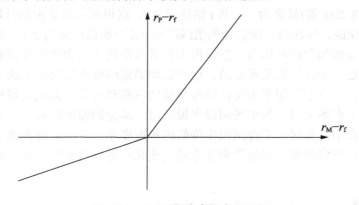

图 17-4 H-M 模型(虚拟变量回归)

3. 现金管理分析

择时能力分析方法的核心思想是改变不同市场状况下现金和权益资产在基金所持组合中各自的比例来实现基金收益的最大化。作为补充市场时机选择分析的方法，现金管理分析方法是一种有用的方法，它只分析在不同的市场环境下(即市场走强或走弱)，一种基金现金头寸所占比例的变化情况。根据择时能力分析的核心思想可以推断出，在市场的繁荣期，成功的市场时机选择会加大权益部分的投资，以把握市场机会，同时减少所持有的现金比例；而在市场萧条时期，出于风险规避的考虑，应减少权益部分投资，同时增持现金所占的比例。为使这种方法评价市场时机选择，我们需要确定基金的正常现金比例作为参考基准。通常来说，可以通过政策规定现金比例，也可以根据评价时期基金现金比例平均值计算出来，并以此代表正常现金比例，进而在此基础上考察实际现金比例对平均值的偏差，以便推测基金经理的行为是不是根据市场的不同变化而采取的时机选择行为：在萧条的市场中，为回避风险而减少权益部分的比例，持有高于平均比例的现金；在繁荣的市场中，为获得超额回报率而增大权益部分的比例，持有低于平均比例的现金。

例如，一项针对56种大型共同基金样本的研究，在使用现金比例法对市场时机选择进行评价时，通过1958—1975年的数据，发现现金比例的最低值为0%～1%，现金比例的最高值为18%～20%，而平均值为8%。上述结果进一步表明，当基金经理预测到市场将发生变化时，会调整基金的资产组合，准备更多的现金资产以应付市场恶化的风险，而在通常情况下，这种调整为现金的资产会达到其管理资产的10%左右。

17.4　投资组合策略

17.4.1　资产配置的主要策略

含义：根据投资需求将有限的资金在不同资产之间分配。
目标：提高收益，降低非系统风险。
主要考虑的因素：
(1) 风险承受能力和收益需求：老年人与年轻人不同。
(2) 市场环境和监管因素：通货膨胀时期投资股票，紧缩时投资债券。
(3) 资产的流动性与投资者的流动性要匹配。
(4) 投资期限。
(5) 税收。

17.4.2　投资组合策略分析

投资组合策略如图17-5所示。

图17-5　投资组合策略

三种投资组合策略分析的比较如表 17-3 所示。

表 17-3 策略比较

策 略	特 点	收益与风险
1．买入持有	消极型，战略性(3~5 年不变)着眼长期投资，以投资者的风险承受能力不变为基础	1．长期牛市获利大 2．交易成本少、管理费用低 3．放弃在市场环境变化中获利
2．恒定混合	保持组合中各类资产的价值比例，即资产价格上升，则减少该资产的投资比例(出售)，价格下降增加该资产的投资比例(购买)	1．资产强烈(长期)上升或者下降时劣于策略 1 2．先降后升，赚得多，优于策略 1 3．先升后降，赔得少，优于策略 1
3．投资组合保险	无风险资产(保险)＋风险资产。上升时买入，提高风险资产的比例，下降时卖出(追涨杀跌)换取无风险资产	1．持续上升(强趋势)，优于策略 1，三者中最好 2．先升后降和先降后升，劣于策略 1 3．在严重衰退时，至少保证最低收益(无风险收益)

买入持有策略与恒定混合策略的收益分布如图 17-6 所示。

图 17-6 买入持有策略与恒定混合策略收益

投资组合保险策略的收益分布如图 17-7 所示。

图 17-7　组合保险策略与买入持有策略收益

17.4.3　三种投资组合策略的比较

1. 支付模式

支付模式见图 17-8。

图 17-8　支付模式比较

2. 最适合的市场环境

强趋势：投资组合保险。
易变波动性大：恒定混合。
牛市：买入持有。

3. 对流动性的要求

策略 1＜ 策略 2＜ 策略 3
注意：策略 3 可能加剧市场流动性的恶化。

17.4.4　积极型与消极型投资组合策略

1．消极型

若市场是有效市场，则任何分析都是无用的，追随市场的收益便是最大的收益，即构造市场组合，追随市场指数——消极型。

2．积极型

条件：非有效市场，存在错误定价的股票。
与市场打赌，超越市场，买入被低估价值的股票，抛售高估的股票。
所以积极型与消极型的根本区别：市场是否有效，投资者能否战胜市场。

3．积极型投资组合策略使用方法

技术分析：以市场无效为基础，包括道氏理论、技术指标、价量关系指标。
基本分析：以市场弱式有效为基础，包括市盈率、股利贴现指标，比较全面把握证券价格的基本走势。

4．消极型投资组合策略使用方法

简单消极型：3～5 年不变，即买入并持有策略。
组合消极型：复制一个与市场相同的组合，排除非系统风险，收益与市场收益相同。但要权衡交易成本与跟踪误差。

17.5　积极投资组合管理

17.5.1　积极投资的收益和风险

投资策略可以分为被动投资(或消极投资)和积极投资两种。被动投资是模拟指数的投资，而积极投资则需要做资产选择，也就是买入价格低估的资产，卖空价格高估的资产。

例如，我们投资于标准普尔 500 指数，就是投资于 500 个股票，而且还是以市值权重来分配资金。从理论上说，我们的收益率就应该等于标准普尔 500 指数收益率。但如果我们是积极投资的，那么每年的收益率就不大可能正好等于标准普尔 500 指数收益率。我们可以将每年投资的实际收益率减去基准指数(标准普尔 500 指数)当年的收益率，就称为积极投资的收益率。

$$积极投资的收益率 = R_P - R_B$$

显然，如果采取被动投资策略，那么从理论上说，每年的积极投资收益率都为 0。如果采取积极投资策略，每年的积极投资收益率可能大于或小于 0。当然，积极投资收益率越大越好。

我们还可以计算积极投资收益率的标准差,就称为积极投资的风险。显然,如果采取被动投资策略,那么从理论上说,被动投资的风险为 0。如果采取积极投资策略,积极投资风险大于 0。积极投资的风险相当于非系统风险。

将积极投资的平均收益率除以积极投资的风险,称为信息比率,简称 IR。

$$IR = \frac{积极投资的平均收益率}{积极投资的风险}$$

信息比率常用于绩效评估中,信息比率越大越好。如果投资者的信息比率大于 0,则意味着投资者的投资收益率比基准指数高。

从理论上说,如果市场是有效的,那么投资者的收益率不可能总是比市场平均收益率高,即不能总是击败市场。那么信息比率就应该趋近于 0。

在实际中,积极投资者的信息比率应大于 0,否则即意味着做积极投资还不如被动投资。

17.5.2 积极投资组合管理的必要性

根据传统的组合管理理论(资本市场理论和 CAPM 模型),投资者应该投资于无风险资产和市场组合,才能做到将非系统性风险充分分散化。市场组合可以用标准普尔 500 指数代替,因此,传统的组合管理理论教育我们要模拟指数投资,把世界上所有的资产都买齐,这是被动投资策略。

被动投资策略不需要给资产定价,因此任何人都可以做到,它不需要有金融知识。如果投资者都被动投资,那么就不需要基金经理,不需要分析师,不需要学习金融。于是,金融从业人员就急了,他们迫切需要一个与传统的组合管理理论不同的理论,一个积极投资的组合管理理论,来显示他们存在的意义。

特雷诺和布莱克为金融从业人员创造了一个积极投资的组合管理理论。

在做理论模型之前,金融从业人员们首先要说服投资者,积极投资是有好处的。说服人的方法有两种:

(1) 摆事实:从经验的角度来看,确实有一些人的收益率总是高于市场平均收益率。这说明积极投资策略可以获得更高的收益率。

(2) 讲道理:如果所有投资者都被动投资,没有人给资产定价以获得套利所得,那么资产的价格就会趋于不合理。当资产的价格越来越不合理的时候,积极投资策略就有了用武之地,因为有了套利机会,那么就会有越来越多的投资者去积极投资。积极投资行为会促使资产价格回归其公允价值,也就没有了套利机会,那么积极投资的人就会越来越少。当所有投资者都被动投资,资产的价格就又趋于不合理,给予了积极投资策略用武之地。

17.5.3 Treynor-Black 模型

如前所述,特雷诺和布莱克为金融从业人员创造了一个积极投资的组合管理理论。

Treynor-Black 模型建立在资本市场理论的基础上,但假设市场接近有效。接近有效是指市场并非完全有效,即资产定价并非完全都合理,有个别资产的定价错误,但是定价错误的资产数量较少。

Treynor-Black 模型的目标是创造一个包含被动投资组合和积极投资组合的投资组合。积极投资组合中包含所有被错误定价的资产。

Treynor-Black 模型的具体步骤如下：

第一步，画出有效前沿和资本市场线 CML，找到被动投资的市场组合 M。

第二步，找出被错误定价的那几种资产。找的方法是估计所有资产的詹森 α，它等于资产的(分析师预期的)收益率减去(CAPM 所确定的)必要收益率，即

$$\alpha_P = R_P - E(R_P)$$

如果一个证券定价合理，它的詹森 α 值为 0；如果一个证券价格被低估(收益率被高估)，它的詹森 α 值大于 0；如果一个证券价格被高估(收益率被低估)，它的詹森 α 值小于 0。因此，根据前提假设，大多数的资产詹森 α 值都为 0，只有极个别资产的詹森 α 值不等于 0，我们要找到那几个资产。

第三步，确定各个错误定价的资产在积极投资组合 A 中的权重。资产 i 的权重的公式为：

$$w_i = \frac{\alpha_i}{\sigma^2(\varepsilon_i)} \bigg/ \sum_{j=1}^{n} \frac{\alpha_j}{\sigma^2(\varepsilon_j)}$$

权重的公式不需要背，但需要理解。分子上 $\frac{\alpha_i}{\sigma^2(\varepsilon_i)}$ 称为资产 i 的信息比率，因此 α_i 是资产 i 的詹森 α，它是积极投资才能获得的收益率，而 $\sigma^2(\varepsilon_i)$ 表示非系统性风险(回顾市场模型)，即积极投资的风险。为什么这个公式与之前的信息比率的公式不一样？因为之前的信息比率的公式称为"事后的信息比率"，它是用历史数据来计算的信息比率；而这个信息比率的公式称为"事前的信息比率"，它是需要用回归模型(市场模型)估计的信息比率。如果资产 i 价格被低估(收益率被高估)，它的信息比率大于 0；如果资产 i 价格被高估(收益率被低估)，它的信息比率小于 0。

分母是所有定价错误的资产的信息比率之和。因此，资产 i 在积极投资组合 A 中的权重，等于其信息比率占所有定价错误的资产的信息比率之和的百分比。

假设分母大于 0，那么，如果资产 i 价格被低估(收益率被高估)，它的权重就为正，表示我们应买入该资产；如果资产 i 价格被高估(收益率被低估)，它的权重就为负，表示我们应卖空该资产。

如果资产价格被低估就买入，如果资产价格被高估就卖空。我们就是通过这种方法构造积极投资组合 A，积极投资组合 A 中包含所有被错误定价的资产。

一般来说，积极投资组合 A 应位于 CML 线上方，因为它定价不合理，即存在超额收益率。A 点距离 CML 越远，表明定价越不合理。

第四步，构造被动投资组合 M 与积极投资组合 A 的组合，它应该是过 M 点与 A 点的一条曲线。再从无风险收益率作该曲线的切线，暂将切线称为 CAL，将切点记为 P。因此，我们就应该购买 CAL 线上的资产组合，如图 17-9 所示。

现在，CAL 线相当于是一条新的 CML 线，它比 CML 线更加有效。投资者应把自己的无差异曲线与 CAL 相切，即得到最优组合。

根据 Treynor-Black 模型，投资者都应投资于 CAL 线上的资产组合。CAL 线上的资产组合是无风险资产与组合 P 的组合，而组合 P 又是被动投资组合 M 与积极投资组合 A 的组合。因此，投资者都应投资无风险资产、被动投资组合 M 和积极投资组合 A，即投资者是

完全分散化投资。

这个模型有一点要注意的是：既然组合 A 这么好，为什么不把所有的钱(或者大部分钱)都投资在 A 上呢？原因是组合 A 仅仅包含几个被错误定价的资产，它远远没有分散化。尽管它的收益率很高，但是它包含有很多非系统性风险。总而言之，积极投资组合 A 并没有 CAL 线上的资产有效，因为它位于 CAL 线的下方。

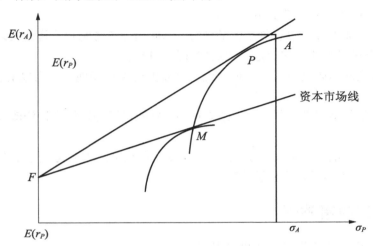

图 17-9　Treynor-Black 模型

17.5.4　预测精确性及对输入参数的调整

在使用 Treynor-Black 模型时，需要估计每一个资产的詹森 α，这涉及分析师预测的精确性。我们前面一直假设预测是正确的，但是很显然，分析师的预测有时候会出现错误，因此我们需要调整估计的詹森 α。

调整估计的詹森 α 的方法是往 0 调整，即对分析师的预测打一个折扣。也就是说，如果分析师的预测很不靠谱，我们宁可相信资产定价是合理的。

如果一个分析师的预测通常比较靠谱，那么我们就少打折扣，即少往 0 调整一些。比如他预测某资产的詹森 α 为 10%，我们把它乘以 0.8，即认为詹森 α 为 8%。如果一个分析师的预测通常都不太靠谱，那么我们就多打折扣，即多往 0 调整一些。比如他预测某资产的詹森 α 为 10%，我们把它乘以 0.3，即认为詹森 α 为 3%。

那么，如何度量一个分析师的预测靠不靠谱，也就是如何选取系数 0.8 或 0.3 呢？我们可以把该分析师过去预测的詹森 α 与事后证明的实际詹森 α 做一元回归，如果预测靠谱，回归所得决定系数就会大；如果预测不靠谱，那么决定系数就会小。因此，决定系数可以用来度量分析师的预测靠不靠谱。值得注意的是，这是一个一元回归，我们可以直接计算这两个变量的样本相关系数 r 并将之平方，就等于决定系数，即：$R^2 = r^2$。

有了每个分析师的决定系数之后，下次该分析师再做詹森 α 的预测，我们就把其预测的詹森 α 乘以其决定系数，即为调整以后的詹森 α。调整了詹森 α，就改变了定价错误的资产在积极投资组合 A 中的权重。

17.6　投资组合管理步骤和投资政策陈述

17.6.1　投资组合管理的步骤

投资组合管理的步骤大致如下：

(1) 分析师首先要评估投资者个人的情况，据此为投资者制定投资政策陈述(IPS)。投资政策陈述相当于投资宪法，它规定了我们应该怎么投资。

(2) 有了投资政策陈述以后，我们要结合客观的资本市场现状，为投资者做资产配置，也就是决定每一种资产在组合中的权重。

(3) 对于投资的效果要度量，并做绩效评估，判断投资是否符合投资政策陈述中所确定的投资目标。

(4) 投资者个人的情况会发生变化，资本市场状况也会发生变化，我们要监控这些变化，及时调整投资政策陈述或资产配置战略。

17.6.2　投资政策陈述

投资政策主要包括投资目标和投资限制。

(1) 投资目标。包括风险目标和收益目标两部分。

(2) 风险目标。可以是绝对的，也可以是相对的。

绝对风险目标有：①用标准差表述。例如，年收益率的标准差不可大于 10%。②用损失的绝对限制表述。例如，未来 2 年内任何时候的损失都不可大于 5%。③用损失的概率表述。例如，未来 2 年内损失大于 5%的概率要小于 10%。

相对风险目标是与某个基准相对比的风险目标，描述方法主要有：①用循迹误差表述。例如，未来 2 年内的月收益率与当月标准普尔 500 指数收益率的差异的标准差不可大于 2%。②用损失的绝对限制表述。例如，未来 2 年内任何时候的收益率都不可低于无风险收益率。③用损失的概率表述。例如，未来 2 年内收益率比标准普尔 500 指数收益率低 2%以上的概率要小于 10%。

以上风险目标都是客观的标准，即用数字来度量的标准，而风险承受度是主观的标准，即分为高、中、低三档。个人投资者的风险承受度由承担风险的意愿和承担风险的能力两个因素决定。承担风险的意愿是投资者的主观愿望，受投资者心理状况的影响。承担风险的能力是由投资者的客观因素决定的，例如年龄、家庭状况、收入支出状况、现有财富状况、是否有养老金和商业保险、身体健康状况等。

(3) 收益率目标。与风险目标类似，收益率目标的描述方法可以是绝对和相对的。

决定收益率目标的描述方法有：①用名义收益率表述。例如，年收益率不低于 8%。②用实际收益率表述。例如，年收益率至少比通货膨胀率高 2%。③相对收益率目标是与某个基准相对比的收益率目标，例如，年总收益率至少比标准普尔 500 指数收益率高 3%。

(4) 投资限制。包括以下 5 个方面：

① 流动性：是指资产能够按照市价迅速变现的需要。如果投资者短期内有大量现金支

出的需求(例如住房首付款、装修等)，或者定期有现金支出的需求(如每月归还按揭贷款给银行)，则投资的流动性要求高。分析师就需要为客户多投资于流动性好的资产，如国债等，而不能把大量的资金投入对冲基金、私募股权基金等流动性差的资产。

② 时间限制：是指投资期限的长短。个人投资者的投资期限一般较长，而且投资期限一般分为几个阶段(例如，退休前和退休后)。投资期限越长，风险承受度就越大，需要的流动性也越小。

③ 税收：投资者关心的收益率是税后收益率。利息和分红一般按照投资者的个人所得税征税，而资本利得的税率不同，一般较小。有些投资产品是免税的，如市政债券。有些机构投资者是免税的(例如，养老金、捐赠基金等)。

④ 法律和监管因素：法律和监管主要是针对机构投资者而言的，与个人投资者关系不大。例如美国的养老金要受"雇员退休收入保障法(ERISA)"约束，中国的保险公司要受保监会监管。

⑤ 特殊需求和偏好：是指对于投资策略的特别的限制。例如，投资者不能投资于烟草行业，不能投资于军工企业，不能投资于环境污染严重的企业等。又例如，投资者持有的5万股 IBM 股票 20 年内不允许出售，因为这是其父亲的遗产。

17.6.3 战略资产配置

如前所述，投资政策陈述相当于投资者的无差异曲线，我们将投资陈述结合客观的资本市场状况(相当于 CML 曲线)，就可以确定投资者的战略资产配置，也就是决定每一种资本类别在组合中的权重。

要做战略资产配置，首先要明确各种资产的类别。同类资产之间的收益率相关系数要大，以表示它们属于同类资产。不同类别的资产之间的收益率相关系数相对要小，这样就可以通过资产组合来分散化风险。

资产类别可以是粗略的分类，如股票、债券等，也可以是细分的，如大盘股、中盘股、小盘股等。

战略资产配置的方法主要分为 3 种：

(1) 被动投资策略：即资产配置长期稳定，一般只有投资目标变化才相应变化。模拟指数模型投资和买入持有型投资都属于这一类。

(2) 积极投资策略：即资产配置有更多变化。积极投资策略需要给资产定价，以期利用价格与价值的不一致而获利。Alpha 投资和根据特别的投资方式投资都属于这一类。

(3) 半积极投资策略：是结合被动和积极投资的投资策略。例如，在模拟某一指数的同时改变成分股的权重。

要掌握客观资本市场状况，就需要搜集市场数据，以计算各类资产的期望收益率、收益率标准差、收益率相关系数。这样，就能通过计算机画出有效前沿或资本市场线。最后，才能结合投资政策陈述，做出战略资产配置。

战略资产配置仅仅决定了各种资产类别的权重，例如，股票 40%，债券 30%，房地产 20%，现金 10%。但是，战略资产配置并没有决定具体买哪些股票和债券。分析师负责证券选择，即决定买哪些资产。交易员负责选时，即决定买卖的时间。

17.6.4 投资政策陈述总结

对投资政策陈述的主要内容总结如图 17-10 所示:

图 17-10 投资政策陈述的主要内容

17.7 T 先生的战略性资产配置

本节通过一个案例来说明 T 先生的战略性资产配置。在介绍战略性资产配置前,先介绍相邻的拐角投资组合概念。

17.7.1 相邻的拐角投资组合

相邻的拐角投资组合是指这样的最小方差边界:①在该边界中,投资组合持有相同的资产;②一个投资组合到另一个投资组合的资产权重的变化率是恒定的。当最小方差的边界经过一个拐角投资组合时,资产的权重要么是从零变为正的,要么就是从正的变为零。

表 17-4 给出了 Y 国机构投资者资本市场预期。

表 17-4 Y 国机构投资者资本市场预期

资产类别	期望收益率(%)	标准差(%)	相关系数					
			1	2	3	4	5	6
Y 国股票	10.0	15	1.00					
Y 国之外股票	8.0	12	0.76	1.00				
中期债券	4.0	7	0.35	0.04	1.00			
长期债券	4.5	8	0.50	0.30	0.87	1.00		
国际债券	5.0	9	0.24	0.36	0.62	0.52	1.00	
不动产	7.0	10	0.30	0.25	−0.05	−0.02	0.20	1.00

第 17 章 投资组合管理与策略

表 17-5 给出了投资组合的有关信息。

表 17-5 Y 国机构投资者的拐角投资组合

编号	期望收益率(%)	标准差(%)	夏普比	权重(%) 1	2	3	4	5	6
1	10.00	15.00	0.53	100.00	0.00	0.00	0.00	0.00	0.00
2	8.86	11.04	0.62	61.90	0.00	0.00	0.00	0.00	38.10
3	8.35	9.80	0.65	40.31	13.85	0.00	0.00	0.00	45.83
4	7.94	8.99	0.66	32.53	14.30	0.00	0.00	8.74	44.44
5	7.30	7.82	0.68	19.93	21.09	16.85	0.00	0.00	42.13
6	6.13	5.94	0.70	0.00	26.61	37.81	0.00	0.00	35.58
7	5.53	5.37	0.62	0.00	13.01	59.04	0.00	0.00	27.06

假定无风险利率为 2%。

运用上表所给的信息，回答下列问题：

(1) 请问有效边界上的任意投资组合的长期债券的最大权重是什么？
(2) 请问期望收益率为 7% 的有效投资组合的资产类别的权重是什么？
(3) 在期望收益率为 7% 的有效投资组合中，哪种资产特别重要？
(4) 请解释第三问。

解：(1) 长期债券的最大权重为 0%，因为在任意一个拐角投资组合中，长期债券都不是正的权重，并且任意有效投资组合都可以由拐角投资组合的加权平均来表示。

(2) 将拐角 5 号投资组合(期望收益率为 7.30%)和拐角 6 号投资组合(期望收益率为 6.13%)确定为相邻的投资组合。根据拐角投资组合的原理，可以得到：

$$7.0 = 7.30w + 6.13(1-w)$$

解得 $w=0.744$，$1-w=0.256$。这样得到如表 17-6 所示的结果。

表 17-6 计算结果

资产类别	权 重
Y 国股票	0.744×19.93%+0.256×0%=14.83%
Y 国之外股票	0.744×21.09%+0.256×26.61%=22.50%
中期债券	0.744×16.85%+0.256×37.81%=22.20%
长期债券	0.744×0.00%+0.256×0.00%=0.00%
国际债券	0.744×0.00%+0.256×0.00%=0.00%
不动产	0.744×42.13%+0.256×35.58%=40.45%

14.83%+22.50%+22.20%+0.00%+0.00%+40.45%≈100%

(3) 在期望收益率为 7% 的有效投资组合中，不动产的权重超过了 40%，成为持有的主要资产。

(4) 不动产在除了第一个拐角投资组合的所有拐角投资组合中都是前两位的持有资产。

由于与其他资产类别的低相关度，房地产大大降低了风险。

17.7.2 T先生的战略性资产配置案例分析

T 先生现年 53 岁，是金融城的一家证券公司的审计官。他身体健康，并且计划在 12 年后退休，T 先生期望养老金收入来源于两个途径，能够提供他每年的退休金收入需求的 60%。

T 先生最喜欢一个慈善机构的受托人找他，希望他能够捐赠 15 万英镑给一个新建大楼的项目。因为他的两个孩子现在都已独立，房子贷款也已还清，T 先生每年还有 17 万英镑的薪金收入，以及储蓄、投资和继承遗产的 275 万英镑的净财产，他考虑到了财务的安全性。因为他预期能够得到一笔巨大的养老金，他觉得可以为该慈善机构 15 万英镑。他跟受托人保证他将在 6 个月内(在一个纳税年度)捐赠这笔资金。T 先生想要完全从他的储蓄中拿出这笔捐赠的钱；该慈善机构要求这笔资金必须是现金或者现金等价物的形式而不是其他有价证券的形式。他的 275 万英镑的净资产包括了价值 24 万英镑的房子。在他想着手另外的不动产投资时，他会将这 24 万英镑包括到总的不动产配置中去；他剩余的净资产是以证券的形式持有的。由理财规划师建议，T 先生建立了一个投资规划方案。对于经过慎重考虑后的风险，T 先生决定自己能够承担，并且对自己以及公司的未来很乐观。对于他之前投资的股票，T 先生表现出非常明显的偏见。他和他的规划师在一系列资本市场预期上取得了一致的看法。目前无风险利率为 2%。T 先生能够使用收益为 2% 的 6 个月银行存款。

以下是关于 T 先生的几点关键信息的总结：

目标

收益目标。收益目标是为了能够赚取平均每年 8.5% 的收益。

风险目标。根据他的庞大的资产以及他的投资收益期的第一阶段长度来看，T 先生有着平均水平以上的意愿和能力去承担风险，也就是能够接受标准差 18% 以下的能力。

约束

流动性要求。T 先生除了计划中的 15 万英镑的捐赠以外，还拥有最低限度的流动性需求。

时间期限。他的投资期限是多期的，第一阶段是到退休之前的 12 年，第二阶段是退休之后。

税收考虑。T 先生持有应税价值 251 万英镑的证券。

T 先生表示他不愿借钱(使用保证金交易)来购买风险资产。没有大的相关法律以及规章方面的因素或独特的环境来影响他的决策。

投资规划方案说明 T 先生的资产"应该追求多样化，以使在任意一个资产类别、投资类型、地理位置或者期限内发生大损失的风险最小化，否则有可能阻碍 T 先生实现他的长期投资目标。"投资规划方案进一步指出投资结果将会根据绝对风险调整后的表现以及根据投资规划方案只能给定的基准相关的表现来进行评价。表 17-7 和表 17-8 分别给出了 T 先生的资本市场预期和以 T 先生的资本市场预期为依据的拐角投资组合。

第 17 章　投资组合管理与策略

表 17-7　T 先生的资本市场预期

资产类别	期望收益率(%)	标准差(%)	相关系数 1	2	3	4	5	6
Y 国股票	11.00	20.0	1.00					
Y 国之外股票	9.00	18.0	0.76	1.00				
中期债券	4.00	7.0	0.35	0.04	1.00			
长期债券	4.75	8.0	0.50	0.30	0.87	1.00		
国际债券	5.00	9.5	0.24	0.36	0.62	0.52	1.00	
不动产	7.00	14.0	0.35	0.25	0.11	0.07	0.12	1.00

表 17-8　以 T 先生的资本市场预期为依据的拐角投资组合

编号	期望收益率(%)	标准差(%)	夏普比	权重(%) 1	2	3	4	5	6
1	11.00	20.00	0.45	100.00	0.00	0.00	0.00	0.00	0.00
2	10.09	16.84	0.48	77.35	0.00	0.00	0.00	0.00	22.65
3	9.67	15.57	0.49	63.56	6.25	0.00	0.00	0.00	30.19
4	7.92	11.08	0.53	36.19	4.05	0.00	0.00	30.48	29.28
5	6.47	8.21	0.54	11.41	8.29	0.00	31.31	22.36	26.63
6	5.73	7.04	0.53	0.00	17.60	40.67	11.99	6.77	22.96
7	5.43	6.66	0.52	0.00	16.16	60.78	0.00	3.52	19.54
8	4.83	6.33	0.45	0.00	8.34	77.04	0.00	1.17	13.45

无风险利率为 2%。

(1) 根据均值方差分析，回答以下问题：

A．确定最适合 T 先生的战略性资产配置。

B．解释 A 问中你所给的答案。

C．说明对不动产净的新投资或者撤销的投资数量。

(2) 在给定 T 先生的期望水平的情况下，请评估除 Y 国之外股票在分散风险方面的有效性。

(3) 请指出最有可能是切点投资组合的拐角投资组合，并解释它对于 T 先生选择最优战略性资产配置的合适性。

为了使得他的风险承受度更加准确，T 先生进行了一场访谈。在这个访谈中，他被要求在一系列涉及风险以及一定收益的选择中表达自己的偏好。结果，T 先生评估的风险厌恶水平被确定为 3。

(4) 假如 T 先生从表 17-5 中给定的 8 个拐角投资组合中只能选取一个投资组合，那么在给定 T 先生的风险厌恶水平以及他的收益目标之后，确定他最合适的资产配置。并将该投资组合与第(1)题 A 问中所确定的最优战略性资产配置进行对比。

问题(1)A 的解答：

根据拐角投资组合和 8.5%的收益率的要求，可得

$$8.50=9.67w+7.92(1-w)$$

解得 $w=0.331$，$1-w=0.669$，得到表 17-9 所示的计算结果。

表 17-9 计算结果

资产类别	权　重
Y 国股票	0.331×63.56%+0.669×36.19%=45.25%
Y 国之外股票	0.331×6.25%+0.669×4.05%=4.78%
中期债券	0.331×0%+0.669×0%=0%
长期债券	0.331×0 %+0.669×0%=0%
国际债券	0.331×0.00%+0.669×30.48%=20.39%
不动产	0.331×30.19%+0.669×29.28%=29.58%

45.25%+4.78%+0%+0%+20.39%+29.58%=100%

问题(1)B 解答：最优投资组合是有效的(即在有效前沿上)；是预期能够满足他的收益需求的；预期能满足他的风险目标；在所有满足他收益目标的有效投资组合中具有最高的期望夏普比；在最小化损失方面，是任意一种投资形式中，与投资规划方案最一致的一种。

所得出的战略资产配置的标准差一定是比 3 号拐角投资组合 15.57%的要小，表明该投资组合满足了他的风险目标。T 先生也关心绝对风险调整后的收益。从表 17-8 中可以看出，从 1 号到 5 号投资组合，夏普比是依次增加的。

问题(1)C 的解答：

T 先生需要在当前储存 15 万英镑现值对应的数额更逼近，贴现率每半年 2%:$150000/1.02^{0.5}$=148522(英 镑) 。 在 所 确 定 的 投 资 组 合 中 对 房 地 产 的 配 置 为 29.58%×(2750000−148522)=769517(英镑)。他的房子的净值为 240000 英镑，在所确定的投资组合中对不动产为新的净投资为 769517−240000=529517(英镑)。

问题(2)解答：

尽管事实是 Y 国之外股票拥有第二高的标准差，但是 Y 国之外股票在给定收益下具有最小标准差的有效投资组合、全局方差最小投资组合以及其他具有最低风险的有效投资组合中占有很大的权重。因此，除 Y 国之外股票能够有效地分散风险。

问题(3)解答：

切点投资组合是具有最高夏普比的有效投资组合。在拐点投资组合中具有最高夏普比 0.54 的 5 号拐角投资组合更有可能成为切点投资组合的拐点投资组合。然而，因为它具有低于 T 先生收益目标的期望收益率，T 先生不想采用保证金交易。因此，他在决定战略性资产配置的过程中会忽略掉那个投资组合。

问题(4)解答：

我们通过运用资产组合 C 的风险调整的期望收益率的表达式 $U_C = E(R_C) - 0.5A\sigma_C^2$ 来确定拐角投资组合的风险调整的期望收益率，其中：$E(R_C)$ 是资产组合 C 的期望收益率，A 是 T 先生的风险厌恶水平，σ_C^2 是资产组合 C 收益率的方差。则效用函数：

$$U_C = E(R_C) - 0.5A\sigma_C^2 = E(R_C) - 0.5 \times 3 \times \sigma_C^2 = E(R_C) - 1.5\sigma_C^2$$

1 号拐角投资组合 $U_1 = 0.11 - 1.5 \times 0.20^2 = 0.05$

2 号拐角投资组合 $U_2 = 0.1009 - 1.5 \times 0.1684^2 = 0.058$

3 号拐角投资组合 $U_3 = 0.0967 - 1.5 \times 0.1557^2 = 0.06$

4 号拐角投资组合 $U_4 = 0.0792 - 1.5 \times 0.1108^2 = 0.061$

5 号拐角投资组合 $U_5 = 0.0647 - 1.5 \times 0.0821^2 = 0.055$

6 号拐角投资组合 $U_6 = 0.0573 - 1.5 \times 0.0704^2 = 0.05$

7 号拐角投资组合 $U_7 = 0.0543 - 1.5 \times 0.0666^2 = 0.048$

8 号拐角投资组合 $U_8 = 0.0483 - 1.5 \times 0.0633^2 = 0.042$

具有最高风险调整的期望收益率是 4 号拐角投资组合。然而，它并不满足 T 先生的 8.5% 的收益目标。期望收益率为 9.67% 的 3 号拐角投资组合是满足他收益目标的拐角投资组合，具有最高风险调整期望收益率。如果我们只能从这 8 个拐角投资组合中选择的话，3 号拐角投资组合将是最佳的；它所代表的战略性资产配置约 64% 的权重投资于 Y 国股票，6% 投资于 Y 国之外股票，30% 投资于不动产。

利用(1)B 问的答案，可得：

标准差：0.331×15.57+0.699×11.08=12.57；

效用函数值：0.085-1.5×0.1257²=0.0613。

思 考 题

资产组合 P 和 M，无风险利率为 6%，数据如表 17-10 所示。

表 17-10 资产组合数据

	资产组合 P	市场组合 M
平均收益率(%)	35	28
β 值	1.2	1
标准差(%)	42	30
非系统风险(%)	18	0

计算夏普比率和 M^2 测度。

参 考 文 献

[1] 法博齐. 法博齐讲金融(金融学基础)[M]. 北京：机械工业出版社，2012.
[2] 滋维·博迪，莫顿著. 金融学入门[M]. 北京：中国人民大学出版社，2001.
[3] 贝斯利. 金融学原理[M]. 3版. 北京：北京大学出版社，2010.
[4] 梅奥. 金融学基础——金融机构、投资和财务管理导论[M]. 9版. 北京：清华大学出版社，2007.
[5] 滋维·博迪等. 投资学[M]. 9版. 汪昌云，等译. 北京：机械工业出版社，2012.
[6] 戴维·卢恩伯格. 投资科学[M]. 沈丽萍译. 北京：中国人民大学出版社，2006.
[7] 威廉·夏普. 投资学(上、下)[M]. 北京：中国人民大学出版社，2000.
[8] 威廉·夏普. 投资组合理论与资本市场[M]. 胡坚，译. 北京：机械工业出版社，2001.
[9] 马柯维茨. 资产组合选择和资本市场的均值——方差分析[M]. 上海：上海人民出版社，1999.
[10] 佛兰克·赖利. 投资学(第七版)[M]. 北京：清华大学出版社，2009.
[11] 杰克·佛朗西斯. 投资学——全球视角[M]. 北京：中国人民大学出版社，2006.
[12] 艾德温·埃尔顿. 现代投资组合理论和投资分析[M]. 北京：中国人民大学出版社，2006.
[13] 罗伯特. 投资管理实务[M]. 北京：清华大学出版社，2006.
[14] 小詹姆斯·法雷尔. 投资组合管理理论及应用[M]. 北京：机械工业出版社，2006.
[15] 周佰成. 投资学[M]. 北京：清华大学出版社，2012.
[16] 迟国泰. 投资风险管理[M]. 北京：清华大学出版社，2010.
[17] 杨海明. 投资学[M]. 上海：上海人民出版社，2003.
[18] 孔爱国. 现代投资学[M]. 上海：上海人民出版社，2003.
[19] 刘红忠. 投资学[M]. 北京：高等教育出版社，2003.
[20] 姜礼尚. 期权定价的数学模型及其应用[M]. 北京：高等教育出版社，2002.
[21] 张尧庭. 金融市场的统计分析[M]. 桂林：广西师范大学出版社，1998.
[22] 李一智. 期货与期权教程[M]. 北京：清华大学出版社，1999.
[23] 郑振龙. 金融工程[M]. 3版. 北京：高等教育出版社，2012.